Manuel des agents de change
banque, finance et
commerce - supplément
1774 - 1902

MANUEL

DES

AGENTS DE CHANGE

BANQUE, FINANCE ET COMMERCE

SUPPLÉMENT

CONTENANT

LES LOIS, RÈGLEMENTS ET ACTES OFFICIELS QUI RÉGISSENT ET INTÉRESSENT L'EXERCICE DE LEURS FONCTIONS

SPÉCIALEMENT

EN CE QUI CONCERNE L'INSTITUTION DE CES OFFICIERS PUBLICS,
LEURS ATTRIBUTIONS ET OBLIGATIONS,
LA TRANSMISSION ET LA NÉGOCIATION DES EFFETS PUBLICS ET DES VALEURS MOBILIÈRES,
LA DETTE PUBLIQUE, LA BANQUE DE FRANCE, LA CAISSE DES DÉPOTS ET CONSIGNATIONS,
LES CAISSES D'ÉPARGNE, LES SOCIÉTÉS, ETC.

DE

1894 à 1902

PARIS
CHAMBRE SYNDICALE DES AGENTS DE CHANGE
RUE MÉNARS, 6
1902

MANUEL

DES

AGENTS DE CHANGE

SUPPLÉMENT

MANUEL

DES

AGENTS DE CHANGE

BANQUE, FINANCE ET COMMERCE

SUPPLÉMENT

CONTENANT

LES LOIS, RÈGLEMENTS ET ACTES OFFICIELS QUI RÉGISSENT ET INTÉRESSENT L'EXERCICE DE LEURS FONCTIONS

SPÉCIALEMENT

EN CE QUI CONCERNE L'INSTITUTION DE CES OFFICIERS PUBLICS,
LEURS ATTRIBUTIONS ET OBLIGATIONS
LA TRANSMISSION ET LA NÉGOCIATION DES EFFETS PUBLICS ET DES VALEURS MOBILIÈRES,
LA DETTE PUBLIQUE, LA BANQUE DE FRANCE, LA CAISSE DES DÉPOTS ET CONSIGNATIONS,
LES CAISSES D'ÉPARGNE, LES SOCIÉTÉS, ETC.

DE

1894 à 1902

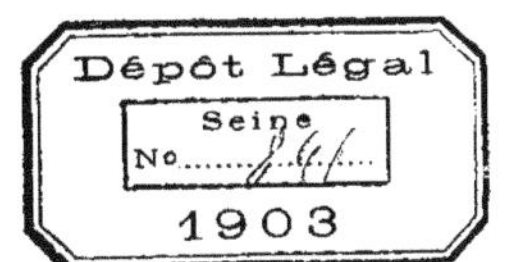

PARIS

CHAMBRE SYNDICALE DES AGENTS DE CHANGE

6, RUE MÉNARS, 6

1902

TABLE CHRONOLOGIQUE

DES

Lois, Décrets, Arrêtés, Ordonnances, Règlements, Décisions, Circulaires, etc.

CONTENUS DANS LE SUPPLÉMENT

DU MANUEL DES AGENTS DE CHANGE

APPENDICE

PLANCHE

ABRÉVIATIONS

Arr.	Arrêté.
Arr.ch.synd.	Arrêté de la Chambre syndicale.
Arr. cons.	Arrêt du Conseil d'État.
Arr. min.	Arrêté ministériel.
Arr. préf.	Arrêté du préfet de la Seine.
Av. cons.	Avis du Conseil d'État.
Append.	Appendice.
Circ. min.	Circulaire ministérielle.
C. com.	Code de commerce.
C. civ.	Code civil.
C. pén.	Code pénal.
Comp.	Comparez.
Déc. min.	Décision ministérielle.
Décr. ou D.	Décret.
D.D.	Décrets.
Délib. mun.	Délibération du conseil municipal.
Ed.	Edit.
Inst. enr.	Instruction de l'Enregistrement.
Inst. min.	Instruction ministérielle.
Lett. enr.	Lettre du directeur de l'Enregistrement.
Lett. min.	Lettre ministérielle.
L.	Loi.
L.L.	Lois.
M.	Manuel des agents de change.
Ord. cons.	Ordonnance du Conseil d'État.
Ord. pol.	Ordonnance de police.
Règl.	Règlement.
Règl. part.	Règlement particulier.
V.	Voir.

NOTICE

Ce fascicule continue le Manuel des Agents de change publié en 1893. Il contient l'ensemble des dispositions législatives et réglementaires qui, depuis cette date jusqu'à l'époque actuelle, intéressent plus particulièrement l'exercice de la profession d'Agent de change.

De nombreuses notes mises au bas des pages permettent d'établir une relation étroite entre certaines dispositions nouvelles et d'autres analogues contenues dans le Manuel ; elles en faciliteront ainsi la lecture et le rapprochement.

Des tableaux complémentaires, notamment en ce qui concerne les cours de la rente, sont également annexés.

Le nombre et l'importance de la plupart des lois promulguées durant ces dernières années justifient l'utilité de ce Supplément, qui sera continué ultérieurement dans les mêmes conditions.

MANUEL

DES

AGENTS DE CHANGE

1894 à 1902

17 Janvier 1894. — *Loi portant autorisation de rembourser ou de convertir en rentes 3 1/2 p. 100 les rentes 4 1/2 p. 100 inscrites au grand-livre de la dette publique* (1).

Le Sénat et la Chambre des députés ont adopté,

Le Président de la République promulgue la loi dont la teneur suit :

Article premier. — Le ministre des finances est autorisé à rembourser les rentes 4 1/2 p. 100 inscrites au grand-livre de la dette publique à raison de 100 fr. par 4 fr. 1/2 de rente, ou à les convertir en nouvelles rentes 3 1/2 p. 100 portant jouissance du 16 février 1894, à raison de 3 fr. 1/2 de rente pour 4 fr. 1/2 de rente.

Art. 2. — L'exercice du droit de remboursement de l'État est suspendu pour les nouvelles rentes 3 1/2 p. 100 pendant un délai de huit années à courir du 16 février 1894 (2).

Art. 3. — Le nouveau fonds 3 1/2 p. 100 pourra être divisé en séries. Les arrérages en sont payables par trimestre et le minimum de rente inscriptible est fixé pour ledit fonds à 2 francs.

Tous les privilèges et immunités attachés aux rentes sur l'Etat sont assurés aux rentes du nouveau fonds 3 1/2 p. 100.

(1) Les résultats de cette conversion ont été les suivants :

Les demandes de remboursement, s'élevant au nombre de 433, ont porté sur 62,692 fr. de rente, soit en capital 1,393,155 fr.

Ce qui réduit le 4 1/2 p. 100 à 305,477,584 fr., correspondant en 3 1/2 p. 100 à 237,593,677 fr. de rente, ci	237.593.677 fr.
A ce chiffre doivent être ajoutées les rentes 3 1/2 p. 100 créées en compensation des rentes remboursées, soit	45.624 »
Ce qui fait ressortir le montant total du nouveau fonds 3 1/2 p. 100 à	237.639.301 fr.

(2) L'Etat a exercé ce droit de remboursement peu de temps après l'expiration des huit années. V. Conversion des rentes 3 1/2 °/₀ en rentes 3 °/₀. Loi du 9 juillet 1902.

Ces rentes sont insaisissables, conformément aux dispositions des lois du 8 nivôse an VI et 22 floréal an VII, et peuvent être affectées aux remplois et placements spécifiés par l'article 29 de la loi du 16 septembre 1871 (1).

ART. 4. — Tout propriétaire de rente 4 1/2 p. 100, qui, dans un délai de huit jours à courir de l'époque qui sera fixée par décret du Président de la République, n'aura pas demandé le remboursement sera considéré comme ayant accepté la conversion (2).

ART. 5. — Les remboursements demandés pourront être opérés par séries, et les rentes non converties continueront à porter intérêt à 4 1/2 p. 100 jusqu'à la date fixée pour le remboursement.

ART. 6. — Les rentes converties jouiront des intérêts à 4 1/2 p. 100 jusqu'au 16 février 1894.

ART. 7. — En ce qui concerne les propriétaires de rentes qui n'ont pas la libre et complète administration de leurs biens, l'acceptation de la conversion sera assimilée à un acte de simple administration et sera dispensée d'autorisation spéciale ainsi que de toute autre formalité judiciaire.

Les tuteurs, curateurs et administrateurs pourront, nonobstant toute disposition contraire, et notamment par dérogation à l'article 5 de la loi du 27 février 1880 (3), recevoir et aliéner ultérieurement, sans autorisation, les promesses de rentes au porteur représentatives des fractions de franc non inscriptibles résultant de la conversion de rentes appartenant aux incapables qu'ils représentent.

ART. 8. — Pour les rentes grevées d'usufruit, la demande de remboursement devra être faite par le nu propriétaire et l'usufruitier conjointement. Si elle est faite par l'un d'eux seulement, le Trésor sera valablement libéré en déposant à la Caisse des Dépôts et Consignations le capital de la rente.

Si ce dépôt résulte du fait de l'usufruitier, celui-ci n'aura droit, jusqu'à l'emploi, qu'aux intérêts que la Caisse est dans l'usage de servir. S'il résulte du fait du nu propriétaire, ce dernier sera tenu de bonifier à l'usufruitier la différence entre le taux des intérêts payés et celui de 3 1/2 p. 100. Toutefois, il n'est porté aucune atteinte aux stipulations particulières qui règlent les droits du nu propriétaire et de l'usufruitier.

ART. 9. — Le ministre des finances est autorisé à pourvoir aux demandes de remboursement qui seront faites au moyen de l'émission, au mieux des intérêts du Trésor, de rentes 3 1/2 p. 100 nouvelles jusqu'à concurrence de la somme de rente nécessaire pour produire le capital correspondant auxdites demandes.

ART. 10. — Il pourra être provisoirement pourvu aux remboursements demandés, au moyen de l'émission d'obligations du Trésor à court terme ou d'une avance de la Banque de France.

ART. 11. — Les conditions dans lesquelles s'effectueront le remboursement et la conversion des rentes 4 1/2 p. 100, l'émission des rentes 3 1/2 p. 100 nouvelles, leur division en séries, la délivrance aux ayants droit de promesses de rentes au porteur pour les fractions de rentes non inscriptibles et, s'il y a lieu, le rembourse-

(1) V. M. cet article et la note.

(2) V. M. note 4, sous le décret relatif à la conversion du 5 p. 100 et du 4 1/2 p. 100 (15 mars 1852).

(3) Cette dérogation se retrouve dans toutes les lois relatives à des conversions.

ment de ces promesses, seront déterminées par décrets du Président de la République (1).

Art. 12. — Tous titres ou expéditions à produire pour le remboursement ou la conversion des rentes 4 1/2 p. 100, pourvu que cette destination y soit exprimée, et en tant qu'ils serviront uniquement aux opérations nécessitées par la présente loi, seront visés pour timbre et enregistrés gratis.

Art. 13. — Il est ouvert au ministre des finances, sur les ressources générales du budget 1894, un crédit de trois millions huit cent cinquante mille francs (3,850,000 fr.) destinés à couvrir les frais, autres que ceux de trésorerie, nécessités par le remboursement ou la conversion des rentes 4 1/2 p. 100.

Dans le cas où il serait procédé à une émission de rentes 3 1/2 p. 100, conformément aux termes de l'article 9 de la présente loi, les dépenses matérielles et les frais de toute nature seraient prélevés sur le produit de l'opération.

Art. 14. — Le ministre des finances rendra compte des opérations autorisées par la présente loi au moyen d'un rapport adressé au Président de la République et distribué au Sénat et à la Chambre des députés.

La présente loi, délibérée et adoptée par le Sénat et par la Chambre des députés, sera exécutée comme loi de l'Etat.

17 Janvier 1894. — *Décret relatif au remboursement ou à la conversion en rentes 3 1/2 p. 100 des rentes 4 1/2 p. 100 inscrites au grand-livre de la dette publique* (2).

Le Président de la République française,

Vu la loi du 17 janvier 1894, portant autorisation de rembourser ou de convertir en rentes 3 1/2 p. 100 les rentes 4 1/2 p. 100 inscrites au grand-livre de la dette publique;

Sur le rapport du ministre des finances,

Décrète :

Article Premier. — Les propriétaires de rentes 4 1/2 p. 100 qui voudront être remboursés devront en faire la demande et effectuer en même temps le dépôt de leurs titres dans les délais ci-après fixés :

1° En France (la Corse exceptée), du dimanche 21 au matin jusqu'au dimanche 28 janvier inclusivement;

2° En Corse, du mardi 23 janvier au matin jusqu'au mardi 30 inclusivement;

3° En Algérie, du mercredi 24 janvier au matin jusqu'au mercredi 31 inclusivement;

4° Dans les colonies, pendant huit jours consécutifs à courir du lendemain de la promulgation du présent décret.

Art. 2. — Les demandes sont reçues, savoir :

1° *A Paris.* — A la caisse centrale du Trésor, rue de Rivoli;

2° *Dans les départements, y compris la Corse.* — A la Caisse des trésoriers

(1) V. ci-après les décrets des 17 et 20 janvier et 5 février 1894.

(2) V. la loi ci-dessus.

payeurs généraux, des receveurs particuliers des finances et des percepteurs de chef-lieu d'arrondissement dont la recette des finances a été supprimée ;

3° *En Algérie.* — A la caisse des trésoriers-payeurs et des payeurs particuliers ;

4° *Dans les colonies.* — A la caisse des trésoriers-payeurs.

Les caisses ci-dessus désignées seront ouvertes de neuf heures du matin à cinq heures du soir, y compris les dimanches, et le dernier jour jusqu'à huit heures du soir.

Art. 3. — Il sera délivré aux déposants un récépissé des titres déposés.

Ce récépissé sera visé au contrôle, conformément à l'article 2 de la loi du 24 avril 1833 (1).

Art. 4. — Les arrérages à échoir le 16 février 1894 sur les rentes dont le remboursement sera demandé seront payés à leur échéance savoir :

Pour les titres nominatifs. — Sur quittance spéciale remise aux déposants au moment de la demande de remboursement des rentes inscrites à leur nom. Pour le payement des arrérages au 16 février 1894 cette quittance tiendra lieu du titre.

Pour les titres mixtes et au porteur. — Sur la présentation du coupon au 16 février préalablement détaché des titres avant leur dépôt.

Le montant de tous autres coupons au porteur à échoir qui ne pourraient être représentés sera déduit du capital à rembourser.

Art. 5. — Les demandes devront être établies en double expédition sur des bordereaux spéciaux mis à la disposition des propriétaires de rentes aux caisses des comptables autorisés à recevoir des dépôts.

Ces bordereaux seront revêtus de la signature du déposant ou des ayants droit qui devront, s'il s'agit de titres nominatifs ou de titres mixtes, faire certifier leur signature, sur l'une des deux expéditions, par un notaire ou un agent de change, dont la signature, dans les départements autres que celui de la Seine, devra être légalisée.

Art. 6. — Les demandes de remboursement seront centralisées dans les bureaux de la direction de la dette inscrite, à Paris, où elles seront enregistrées et réparties, s'il y a lieu, par séries.

Un décret publié au *Journal officiel* et inséré au *Bulletin des lois* fera connaître le mode et la date des remboursements (2).

Art. 7. — Les titres dont le remboursement n'aura pas été demandé dans les délais fixés par l'article 1er cesseront de porter intérêt à 4 1/2 p. 100 à partir du 16 février 1894 et seront, à compter de cette date et à raison de 3 fr. 50 de rente par 4 fr. 50 de rente, convertis en titres du fonds 3 1/2 p. 100 créé par l'article 1er de la loi du 17 janvier 1894.

Les fractions de rente non inscriptibles du fonds nouveau donneront lieu à la délivrance de promesses de rente au porteur qui seront échangées, après réunion du minimum inscriptible de 2 francs de rente, contre des rentes 3 1/2 p. 100. Les promesses de rente seront établies par millimes.

Un arrêté du ministre des finances déterminera l'époque et les conditions matérielles de l'échange des titres convertis.

(1) V. Appendice.

(2) V. ci-dessous le décret du 5 février 1894.

17 JANVIER 1894. — *Décret relatif aux frais, autres que ceux de trésorerie, nécessités par le remboursement ou la conversion des rentes 4 1/2 p. 100.*

LE PRÉSIDENT DE LA RÉPUBLIQUE FRANÇAISE,

Vu la loi de finances du 26 juillet 1893, portant fixation du budget général des dépenses et des recettes de l'exercice 1894;

Vu la loi du 17 janvier 1894, portant autorisation de rembourser ou de convertir en rentes 3 1/2 p. 100 les rentes 4 1/2 p. 100,

Décrète :

ARTICLE PREMIER. — Le crédit de 3,850,000 francs ouvert, sur l'exercice 1894, par l'article 13 de la loi du 17 janvier 1894 pour couvrir les frais, autres que ceux de trésorerie, nécessités par le remboursement ou la conversion des rentes 4 1/2 p. 100, sera inscrit à un chapitre nouveau du budget du ministère des finances de l'exercice 1894 portant le numéro 56 *bis* et libellé « Frais, autres que ceux de trésorerie, nécessités par le remboursement ou la conversion des rentes 4 1/2 p. 100 ».

20 JANVIER 1894. — *Décret relatif à l'émission du nouveau fonds 3 1/2 p. 100.*

LE PRÉSIDENT DE LA RÉPUBLIQUE FRANÇAISE,

Vu l'article 3 de la loi du 17 janvier 1894, portant notamment que le nouveau fonds 3 1/2 p. 100 pourra être divisé en séries et que le minimum de rente inscriptible est fixé pour ledit fonds à 2 fr.;

Vu l'article 11 de ladite loi, ainsi conçu :

« Les conditions dans lesquelles s'effectueront le remboursement et la conversion des rentes 4 1/2 p. 100, l'émission des rentes 3 1/2 p. 100 nouvelles, leur division en séries, la délivrance aux ayants droit de promesses de rentes au porteur pour les fractions de rente non inscriptibles, et, s'il y a lieu, le remboursement de ces promesses, seront déterminés par décrets du Président de la République »;

Vu les décrets des 16 décembre 1876 et 12 mars 1877, et l'arrêté ministériel du même jour, déterminant les attributions de l'agent comptable des reconversions et renouvellements (1);

Vu le décret du 12 juillet 1883 sur les transferts de rentes certifiées dans les départements (2);

Sur le rapport du ministre des finances,

Décrète :

ARTICLE PREMIER. — Le livre des rentes 4 1/2 p. 100 sera fermé le 1er février 1894.

Il sera procédé, à partir du 2 février, à l'ouverture d'un nouveau livre où les anciennes rentes 4 1/2 p. 100 nominatives dont le remboursement n'aura pas été demandé seront transcrites d'office, à raison de 3 fr. 50 par 4 fr. 50 de rente 4 1/2 p. 100, et avec jouissance du 16 février prochain.

(1) V. M. les deux décrets et l'arrêté ministériel.

(2) V. M. ce décret avec la note.

Les rentes du fonds 3 1/2 p. 100 résultant des mutations et des transferts journaliers seront également inscrites sur ce livre.

Art. 2. — Les extraits d'inscriptions des nouvelles rentes 3 1/2 p. 100 nominatives seront établis par l'agent comptable du grand-livre. Ils seront vérifiés par l'agent comptable des reconversions et renouvellements et visés au contrôle.

Art. 3. — Ces nouveaux titres nominatifs seront remis en échange des anciens, par les soins des comptables sur la caisse desquels les arrérages en sont ordonnancés.

Aucune justification ne sera exigée des intéressés pour cet échange, alors même que les inscriptions 4 1/2 p. 100 à échanger auraient plus de dix années de date.

Néanmoins, la nouvelle inscription du fonds 3 1/2 p. 100 sera revêtue de la mention « à régulariser » lorsque, par suite d'un décès ou d'un changement de qualité signalé au Trésor, la rente sera devenue susceptible de mutation.

Art. 4. — Les agents de change près les Bourses départementales pourvues de parquets pourront certifier les transferts des inscriptions nominatives du fonds 3 1/2 p. 100 assignées payables à la trésorerie générale du département où ils exercent, lorsque ces transferts auront pour objet la délivrance d'autres inscriptions nominatives (1).

Ces opérations seront exécutées par les comptables et contrôlées par les préfets dans la forme et les conditions prescrites par le décret du 12 juillet 1883 (2).

Art. 5. — Les inscriptions mixtes et au porteur 3 1/2 p. 100 seront expédiées sur la demande des intéressés, après dépôt des titres 4 1/2 p. 100 à échanger.

Les certificats de réexpédition de ces titres seront établis par l'agent comptable des reconversions et renouvellements.

Art. 6. — Le dépôt des inscriptions mixtes et au porteur donnera lieu à la délivrance de récépissés à talons visés au contrôle, conformément aux dispositions de la loi du 24 avril 1833 (3).

Art. 7. — Les rentes mixtes et au porteur du fonds 3 1/2 p. 100 seront émises dans les coupures ci-après :

2 fr.	7 fr.	30 fr.	500 fr.
3	8	50	1.000
4	9	100	1.500
5	10	200	3.000
6	20	300	

Art. 8. — Les fractions non inscriptibles détachées des rentes converties seront représentées par des promesses au porteur délivrées avec jouissance du 16 février 1894.

Aucun payement d'arrérages ne peut être fait sur les promesses d'inscription. Tout porteur de ces valeurs qui en produira pour une somme de 2 fr. au moins obtiendra un titre définitif dans la forme nominative, mixte ou au porteur. Toutefois,

(1) V. D. du 28 mai 1896.

(2) V. M.

(3) V. M.

une somme de 1 fr. en promesses d'inscription pourra être convertie en une inscription définitive, si le porteur en demande la réunion à une inscription déjà existante du fonds 3 1/2 p. 100.

ART. 9. — Les inscriptions de rente nominatives, mixtes et au porteur du fonds 3 1/2 p. 100 seront réparties en huit séries approximativement égales.

La division des titres en séries sera effectuée au moment de leur expédition, et chaque inscription de rente délivrée portera l'indication de la série à laquelle elle appartient.

ART. 10 — Un arrêté ministériel fera connaître :

1° A quelle date aura lieu l'échange des titres nominatifs;

2° A partir de quelle date, et entre les mains de quels comptables s'effectueront les dépôts des titres mixtes et au porteur.

5 FÉVRIER 1894. — *Décret déterminant les conditions dans lesquelles s'effectuera le remboursement des rentes 4 1/2 p. 100 non converties.*

LE PRÉSIDENT DE LA RÉPUBLIQUE FRANÇAISE,

Vu l'article 11 de la loi du 17 janvier 1894, aux termes duquel un décret du Président de la République déterminera les conditions dans lesquelles s'effectuera le remboursement des rentes 4 1/2 p. 100 non converties;

Vu le décret du même jour (1):

Sur le rapport du ministre des finances,

Décrète :

ARTICLE PREMIER. — Le remboursement du capital des rentes 4 1/2 p. 100 non converties aura lieu, à partir du vendredi 16 février 1894, en France (y compris la Corse) et en Algérie, à la caisse des comptables du Trésor qui ont reçu les dépôts de titres.

Ce remboursement sera justifié, pour les rentes au porteur, par la production du récépissé de dépôt dûment quittancé; pour les rentes nominatives, le récépissé du dépôt dûment quittancé par les ayants droit devra être appuyé des pièces de règle.

ART. 2. — Dans chaque colonie, l'époque du remboursement sera fixée par un arrêté du gouverneur. Les ayants droit recevront, en même temps que le capital, l'intérêt à 4 1/2 p. 100 dudit capital calculé pour le nombre de jours courus depuis le 16 février 1894 jusqu'à la date fixée par l'arrêté du gouverneur.

ART. 3. — Les remboursements seront centralisés pour ordre dans les écritures du caissier-payeur central du Trésor public.

(1) V. ci-dessus la loi et le décret.

6 AVRIL 1894. — *Lettre du Directeur de l'Enregistrement. Solution relative au timbre des duplicata de bordereaux fournis par les Agents de change.*

MONSIEUR LE SYNDIC,

Un de vos confrères a posé la question de savoir si, actuellement, les duplicata de bordereaux relatifs à des opérations de Bourse effectuées, soit avant, soit après la mise en vigueur de la loi du 28 avril 1893 (1), doivent être rédigés sur papier timbré.

J'ai l'honneur de porter à votre connaissance la décision qui a été rendue par M. le Directeur général, le 28 mars dernier.

Opérations antérieures au 1er juin 1893.

Sous l'empire de la législation antérieure à la loi du 28 avril 1893, les duplicata de bordereaux d'agents de change étaient assujettis au même droit de timbre que les originaux (D. M. F. du 31 janvier 1851) (2).

Or, la loi du 28 avril 1893 n'a pas abrogé cette décision. En effet, elle a seulement modifié le régime fiscal applicable aux bordereaux de l'espèce, en tant qu'ils concernent une opération de bourse effectuée à partir du 1er juin 1893 (art. 28 et 35).

D'où la conséquence que les duplicata de bordereaux relatifs à des opérations antérieures à cette date doivent continuer à être frappés du droit de timbre déterminé par l'article 19 de la loi du 2 juillet 1862 (3).

Rien ne s'oppose d'ailleurs à ce que des formules de bordereaux soient timbrées à l'extraordinaire à l'ancien tarif.

Dans tous les cas, les agents de change pourraient faire usage de feuilles de papier timbré de la débite à 0 fr. 60 ou à 1 fr. 80. Il est vrai que, d'après la loi de 1862, le papier destiné aux bordereaux doit être timbré à l'extraordinaire; mais il n'a pas été établi de pénalité fiscale pour le cas où l'agent de change se servirait de papier timbré de la débite; l'article 13 de la loi du 5 juin 1850 (4), qui n'a pas été modifié par la loi de 1862, se borne, en effet, à prononcer une amende de 500 francs contre l'agent de change qui n'a pas rédigé le bordereau « sur du papier au timbre » de dimension, ou timbré à l'extraordinaire, conformément à l'article 6 de la loi » du 11 juin 1842 » (5).

Par suite, l'agent de change qui aurait, contrairement aux prescriptions de la loi de 1862, employé du papier non timbré à l'extraordinaire, pourrait seulement être poursuivi par la voie disciplinaire.

Mais, eu égard aux circonstances, l'administration n'a plus d'intérêt à la stricte application de ces prescriptions. Elle peut donc admettre actuellement que les duplicata de bordereaux dont il s'agit soient établis sur papier timbré de la débite.

En résumé, les duplicata de bordereaux relatifs à des opérations antérieures au

(1) V. M.
(2) V. Appendice.
(3) V. M. cette loi et le décret du 3 juillet 1862.
(4) V. M.
(5) V. M.

1er juin 1893 doivent être rédigés sur du papier timbré à l'ancien tarif, mais les agents de change ont le choix de présenter leurs formules au timbrage à l'extraordinaire, ou de se servir du papier timbré à 0 fr. 60 et à 1 fr. 80 fourni par l'administration.

Opérations postérieures au 1er juin 1893.

D'après les termes généraux du décret du 20 mai 1893 (1), tous les bordereaux sans distinction entre les « primata » et les « duplicata », doivent être extraits du registre à souche, lequel registre n'est pas timbré.

En conséquence, les duplicata de bordereaux de cette catégorie ne sont pas passibles du timbre.

Je vous serai reconnaissant de vouloir bien porter cette décision à la connaissance de tous vos collègues.

Le Directeur,

PRESSEQ.

7 JUIN 1894. — *Loi ayant pour objet de modifier les articles 110, 112 et 632 du Code de commerce sur la lettre de change.*

Le Sénat et la Chambre des députés ont adopté,

Le Président de la République promulgue la loi dont la teneur suit :

Article unique. — Le paragraphe 1er de l'art. 110, l'art. 112 et le dernier paragraphe de l'art. 632 du Code de commerce sont modifiés ainsi qu'il suit :

« ART. 110, § 1er. — La lettre de change est tirée, soit d'un lieu sur l'autre, soit d'un lieu sur le même lieu (2). »

« ART. 112. — Sont réputées simples promesses toutes lettres de change contenant supposition, soit de nom, soit de qualité. »

« ART. 632, dernier paragraphe. — Entre toutes personnes, les lettres de change. »

La présente loi, délibérée et adoptée par le Sénat et par la Chambre des députés, sera exécutée comme loi de l'État.

17 NOVEMBRE 1894. — *Décret fixant les droits de courtage à percevoir par les agents de change en exercice près des bourses de commerce non pourvues de parquet pour les négociations des effets publics.*

LE PRÉSIDENT DE LA RÉPUBLIQUE FRANÇAISE,

Sur le rapport du ministre du commerce, de l'industrie, des postes et des télégraphes ;

(1) V. M.

(2) Le Code de commerce ne voyait dans la lettre de change qu'un transfert d'argent. Aujourd'hui, elle est surtout un instrument de crédit, et, par ce motif, l'obligation de la tirer d'un lieu sur un autre était devenue un véritable non-sens.

Vu la loi du 28 ventôse an IX (1);
Vu l'arrêté des consuls du 29 germinal an IX;
Vu l'arrêté des consuls du 27 prairial an X;
Vu les articles 74 à 76, 78, 81, 83 à 90 du code de commerce;
Vu le décret du 7 octobre 1890 (2), portant règlement d'administration publique pour l'exécution de l'article 90 du code de commerce et de la loi du 28 mars 1885, et notamment l'article 38 qui est ainsi conçu :

« Les négociations sont effectuées par les agents de change, moyennant un courtage dont le taux est déterminé, pour chaque place, par la chambre syndicale, ou, s'il n'y a pas de chambre syndicale, par le tribunal de commerce, dans les limites d'un tarif maximum, fixé, sur la proposition de la chambre syndicale et après avis de la chambre et du tribunal de commerce, par un décret rendu dans la forme des règlements d'administration publique et contresigné, suivant la distinction spécifiée à l'article 2, par le ministre des finances ou par le ministre du commerce et de l'industrie.

» Le taux de courtage ainsi déterminé est obligatoire pour les agents de change.

» Jusqu'à ce que les droits de courtage aient été, s'il y a lieu, fixés conformément à ces dispositions, les droits actuels continueront à être perçus »;

Vu l'article 12 du décret organique du 3 septembre 1851 (3);
Vu les avis des chambres syndicales, des tribunaux de commerce et des chambres de commerce des places non pourvues de parquet pour la négociation des effets publics, où il existe des agents de change;
Vu l'avis du ministre des finances;
Le conseil d'Etat entendu,

Décrète :

ART. 1er. — Les droits de courtage à percevoir par les agents de change en exercice près des Bourses de commerce non pourvues de parquet pour la négociation des effets publics sont fixés conformément au tarif maximum annexé au présent décret.

ART. 2. — Le ministre du commerce, de l'industrie, des postes et des télégraphes est chargé de l'exécution du présent décret, qui sera inséré au *Bulletin des lois* et publié au *Journal officiel* de la République française.

TARIF DES DROITS DE COURTAGE A PERCEVOIR PAR LES AGENTS DE CHANGE PRÈS LES BOURSES NON POURVUES DE PARQUET.

Effets publics ou particuliers dont la négociation est faite en vertu de pièces contentieuses (toute pièce autre qu'une simple procuration est réputée contentieuse et nécessite rigoureusement la perception ci-après), 1/4 p. 100.

Courtage au comptant.

Rentes françaises 1/8 p. 100.
Bons du Trésor, 1/8 p. 100.

(1) V. M. la loi et les deux arrêtés qui suivent.
(2) V. M. Append.
(3) V. M.

Fonds publics étrangers, 1/8 p. 100.

Emprunts des départements, villes ou établissements publics, 1/8 p. 100.

Actions de la Banque de France et du Crédit foncier, 1/8 p. 100.

Actions et obligations des chemins de fer français et étrangers, 1/8 p. 100.

Toutes autres actions et obligations, 1/8 p. 100.

Certifications de signatures données dans des cas ne se rapportant pas directement à un achat ou à une vente, 1/8 p. 100.

Négociations de lettres de change, billets et autres papiers commerçables, 1/8 p. 100.

Ventes et achats de valeurs métalliques, 1/8 p. 100.

Courtage à terme.

Pour 1,500 fr. de rente 3 p. 100, 20 fr.

Pour 1,750 fr. de rente 3 1/2 p. 100, 20 fr.

Actions de la Banque de France, du Crédit foncier et des Compagnies de chemins de fer (une seule liquidation par mois), 1/8 p. 100.

Sur toutes autres valeurs soumises à double liquidation, 1/10 p. 100.

Minimum du courtage au comptant.

Titres cotés entre 100 fr. et 200 fr., 25 centimes par titre.

Titres cotés 100 fr. et au-dessous, 1/4 p. 100 sur le capital de la négociation.

Pour toute négociation dans laquelle le courtage serait inférieur à 1 fr., le minimum de courtage sera de 1 fr.

Minimum du courtage à terme.

Rentes françaises, 20 fr. par 1,500 fr. de rente 3 p. 100.

Rentes françaises, 20 fr. par 1,750 fr. de rente 3 1/2 p. 100.

0 fr. 50 par action ou obligation et sur les rentes étrangères 25 fr., pour la plus petite coupure et successivement dans la même proportion.

Les droits ci-dessus sont payables par le donneur d'ordres.

Dans le cas où, pour l'une des opérations qui précèdent, l'agent de change aurait recours à l'un de ses collègues exerçant près d'une autre Bourse de commerce, il pourra prélever, en sus du tarif officiel, un demi-droit.

31 Janvier 1895. — *Lettre du Directeur de l'Enregistrement de la Seine. Solution relative à l'application du timbre-quittance de 0 fr. 10 c. sur les bordereaux d'agents de change* (1).

Monsieur le Syndic,

Un employé supérieur de mon département a constaté que deux bordereaux, délivrés par MM. C... et J..., agents de change, et annexés à des actes notariés, contiennent une mention de frais de courtage supérieurs à 10 fr., sans avoir été

(1) V. M. L. du 23 août 1871 art. 18 et nombreuses lettres et solutions de l'Enregistrement des 19 juin 1888 et 9 juin 1893. V. aussi lettre du 19 janvier 1898.

revêtus du timbre spécial de 0 fr. 10. Il lui a paru qu'ils tombent sous l'application de l'article 18 de la loi du 23 août 1871, et il a réclamé, en conséquence, indépendamment de deux droits de timbre de 10 centimes, deux amendes de 62 fr. 50 chacune.

Par une pétition du 22 décembre dernier, vous avez contesté le bien fondé de la réclamation; et vous avez fait observer que le bordereau mentionnant un décompte de frais de courtage, mais dépourvu de toute mention spéciale de quittance, ne constitue qu'une attestation de la négociation officielle indépendante de toute idée de règlement, et n'en tenant lieu en aucune façon.

Il résulte de l'examen des copies des deux bordereaux que vous avez fournies, que ces pièces ne contiennent aucune mention, soit de la remise des titres vendus ou du prix des titres achetés, soit à l'inverse de la remise des titres achetés ou du prix des titres vendus, soit enfin du paiement ou du prélèvement des frais de courtage supérieurs à 10 fr.

Dans ces conditions, M. le Directeur général a décidé, le 24 de ce mois, que la réclamation devait être abandonnée.

Je viens de transmettre des ordres en conséquence.

Le Directeur, par intérim,
REULET.

9 FÉVRIER 1895. — *Lettre du Ministre des finances, relative à l'interdiction aux agents de change de faire des opérations de Bourse sur les valeurs étrangères pour le compte d'un receveur particulier des finances* (1).

MONSIEUR LE SYNDIC,

L'Inspection des Finances a constaté que M....., receveur particulier de l'arrondissement de .. . se livrait à des opérations sur les valeurs étrangères, en dehors de l'intermédiaire du trésorier-payeur général à..... Pour une grande partie de ces opérations, le receveur des finances à..... s'était mis en rapport direct avec M ...., agent de change à Paris.

Or, aux termes d'une lettre adressée par l'un de mes prédécesseurs, le 12 octobre 1880, à MM. les Syndics des Compagnies d'agents de change, les trésoriers généraux peuvent seuls entrer en relations avec les agents de change pour l'exécution des ordres de Bourse. Ces ordres doivent être strictement limités aux opérations *au comptant*, sur les rentes ou valeurs du Trésor et sur les valeurs françaises (2). Les receveurs particuliers des finances ne peuvent accepter des ordres d'achat ou de vente que pour le compte du trésorier général, leur chef hiérarchique, et à la condition d'y être expressément autorisés par lui et de n'y donner suite que par son intermédiaire. Il leur est interdit de se mettre directement en rapport avec un agent

(1) V. M. lettres ministérielles des 6 avril 1866 et 12 octobre 1880.

(2) Une lettre du directeur du mouvement des fonds, du 31 décembre 1897, a autorisé les trésoriers-payeurs généraux à accepter les ordres de ventes de valeurs étrangères accompagnés d'ordres d'achat simultané, pour une somme équivalente, de rentes françaises ou de fonds garantis par le gouvernement français. V. cette lettre.

de change, alors même qu'il s'agirait d'opérations ayant trait à la gestion de leur fortune personnelle (1).

Mon prédécesseur invitait, en même temps, MM. les Syndics à transmettre à tous les membres de leurs Compagnies l'ordre de n'accepter aucune opération de Bourse, même au comptant, qui leur serait demandée par un receveur particulier ou par un percepteur, en dehors de l'entremise du trésorier-payeur général du département.

Je vous serais donc obligé de vouloir bien rappeler à tous les membres de votre Compagnie les prescriptions qui précèdent.

Le Président du Conseil, ministre des finances,
RIBOT.

27 MARS 1895. — *Lettre du Ministre des finances. Rectification à la lettre du 9 février 1895* (2).

MONSIEUR LE SYNDIC,

Je suis informé par un trésorier général que M..., agent de change à Paris, refuserait d'accepter désormais les ordres de Bourse sur valeurs étrangères qui lui seraient transmis par les trésoriers généraux, alors même qu'il s'agirait de négociations demandées pour le compte personnel de ces comptables ou de leurs subordonnés.

J'ai l'honneur de vous informer que les dispositions qui ont été notifiées à votre Compagnie par les lettres du 12 octobre 1880 et du 9 février 1895 ne s'appliquent pas à ce cas particulier.

On ne saurait, en effet, interdire aux agents de l'Etat de faire sur les valeurs étrangères, pour la gestion de leur fortune privée, les mêmes opérations que sur les valeurs françaises. La prohibition relative aux valeurs étrangères ne vise que les ordres de Bourse qui pourraient être donnés par le public aux comptables du Trésor : c'est à l'Administration des Finances qu'il appartient de s'assurer que cette prohibition est strictement observée.

En ce qui concerne les membres de votre Compagnie, ma lettre du 9 février n'a eu d'autre but que de rappeler la règle d'après laquelle ils ne doivent accepter des receveurs des finances, percepteurs, employés de trésorerie générale ou de receveurs particuliers, aucun ordre de Bourse qui ne serait pas transmis par l'intermédiaire du trésorier général (3).

Je vous prie de vouloir bien communiquer ces explications aux membres de votre Compagnie.

Le Président du Conseil, Ministre des finances,
RIBOT.

(1) V. lettre ministérielle du 27 mars 1895. V. aussi lettre du directeur du mouvement des fonds, du 31 décembre 1897, autorisant les receveurs particuliers à adresser directement à la Chambre syndicale les ordres d'achat ou de vente de rentes souscrites dans leurs bureaux.

(2) V. cette lettre ci-dessus et les notes qui l'accompagnent.

(3) V. 31 décembre 1897. Lettre du directeur du mouvement des fonds.

MAI 1895. — *Note de la Direction de la Dette inscrite relative à l'établissement par les agents de change des déclarations et des certificats de transferts de rentes 3 °/₀ amortissable.*

Les déclarations et les certificats de transferts concernant les rentes 3 p. 100 amortissable doivent être établis par MM. les Agents de change avec un soin tout particulier, et la désignation des rentes à transférer (partie *débit*) ainsi que l'indication des nouvelles inscriptions demandées en échange (partie *crédit*) doivent toujours être données avec une exactitude parfaite et une netteté absolue.

C'est une condition essentielle pour que les différents services du ministère, appelés à concourir à l'exécution de ces opérations, procèdent d'une manière sûre et rapide à la vérification, au dépouillement et à l'accord des sommes de rente réparties dans les 158 séries d'amortissement encore existantes (1) et qui font nécessairement l'objet d'une comptabilité distincte.

MM. les Agents de change intéressés sont, en conséquence, priés de ne plus rien *interligner* sur leurs feuilles de déclaration ni sur les certificats qui les accompagnent; ils voudront bien veiller, en outre, à ce que les chiffres correspondant aux sommes de rentes et aux séries soient écrits très lisiblement et bien placés en regard les uns des autres; c'est le seul moyen d'éviter des déclassements de séries qui pourraient compromettre plus tard les intérêts du Trésor et ceux de ses créanciers.

Les agents comptables de la Dette inscrite sont autorisés à rejeter dorénavant toute pièce dont l'écriture ou la clarté laisserait à désirer.

10 JUIN 1895. — *Lettre de M. le Ministre des finances interdisant aux agents de change d'exécuter les ordres d'achat et de vente de rentes sur l'Etat qui leur seraient donnés directement par les comptables du Trésor.*

MONSIEUR LE SYNDIC,

Les vérifications effectuées par l'Inspection des finances ont fait ressortir qu'en 1894, un agent de change près la Bourse de Paris a exécuté directement des ordres d'achats et de ventes de rentes, qui lui étaient transmis par le trésorier généra des . . . . En portant ce fait à votre connaissance, je crois devoir vous rappeler qu'aux termes de la lettre d'un de mes prédécesseurs, en date du 12 octobre 1880 (2), lettre dont les dispositions ont été d'ailleurs notifiées, par voie de circulaire, aux représentants du Trésor dans les départements, les ordres d'achats et de ventes de rentes et de valeurs du Trésor reçus par les trésoriers généraux doivent être exécutés exclusivement par l'intermédiaire de la Direction du mouvement général des Fonds et de la Chambre syndicale; les agents de change doivent donc refuser de donner suite aux ordres qui leur seraient adressés directement par des comptables.

(1) Le nombre total était de 175. V. D. du 16 juillet 1878.
(2) V. M. Lettre du 12 octobre 1880 au Syndic des agents de change (dernier paragraphe).

J'ai l'honneur de vous prier de vouloir bien, en rappelant ces dispositions aux membres de votre Compagnie, leur faire connaître que j'attache la plus grande importance à ce qu'elles soient rigoureusement suivies.

Le Président du conseil, Ministre des Finances,
RIBOT.

10 JUIN 1895. — *Lettre du Directeur de l'Enregistrement de la Seine au Syndic des agents de change communiquant une lettre commune n° 188 de la Direction générale. Titres étrangers. Paiement du droit de timbre au comptant. Énonciation dans les actes. Mentions prescrites par l'art. 2, § 2, de la loi du 30 mars 1872. Contraventions antérieures au 1er mai 1895. Abandon.*

MONSIEUR LE SYNDIC,

J'ai l'honneur de vous adresser un exemplaire de la lettre commune, n° 188, relative aux énonciations des titres étrangers dans les actes et aux mentions prescrites par l'article 2, § 2, de la loi du 30 mars 1872 (1), en ce qui concerne le paiement du droit de timbre au comptant.

Je vous serai obligé de vouloir bien porter les dispositions de cette circulaire à la connaissance de tous les membres de votre Compagnie.

Le Directeur,
DE COLONGEON.

Paris, le 30 mai 1895.

Monsieur le Directeur, d'après l'article 2, paragraphe 1er, de la loi du 30 mars 1872 (Inst. n° 2445), nul ne peut énoncer dans un acte public ou sous seing privé, autre qu'un inventaire, des titres étrangers qui n'acquittent pas la taxe annuelle d'abonnement au timbre (Loi du 23 juin 1857, art. 9 ; décret du 17 juillet 1857, art. 11 ; loi du 29 juin 1872, art. 4; décret du 6 décembre 1872, art. 3) (2) ou qui n'auraient pas été soumis préalablement au droit de timbre au comptant (3).

(1) V. M. et les notes.

(2) V. M. ces lois et décrets.

(3) Le droit de timbre applicable aux actions et obligations des sociétés, villes, provinces et corporations étrangères, ainsi que de tout autre établissement public étranger, est de 1 fr. 20 °/₀ du capital nominal, décimes compris (Loi du 30 mars 1872, art. 2).

Le droit de timbre dû sur les titres de rentes, emprunts et tous autres effets publics des gouvernements étrangers est fixé, savoir :

A 75 centimes pour chaque titre de 500 francs et au-dessous;

A 1 fr. 50 pour chaque titre de 500 francs jusqu'à 1,000 francs ;

A 3 francs pour chaque titre au-dessus de 1,000 francs jusqu'à 2,000 francs, et ainsi de suite à raison de 1 fr. 50 par 1,000 francs ou fraction de 1,000 francs.

Ce droit n'est pas sujet aux décimes. Il est perçu sur la valeur nominale du titre (Loi du 25 mai 1872, art. 1er).

Le même article, paragraphe 2 et suivants, de la loi du 30 mars 1872 exige, à peine d'amendes, que tout acte énonçant un titre étranger qui ne supporte pas la taxe annuelle d'abonnement indique la date et le numéro du visa pour timbre apposé sur ce titre, ainsi que le montant du droit payé.

Le mode de timbrage ainsi prévu ne répondant pas suffisamment aux besoins du service, la loi du 29 juin 1881 a décidé, dans son article 11, que « le visa pour timbre pourra être remplacé, sur les titres étrangers de toute nature, par l'application du timbre extraordinaire à l'atelier général »; et l'article 1er du décret du 11 août 1881 (1) a créé pour l'exécution de cette loi :

1° Trois nouveaux types destinés au timbrage des titres de rentes, emprunts et autres effets publics des gouvernements étrangers, savoir :

Le premier, pour les titres de 500 francs et au-dessous ;

Le second, pour les titres de 500 francs jusqu'à 1,000 francs ;

Le troisième, pour les titres au-dessus de 1,000 francs (2),

Et 2° un type destiné à timbrer les titres émis par les sociétés, villes, provinces, corporations étrangères ou tout autre établissement public étranger, et portant l'indication du tarif de 1 °/₀, outre les décimes, établi par l'article 2 de la loi du 30 mars 1872.

Quand le droit de timbre a été acquitté au moyen du visa, l'application de la disposition de l'article 2 de la loi du 30 mars 1872, relative à l'obligation pour les parties et pour les officiers publics ou ministériels de relater dans les actes les mentions prescrites (date, numéro du visa et montant du droit payé), ne donne lieu à aucune difficulté.

Mais, lorsque les titres ont été timbrés à l'extraordinaire, conformément à l'article 11 de la loi du 29 juin 1881 et à l'article 1er du décret du 11 août suivant, l'empreinte du timbre n'indique actuellement ni la date ni le numéro de la formalité, ni même, pour les titres des gouvernements étrangers d'un capital nominal supérieur à 1,000 francs et pour les actions et obligations des collectivités étrangères, le montant du droit payé, et la question de savoir si les parties et les officiers publics ou ministériels doivent se conformer aux prescriptions de l'article 2, paragraphe 2, de la loi du 30 mars 1872 a soulevé des controverses.

Un certain nombre de notaires ont pensé que, dans cette hypothèse, il suffit, pour satisfaire au vœu de la loi, d'indiquer que les titres étrangers énoncés dans les actes ont été régulièrement timbrés.

Il a paru, au contraire, à l'Administration qu'il est nécessaire de reproduire, tout incomplètes qu'elles sont, les mentions figurant dans l'empreinte du timbre apposé, c'est-à-dire soit le montant du droit payé, soit le taux du droit ayant servi de base à la perception, selon que l'une ou l'autre de ces indications se trouve renfermée dans l'empreinte.

Cette dernière interprétation a été sanctionnée par une décision du ministre des finances, en date du 8 septembre 1893.

Des contraventions ont été, par suite, relevées contre des notaires qui s'étaient bornés à insérer dans leurs actes des mentions telles que : « Titres timbrés en France » ou « Titres frappés du timbre français », et d'autres mentions analogues

(1) V. M. texte de ce décret relatant les termes de l'art. 11 de la loi du 29 juin 1881.

(2) V. D. du 2 janvier 1896.

ne reproduisant pas rigoureusement les indications contenues dans l'empreinte du timbre extraordinaire.

Ces réclamations ont attiré l'attention de la Chambre des notaires de Paris. Après examen, elle s'est montrée disposée à admettre l'interprétation de l'Administration, si celle-ci consentait à ne pas insister sur les contraventions qui ont pu être commises antérieurement au 1er mai courant.

Cette offre ayant paru de nature à être acceptée, le Président du Conseil, ministre des finances, a décidé, le 27 avril dernier, sur ma proposition, qu'il ne sera pas insisté sur les contraventions commises jusqu'au 1er mai courant pour énonciation dans des actes de titres étrangers timbrés à l'extraordinaire sans indication des mentions figurant dans l'empreinte du timbre, à la condition toutefois du paiement préalable des frais qui auraient été exposés dans les instances en cours.

De son côté, le secrétaire de la Chambre des notaires de Paris a adressé à ses confrères, à la date du 10 mai 1895, une circulaire destinée à assurer l'exécution de la loi telle qu'elle vient d'être interprétée.

Vous voudrez bien, en ce qui vous concerne, vous conformer à la décision du ministre.

Je vous rappelle, à cette occasion, que les titres étrangers soumis, avant tout usage, au droit de timbre au comptant sont :

1° Tous les titres de rentes, emprunts et autres effets publics des gouvernements étrangers, que ces titres aient été ou non admis aux négociations officielles d'une Bourse française ;

2° Les actions et les obligations des sociétés, villes étrangères, etc., qui n'ont pas fait agréer de représentant responsable du paiement des droits et amendes dus au Trésor, ou ont cessé le service de l'abonnement (Voir à cet égard le relevé public au *Journal officiel* du 19 décembre 1892, pages 6107 et suivantes, et la circulaire du 27 du même mois).

Vous remarquerez également que l'inscription à la Cote officielle d'une Bourse française d'actions et d'obligations émises par des sociétés, villes étrangères, etc., implique que les titres de cette catégorie supportent la taxe annuelle d'abonnement ; que, par suite, ces titres peuvent être énoncés dans les actes publics ou sous seings privés sans qu'il y ait lieu de relater les mentions prescrites par l'article 2, paragraphe 2, de la loi du 30 mars 1872 en ce qui concerne le paiement du droit de timbre au comptant.

Je vous prie d'adresser un exemplaire de la présente lettre aux agents placés sous vos ordres et aux Chambres des notaires, des avoués et des huissiers de votre département.

Le Conseiller d'État, directeur général,
LIOTARD-VOGT.

20 Juillet 1895. — *Loi sur les Caisses d'épargne* (1).

Le Sénat et la Chambre des députés ont adopté,

Le Président de la République promulgue la loi dont la teneur suit :

Article premier. — Les caisses d'épargne ordinaires sont tenues de verser à la

(1) C'est à la ville de Hambourg que revient l'honneur d'avoir organisé le premier établissement d'épargne (1778). L'Angleterre suivit bientôt l'exemple de l'Allemagne, et les caisses

Caisse des dépôts et consignations toutes les sommes qu'elles reçoivent des déposants; ces sommes sont employées par la Caisse des dépôts sous la réserve des fonds jugés nécessaires pour assurer le service des remboursements :

1° En valeurs de l'Etat ou jouissant d'une garantie de l'Etat; 2° en obligations négociables et entièrement libérées des départements, des communes, des chambres de commerce, en obligations foncières et communales du Crédit foncier.

Les achats et les ventes de valeurs sont effectués avec publicité et concurrence, sur la désignation de la commission de surveillance instituée par les lois des 28 avril 1816 et 6 avril 1876, et avec l'approbation du ministre des finances. Les achats et ventes de valeurs autres que les rentes pourront être opérés sans publicité ni concurrence.

Les sommes non employées ne peuvent excéder dix pour cent (10 p. 100) du montant des dépôts au 1er janvier. Elles sont placées, soit en compte courant au Trésor dans les mêmes conditions que les autres éléments de la dette flottante portant intérêt, soit en dépôt à la Banque de France. La partie déposée en compte courant au Trésor ne peut dépasser cent millions de francs (100,000,000 fr.).

Art. 2. — Tout déposant dont le crédit sera de somme suffisante pour acheter dix francs (10 fr.) de rente au moins peut faire opérer cet achat en titres nominatifs, sans frais, par les soins de l'administration de la caisse d'épargne. La rente pourra également lui être attribuée au cours moyen du jour de l'opération, par un prélèvement sur le portefeuille représentant les fonds des caisses d'épargne.

Dans le cas où le déposant ne retire pas les titres achetés pour son compte, l'administration de la caisse d'épargne en reste dépositaire et reçoit les arrérages et primes de remboursement, au crédit du titulaire. Elle peut également les faire vendre sur la demande du déposant.

Le capital provenant de cette vente, déduction faite des frais de négociation, sera porté au nom du déposant à un compte spécial et sans intérêts.

Art. 3. — Les conseils d'administration des caisses d'épargne peuvent rembourser à vue les fonds déposés; mais les remboursements ne sont exigibles que dans un délai de quinzaine (1).

d'épargne se multiplièrent si rapidement que, dès 1817, le Parlement dut les réglementer.

En France, la Convention décréta la création d'une *Caisse nationale de Prévoyance* (19 mars 1793). La Banque de France ouvrit ensuite (28 pluviôse an VIII) une *Caisse de Placement et d'Épargne*, mais ces essais n'eurent pas de suite. C'est en 1818 que se fonda à Paris la première institution française (V. M. Ordonnance royale du 29 juillet 1818 et la note). La province ne tarda pas à suivre l'exemple donné par la capitale; mais, en 1829, la statistique n'enregistrait encore que 11 caisses d'épargne. Leur développement date de la loi du 5 juin 1835, qui, en plaçant les caisses d'épargne sous la surveillance de l'État, autorisait le dépôt au Trésor de leurs fonds disponibles. Celle du 31 mars 1837 chargea la Caisse des dépôts et consignations de recevoir et d'administrer ces fonds. Le nombre des caisses d'épargne et l'importance de leurs opérations augmentèrent rapidement, surtout après la loi du 9 avril 1881 qui créa la Caisse d'épargne postale ou nationale.

Le taux de l'intérêt servi aux déposants par la Caisse d'épargne, primitivement fixé à 5 % par l'ordonnance royale du 29 juillet 1818, a été successivement abaissé, par fractions indivisibles de 0 fr. 25, à 2 fr. 75, taux actuel. Le taux servi par la Caisse d'épargne postale est de 2 fr. 50.

(1) D'après la loi du 9 avril 1881, le remboursement avait lieu dans un délai maximum de 8 jours pour la France continentale. V. aussi L. du 30 décembre 1900.

Toutefois, en cas de force majeure, un décret rendu sur la proposition des ministres des finances et du commerce, le Conseil d'Etat entendu, peut limiter les remboursements à la somme de cinquante francs (50 fr.) par quinzaine. Des délais supplémentaires seront fixés par décret pour les opérations nécessitant l'intervention d'un bureau ou d'une caisse situés en dehors de la France continentale.

Les dispositions relatives au remboursement seront portées à la connaissance des déposants par une inscription placée en tête du livret et affichée dans le local des caisses d'épargne.

ART. 4. — Le compte ouvert à chaque déposant ne peut pas dépasser le chiffre de quinze cents francs (1,500 fr.). L'article 9 de la loi du 9 avril 1881 sera applicable aux comptes qui dépasseront ce maximum (1).

Les comptes qui, au moment de la promulgation de la présente loi, dépasseront le chiffre de 1,500 fr., ne pourront pas être l'objet de versements nouveaux; ils continueront à produire des intérêts, mais ils devront être ramenés à la limite maximum de 1,500 fr. dans un délai de cinq ans à partir du 1er janvier qui suivra la promulgation de la présente loi. Si, à l'expiration dudit délai, cette prescription n'a pas été exécutée, le compte sera ramené à 1,500 fr. au moyen d'un achat de rente sur l'Etat effectué d'office et sans avis préalable.

Il sera remis annuellement au ministre du commerce, par chaque caisse d'épargne, un état des livrets dont le chiffre dépasserait le maximum autorisé.

Le montant total des versements opérés du 1er janvier au 31 décembre ne pourra dépasser quinze cents francs (1,500 fr.) (2).

Ces dispositions ne sont pas applicables aux opérations faites par les sociétés de secours mutuels et par les institutions spécialement autorisées à déposer aux caisses d'épargne ordinaires. Le maximum des dépôts faits par ces sociétés et institutions peut s'élever à quinze mille francs (15,000 fr.) (3).

ART. 5. — L'intérêt à servir aux caisses d'épargne ordinaires par la Caisse des dépôts et consignations est déterminé en tenant compte du revenu des valeurs du portefeuille et du compte courant avec le Trésor représentant les fonds provenant des caisses d'épargne (4).

Les variations de ce taux d'intérêt auront lieu par fractions indivisibles de vingt-cinq centimes pour cent (0 fr. 25 p. 100).

Lorsqu'il y aura lieu de modifier le taux, le nouvel intérêt à servir aux caisses d'épargne sera fixé, avant le 1er novembre, pour l'exercice suivant, par un décret rendu sur la proposition du ministre du commerce et du ministre des finances,

(1) ART. 9. — Dès qu'un compte dépassera, par les versements et la capitalisation des intérêts, le chiffre de 2,000 fr. (aujourd'hui 1,500 fr.) il en sera donné avis au déposant par lettre chargée.

Si, dans les trois mois qui suivent cet avis, le déposant n'a pas réduit son crédit, il lui sera acheté d'office et sans frais 20 fr. de rente sur l'État.

Le service des intérêts sur l'excédent sera suspendu à partir de la date de l'avis jusqu'au jour de la réduction du compte.

(2) Il était jusque-là de 2,000 fr. La prohibition de verser en un an une somme plus forte a pour but d'empêcher que le livret ne devienne un véritable compte de chèques.

(3) Le maximum était auparavant de 8,000 fr.

(4) Le taux de l'intérêt, de fixe qu'il était, devient variable chaque année d'après le revenu du portefeuille de la Caisse des Dépôts et Consignations.

après avis de la commission de surveillance de la Caisse des dépôts et consignations et de la commission supérieure instituée par l'article 11 de la présente loi.

Art. 6. — Il est institué par la Caisse des dépôts et consignations un fonds de réserve et de garantie qui ne pourra pas dépasser dix pour cent (10 p. 100) du montant des dépôts. Seront affectés à cette réserve :

1° Le fonds de réserve actuel;

2° La différence entre les intérêts servis chaque année aux caisses d'épargne et le revenu des valeurs du portefeuille et du compte courant avec le Trésor, sans que cette différence puisse être inférieure à vingt-cinq centimes pour cent (0 fr. 25 p. 100) du montant total des fonds des caisses d'épargne;

3° Les intérêts et les primes d'amortissement provenant de ce fonds lui-même;

4° Les retenues d'intérêts imposées aux titulaires de plusieurs livrets conformément à l'article 18 de la présente loi.

Peuvent seuls être imputés sur ce fonds :

1° Les pertes qui viendraient à résulter, soit de différences d'intérêts, soit d'opérations ayant pour but d'assurer le service des remboursements;

2° Les sommes à prélever, soit à titre définitif, soit à titre d'avances, en cas d'insuffisance de la fortune personnelle d'une caisse d'épargne, pour faire face aux pertes déjà constatées ou qui seraient ultérieurement reconnues dans sa gestion;

3° Les frais de contrôle spécial institué par l'article 12.

Art. 7. — Le fonds de réserve est géré par la Caisse des dépôts, sous le contrôle de la commission de surveillance, qui arrête les sommes à prélever dans les cas de perte prévus par l'article 6.

Il est rendu compte de ces opérations dans un chapitre spécial du rapport annuel présenté au Sénat et à la Chambre des députés par la commission de surveillance, conformément à l'article 114 de la loi du 28 avril 1816 (1).

Art. 8. — Les caisses d'épargne ordinaires prélèvent sur le produit de leurs placements une somme suffisante pour faire face aux frais de loyer et d'administration et à l'établissement d'une réserve spéciale dans les conditions prescrites par l'article 9.

Ce prélèvement sera de vingt-cinq centimes pour cent (0 fr. 25 p. 100) au moins et ne pourra pas dépasser cinquante centimes pour cent (0 fr. 50 p. 100) sur l'ensemble des comptes des déposants. Le taux d'intérêt payé par les caisses d'épargne aux déposants peut être gradué selon l'importance des comptes.

Les livrets sur lesquels le mouvement des retraits et des dépôts, y compris le solde antérieur, n'aura pas dépassé la somme de cinq cents francs (500 fr.) pendant le courant de l'année pourront être favorisés soit par un système de primes, soit par une graduation du taux.

Les livrets collectifs des sociétés de secours mutuels et des institutions spécialement autorisées à déposer aux caisses d'épargne jouiront, quel que soit le chiffre de leur dépôt, de l'intérêt accordé à la catégorie des livrets les plus favorisés.

La moyenne de l'intérêt servi aux déposants, soit à titre d'intérêt, soit à titre de prime, ne pourra, en aucun cas, dépasser le chiffre de l'intérêt accordé par la Caisse des dépôts et consignations, déduction faite du prélèvement déterminé ci-dessus, sauf le cas prévu par le dernier paragraphe de l'article 10.

(1) V. M.

Les caisses d'épargne sont autorisées à émettre des bons ou timbres d'un prix inférieur à 1 fr. et à recevoir ces coupures, lorsque, réunies, elles représentent le montant du versement minimum autorisé.

Le règlement de chaque caisse d'épargne, fixant le taux des primes ou des intérêts gradués, sera publié trois mois au moins avant son application ; il sera communiqué au ministre qui, dans les trente jours à partir de la réception, pourra l'annuler pour violation de la loi. La décision du ministre sera susceptible de recours devant le Conseil d'Etat.

ART. 9. — Chaque caisse d'épargne ordinaire doit créer un fonds de réserve et de garantie qui se compose :

1° De sa dotation existante et des dons et legs qui pourraient lui être attribués ;

2° De l'économie réalisée sur la retenue prescrite à l'article précédent ;

3° Des intérêts et des primes d'amortissement provenant de ce fonds lui-même.

Toutes les pertes résultant de la gestion de la caisse d'épargne devront être imputées sur ce fonds de réserve, qui constitue sa fortune personnelle.

ART. 10. — Les caisses d'épargne sont autorisées à employer leur fortune personnelle (1) :

1° En valeurs de l'Etat ou jouissant d'une garantie de l'Etat ;

2° En obligations négociables et entièrement libérées des départements, des communes, des chambres de commerce ;

3° En obligations foncières et communales du Crédit Foncier ;

4° En acquisition ou construction des immeubles nécessaires à l'installation de leurs services.

Elles pourront en outre employer la totalité du revenu de leur fortune personnelle et le cinquième du capital de cette fortune :

En valeurs locales énumérées ci-dessous, à la condition que ces valeurs émanent d'institutions existant dans le département où les caisses fonctionnent : bons de monts-de-piété ou d'autres établissements reconnus d'utilité publique ; prêts aux sociétés coopératives de crédit ou à la garantie d'opérations d'escompte de ces sociétés ; acquisition ou construction d'habitations à bon marché ; prêts hypothécaires aux sociétés de construction de ces habitations ou aux sociétés de crédit qui, ne les construisant pas elles-mêmes, ont pour objet d'en faciliter l'achat ou la construction, et en obligations de ces sociétés.

Les caisses d'épargne seront tenues, dans les cas prévus par le paragraphe précédent, d'adresser au ministre du commerce, chaque année, dans la première quinzaine de février, l'état des opérations de l'année précédente. Le ministre pourra toujours, sur l'avis de la commission supérieure, suspendre l'exercice de ce mode d'emploi.

Lorsque le fonds de réserve et de garantie représentera au minimum deux pour cent (2 p. 100) des dépôts, un cinquième du boni annuel pourra être employé à l'augmentation du taux d'intérêt servi aux porteurs des livrets sur lesquels le mouvement des retraits et des dépôts, y compris le solde antérieur, n'aura pas dépassé la somme de cinq cents francs (500 fr.) pendant le courant de l'année.

(1) Cet article étend considérablement le nombre des valeurs pouvant servir d'emploi à la fortune personnelle des Caisses d'épargne.

ART. 11. — Il est formé auprès du ministre du commerce une commission supérieure qui se réunit au moins une fois par an, pour donner son avis sur les questions concernant les caisses d'épargne ordinaires ou postales.

Cette commission est composée de vingt membres, ainsi qu'il suit :

Deux sénateurs, élus par le Sénat;

Deux députés, élus par la Chambre des députés;

Huit présidents ou directeurs de caisse d'épargne, élus par les caisses d'épargne suivant les formes et dans les conditions à déterminer par un règlement d'administration publique;

Trois personnes connues par leurs travaux sur les institutions de prévoyance et désignées par le ministre du commerce;

L'administrateur de la Caisse nationale d'épargne;

Le directeur général de la Caisse des dépôts et consignations;

Le directeur du commerce intérieur au ministère du commerce;

Le directeur du mouvement général des fonds au ministère des finances;

Le chef du service de l'inspection générale des finances.

Les membres élus et les membres désignés par le ministre sont nommés pour trois ans ; la commission élit son président.

Un chef de bureau du ministère du commerce, désigné par le ministre, remplit les fonctions de secrétaire avec voix consultative.

Le président de cette commission aura entrée, avec voix délibérative, à la commission de surveillance instituée près de la Caisse des dépôts et consignations par l'article 2 de la loi du 6 avril 1876. Il devra être convoqué à toutes les séances où il sera discuté des questions intéressant les caisses d'épargne.

ART. 12. — Il sera prélevé sur le fonds de réserve prévu par l'article 6 ci-dessus une somme annuelle de deux cent mille francs (200,000 fr.) destinée à organiser le contrôle des opérations des caisses d'épargne par les receveurs particuliers et les trésoriers-payeurs généraux, et par des inspecteurs des finances spécialement désignés pour ces opérations de vérification.

Un règlement d'administration publique, rendu sur la proposition des ministres des finances et du commerce, après avis du Conseil d'État et de la commission supérieure instituée par l'article 11, déterminera les règles applicables au fonctionnement de ce contrôle.

Ce règlement fixera également les conditions d'emploi du crédit de 200,000 francs dont la répartition sera faite chaque année par le ministre des finances.

ART. 13. — Il est interdit de donner le nom de caisse d'épargne à tout établissement qui n'aurait pas été autorisé conformément aux prescriptions de la loi du 5 juin 1835 (1). Les fondateurs et directeurs des établissements constitués en contravention au présent article sont passibles d'une amende de 25 fr. à 3,000 fr. et d'un emprisonnement de trois mois à deux ans. Les tribunaux peuvent ordonner l'insertion et l'affichage des jugements et la suppression de la dénomination de caisse d'épargne, à peine de dommages-intérêts à fixer pour chaque jour de retard. L'article 463 du Code pénal est applicable aux condamnations prononcées en vertu du présent article.

(1) V. M.

ART. 14. — Aucune opération faite dans les caisses d'épargne ordinaires par les déposants et nécessitant un mouvement de fonds et de valeurs n'est valable et ne forme titre contre la caisse d'épargne que si le reçu délivré sur le livret porte, outre la signature du caissier, le visa et la signature de l'administrateur ou de l'agent chargé du contrôle.

La disposition du paragraphe précédent est affichée en permanence dans les bureaux où elle doit recevoir son exécution, et imprimée sur la couverture des livrets.

ART. 15. — Dans le cas où des documents de comptabilité prescrits par les règlements n'auraient pas été produits en temps utile, le ministre compétent peut les faire dresser d'office et aux frais de la caisse d'épargne.

ART. 16. — Les livrets des caisses d'épargne sont nominatifs.

Toute somme versée à une caisse d'épargne est, au regard de la caisse, la propriété du titulaire du livret.

Les mineurs sont admis à se faire ouvrir des livrets sans l'intervention de leur représentant légal. Ils pourront retirer sans cette intervention, mais seulement après l'âge de seize ans révolus, les sommes figurant sur les livrets ainsi ouverts, sauf opposition de la part de leur représentant légal.

Les femmes mariées, quel que soit le régime de leur contrat de mariage, seront admises à se faire ouvrir des livrets sans l'assistance de leur mari ; elles pourront retirer sans cette assistance les sommes inscrites aux livrets ainsi ouverts, sauf opposition de la part du mari. Dans ce cas, il sera sursis au retrait du dépôt et ce pendant un mois à partir de la dénonciation qui en sera faite à la femme, par lettre recommandée, à la diligence de la caisse d'épargne.

Passé ce délai, et faute par la femme de s'être pourvue contre ladite opposition par les voies de droit, le mari pourra toucher seul le montant du livret si le régime sous lequel il est marié lui en donne le droit.

ART. 17. — L'opposition prévue à l'article précédent sera signifiée aux caisses d'épargne dans la forme des actes extrajudiciaires.

Elle produira, à l'égard des caisses, les mêmes effets que l'opposition prévue au Code de procédure civile.

ART. 18. — Nul ne peut être en même temps titulaire d'un livret de caisse nationale d'épargne et d'un livret de caisse d'épargne ordinaire ou de plusieurs livrets, soit de caisse nationale d'épargne, soit des caisses d'épargne ordinaires, sous peine de perdre l'intérêt de la totalité des sommes déposées.

ART. 19. — Est admise à circuler en franchise et sous enveloppe fermée la correspondance de service échangée entre les caisses d'épargne, d'une part, et les préfets et sous-préfets, les trésoriers-payeurs généraux et receveurs des finances, d'autre part.

ART. 20. — A partir de la promulgation de la présente loi, les sommes qui, en vertu de l'article 4 de la loi du 7 mai 1853 (1), étaient placées en rentes et celles qui étaient attribuées aux caisses d'épargne par le même article seront prescrites à l'égard des déposants. Elles seront réparties entre les caisses d'épargne, à concur-

(1) V. M. La prescription trentenaire atteint dorénavant les sommes qui précédemment étaient employées à des achats d'inscriptions de rentes et restaient indéfiniment la propriété des déposants.

rence des deux cinquièmes, et les sociétés de secours mutuels possédant des caisses de retraites, à concurrence des trois cinquièmes.

Un règlement d'administration publique déterminera les conditions de la répartition entre les sociétés de secours mutuels approuvées et reconnues d'utilité publique.

ART. 21. — L'intérêt à servir par la caisse nationale d'épargne à ses déposants sera calculé et établi dans les conditions et suivant le mode déterminés par l'article 5, en tenant compte du prélèvement nécessaire pour couvrir les frais d'administration de la caisse.

Ce prélèvement ne pourra être inférieur à cinquante centimes pour cent (0 fr. 50 p. 100) ; il devra être suffisant pour que le taux d'intérêt en résultant soit toujours inférieur de soixante-quinze centimes pour cent (0 fr. 75 p. 100) à celui qui sera servi aux caisses d'épargne ordinaires par la Caisse des dépôts et consignations.

ART. 22. — A l'avenir, l'existence d'une caisse d'épargne ordinaire ou d'une succursale dans une commune fera obstacle à l'ouverture, dans cette même commune, d'une autre caisse d'épargne ou d'une succursale relevant d'une autre caisse.

ART. 23. — Les certificats de propriété et actes de notoriété exigés par les caisses d'épargne pour effectuer le remboursement, le transfert ou le renouvellement des livrets appartenant aux titulaires décédés ou déclarés absents, seront visés pour timbre et enregistrés gratis (1).

ART. 24. — Les saisies-arrêts et oppositions de toute nature, formées auprès des caisses d'épargne, n'auront d'effet que pendant cinq années à compter de leur date, et, si elles n'avaient pas été renouvelées dans l'intervalle, elles seraient rayées d'office à l'expiration de ce délai.

ART. 25. — Toutes les dispositions inscrites aux trois premiers paragraphes de l'article 1er et aux articles 2, 3, 4, 8, 16, 17, 18, 21, 23 et 24 de la présente loi sont applicables à la caisse nationale d'épargne (2).

ART. 26. — Toutes dispositions antérieures contraires à la présente loi sont et demeurent abrogées.

La présente loi, délibérée et adoptée par le Sénat et par la Chambre des députés, sera exécutée comme loi de l'État.

21 DÉCEMBRE 1895. — *Lettre du Directeur général de l'Enregistrement au Syndic de la Compagnie des agents de change de Paris. Droit de timbre sur les titres étrangers.*

MONSIEUR LE SYNDIC,

Le texte de loi voté le 13 décembre courant par la Chambre des Députés (3), en ce qui concerne le timbre des titres des gouvernements étrangers, n'a pour objet,

(1) L'accomplissement de cette double formalité n'était pas exigé antérieurement. La disposition de l'art. 23 a pour but de procurer à l'administration le moyen d'assurer le paiement des droits de mutation par décès qui échappaient fréquemment au Trésor.

(2) Un décret du 8 avril 1896 a rendu la présente loi exécutoire en Algérie.

(3) V. ci-dessus le texte de la loi du 28 décembre 1895.

comme vous le pensez, que des modifications de tarif; il n'apporte, ainsi que le gouvernement l'a déclaré au cours de la discussion, aucun changement dans les conditions d'exigibilité de l'impôt.

Il s'ensuit qu'en dehors de l'application des nouveaux tarifs, les règles de perception en vigueur sous l'empire de la loi du 10 mars 1872 (1) demeureront les mêmes quand le projet de loi voté à la Chambre aura reçu sa sanction définitive.

Spécialement, les bordereaux d'agents de change qui, d'après les règles actuelles, échappent à l'application de l'article 2 de la loi de 1872, continueront, si le texte du projet de loi actuellement soumis aux délibérations du Sénat n'est pas modifié sur ce point, à jouir de l'immunité que les décisions administratives avaient admise sous la tarification antérieure.

Le Conseiller d'Etat, Directeur général,

LIOTARD-VOGT.

28 DÉCEMBRE 1895. — *Loi de finances relative aux droits de timbre sur les titres étrangers* (2).

. . . .

ART. 3. — A partir du 1er janvier 1896, le droit de timbre au comptant des titres étrangers est fixé, savoir :

1° A deux pour cent (2 p. 100) pour ceux désignés dans les articles 9 de la loi du 23 juin 1857 (3) et 1er, paragraphe 4, de la loi du 30 mars 1872 (4);

2° A cinquante centimes pour cent (0 fr. 50 p. 100), pour ceux désignés dans l'article 6 de la loi du 13 mai 1863 (5).

Ce droit n'est pas soumis aux décimes. Il sera perçu sur la valeur nominale de chaque titre ou coupure considéré isolément, et, dans tous les cas, sur un minimum de cent francs (100 fr.).

Les titres déjà timbrés au jour de la promulgation de la présente loi tomberont sous son application, mais le droit ci-dessus ne leur sera appliqué qu'imputation faite du montant de l'impôt déjà payé.

ART. 4. — Les dispositions des articles 2 et 3 de la loi du 25 mai 1872 sont applicables aux titres énumérés dans l'article 9 de la loi du 23 juin 1857, et l'article premier, paragraphe 4, de la loi du 30 mars 1872.

ART. 5. — L'article 2 de la loi du 30 mars 1872 est ainsi modifié :

« Nul ne peut négocier, exposer en vente ou énoncer dans un acte ou écrit, soit » public, soit sous seing privé autre qu'un inventaire, lorsqu'ils n'ont pas été

(1) V. M.

(2) V. ci-dessus Lettre du Directeur général de l'Enregistrement du 21 décembre 1895.

(3) V. M. cette loi et la note sous l'article 6.

(4) V. M. cette loi et note. Il s'agit des titres émis par les sociétés étrangères.

(5) V. M. L. du 13 mai 1863, article 6 et la note sous cet article. V. D.D. des 31 décembre 1898 et 26 juillet 1900 relatifs aux titres de rentes, emprunts et autres effets publics des gouvernements étrangers.

» préalablement timbrés au droit spécifié dans l'article 3 de la présente loi (1) :

» 1° Des titres de rentes, emprunts et autres effets publics des Gouvernements » étrangers ;

» 2° Des titres d'actions ou obligations émis par des sociétés, compagnies ou » entreprises étrangères, villes, provinces et corporations étrangères qui n'acquitte- » raient pas la taxe d'abonnement prévue par l'article 10 du décret du 17 juillet 1857 » et l'article 4 du décret du 24 mai 1872.

» Tout acte ou écrit, soit public, soit sous signature privée, qui énoncera l'un des » titres visés au présent article, devra indiquer le lieu, la date et le numéro du visa » pour timbre, ainsi que le montant du droit de timbre payé, ou, si la formalité a » été donnée au moyen, soit du timbre extraordinaire, soit d'un timbre mobile, les » mentions contenues dans l'empreinte du timbre apposé.

» Chaque contravention aux dispositions du présent article sera punie d'une » amende de cinq pour cent (5 p. 100), en principal, de la valeur nominale des titres » qui seront négociés, exposés en vente ou énoncés dans des actes. En aucun cas » l'amende ne pourra être inférieure à cent francs (100 fr.) en principal ; toutes les » parties seront solidaires pour le recouvrement des droits et amendes. Tout officier » public ou ministériel qui aura contrevenu aux dispositions qui précèdent demeu- » rera responsable des droits de timbre et sera, en outre, passible personnellement » d'une amende de cent francs (100 fr.) en principal ».

Art. 6. — Un règlement d'administration publique déterminera toutes les mesures d'exécution des dispositions contenues dans l'article précédent. Chaque contravention aux dispositions de ce règlement sera punie d'une amende de cent à cinq mille francs (100 à 5,000 fr.) en principal (2).

Art. 7. — Les contraventions aux dispositions des articles 3 à 5 de la présente loi et du règlement d'administration publique, rendu pour son exécution, pourront être constatées dans tous les lieux ouverts au public par les agents qui ont qualité pour verbaliser en matière de timbre.

28 Décembre 1895. — *Loi de finances. Réduction des trois quarts du droit de timbre sur les opérations de bourse concernant les rentes françaises.*

Art. 8. — Le droit de timbre auquel l'article 28 de la loi du 28 avril 1893 (3) soumet toute opération de Bourse ayant pour objet l'achat ou la vente, au comptant ou à terme, de valeurs de toute nature, est réduit des *trois quarts* lorsque l'opération est relative à des *rentes sur l'État français* (4).

(1) V. ci-après Inst. enr. du 31 mai 1898.

(2) V. ci-après l'Instruction de l'Enregistrement du 31 décembre 1895 et le décret du 2 janvier 1896.

(3) La quotité du droit était de 5 centimes par 1,000 francs ou fraction de 1,000 francs du montant de l'opération et de moitié pour les opérations de report.

(4) V. ci-après l'Instruction de l'Enregistrement du 31 décembre 1895.

Toute fraction de centime dans la liquidation du droit donne lieu à la perception du centime entier au profit du Trésor.

Est et demeure maintenue la disposition de l'article 28 précité relative aux opérations de report (1).

. . . .

31 Décembre 1895. — *Instruction de la direction générale de l'Enregistrement des Domaines et du Timbre relative à l'exécution des articles 3 à 8 de la loi de finances du 28 décembre 1895, concernant* (2) *: 1° l'augmentation des droits de timbre au comptant des titres étrangers ; 2° la réduction du droit de timbre sur les opérations de bourse relatives aux rentes sur l'État français.*

La loi de finances du 28 décembre 1895, promulguée au *Journal officiel* du 29 du même mois contient, sous les articles 3 à 8, plusieurs prescriptions intéressant l'Administration.

Ces dispositions, qui entreront en vigueur le 1er janvier 1896, ont pour objet :

1° De rehausser les tarifs des droits de timbre au comptant des titres étrangers circulant en France ;

2° De réduire, en ce qui concerne les rentes sur l'État français, le taux du droit de timbre auquel la loi du 28 avril 1893 soumet les opérations de bourse.

Ces diverses dispositions donnent lieu aux observations suivantes

§ Ier.

MAJORATION DES DROITS DE TIMBRE AU COMPTANT APPLICABLES AUX TITRES ÉTRANGERS.

1. *Tarifs nouveaux. — Titres étrangers atteints par la loi nouvelle.* — Les nouvelles dispositions relatives aux droits de timbre au comptant des titres étrangers sont contenues dans les articles 3, 4, 5, 6 et 7 de la loi du 28 décembre 1895.

L'article 3 élève de 1 fr. 20, décimes compris, à 2 p. 100, sans décimes, le droit de timbre au comptant des titres étrangers désignés dans les articles 9 de la loi du 23 juin 1857 et 1er, § 4, de la loi du 30 mars 1872, c'est-à-dire tous les titres d'actions et d'obligations des sociétés, compagnies, entreprises, villes, provinces et corporations étrangères, autres que ceux qui acquittent la taxe annuelle d'abonnement prévue par les articles 10 et 11 du décret du 17 juillet 1857 et 4 du décret du 24 mai 1872.

La loi nouvelle n'apporte aucun changement au régime fiscal de ces derniers titres tel qu'il a été établi par les articles 9 de la loi du 23 juin 1857, 1er, § 4, de la loi du

(1) Le droit est de moitié seulement. D'après une décision ministérielle du 19 juin 1893, le report n'est soumis qu'à un seul droit à la charge de chaque partie contractante. V. Instruction de l'Enregistrement du 31 décembre 1895 *in fine*.

(2) V. ci-dessus ces articles.

30 mars 1872 et 4 de la loi du 29 juin de la même année, ainsi que par les dispositions des règlements d'administration publique rendus pour l'exécution de ces lois (1).

L'article 3 de la nouvelle loi de finances substitue, d'autre part, un tarif proportionnel de 0 fr. 50 p. 100, sans décimes, au tarif gradué que la loi du 25 mai 1872 (2) avait édicté pour le droit de timbre au comptant des titres étrangers désignés dans l'article 6 de la loi du 13 mai 1863. Ces titres sont tous les titres de rentes, emprunts et autres effets publics des gouvernements étrangers, sans exception ni distinction d'aucune sorte.

2. *Mode de liquidation des nouveaux droits.* — Les droits de 2 p. 100 et de 0 fr. 50 p. 100 seront perçus d'après l'article 3 précité, sur la valeur nominale de chaque titre ou coupure considéré isolément et, dans tous les cas, sur un minimum de 100 francs.

On a voulu ainsi atteindre la valeur réelle des petites coupures, telles que les actions des mines d'or, qui, bien qu'émises à un capital nominal de 25 francs, ont cependant une valeur réelle le plus souvent supérieure à cette somme. On a considéré, d'autre part, que le chiffre de 100 francs représente, dans l'état actuel de la législation, la valeur minimum que doivent avoir les actions et obligations étrangères pour être admises aux négociations officielles de la Bourse.

De la disposition qui précède, il résulte que, pour les titres ou certificats collectifs, la perception devra être établie en envisageant séparément chacune des unités comprises dans ces titres ou certificats collectifs.

Soit, par exemple, un titre collectif de dix actions au capital nominal de 25 francs chacune, le droit sera perçu dix fois sur un minimum de 100 francs, puisque chaque unité d'action est d'une valeur nominale inférieure à cette somme.

3. *Titres déjà timbrés au moment de la mise à exécution de la loi. — Imputation des droits perçus.* — L'article 3 précité ramène sous l'application des nouveaux tarifs les titres étrangers qui ont été timbrés antérieurement à la mise en vigueur de la loi nouvelle, mais il autorise l'imputation du montant de l'impôt déjà payé.

Cette imputation ne peut rencontrer de difficulté ni pour les titres isolés ou collectifs qui ont déjà acquitté l'impôt au moyen du visa pour timbre, puisque la mention inscrite par le receveur y reproduit le montant des droits perçus, ni pour les titres isolés qui ont été frappés du timbre extraordinaire.

Mais lorsqu'on se trouve en présence de titres collectifs frappés autrefois de ce timbre qui indique seulement la quotité du droit sans rappeler ni la somme payée, ni la date du timbrage, il pourra être difficile de déterminer le chiffre de l'imputation; cela tient à ce que, suivant que le timbrage a eu lieu avant ou après la décision ministérielle du 8 avril 1890, la perception appliquée aux titres collectifs a été établie sur chaque unité prise isolément ou, au contraire, sur la valeur totale énoncée dans le titre.

C'est le mode d'imputation le plus favorable aux porteurs de titres qu'il conviendra d'adopter.

4. *Date de la mise en vigueur des tarifs nouveaux. — Titres définitifs délivrés*

(1) V. M. ces lois et règlements.

(2) V. M.

après la promulgation de la loi en échange de titres provisoires timbrés antérieurement. — Titres achetés antérieurement à la mise en vigueur de la loi et dont la livraison n'a eu lieu que postérieurement. — Bien que, d'après les termes exprès de l'article 3, les nouveaux tarifs soient applicables à partir du 1er janvier 1896, les titres définitifs qui seront présentés au timbrage postérieurement à cette date comme remplaçant des titres provisoires timbrés aux anciens tarifs ne donneront pas lieu à la perception du droit complémentaire. La raison en est que le fait générateur de l'impôt, c'est-à-dire l'émission, s'est produit avant la mise à exécution de la loi nouvelle. Sans doute, la disposition finale de l'article 2 de la loi du 25 mai 1872 (1) est spéciale aux titres des fonds d'États étrangers, mais, par cela même que l'article 4 de la loi du 28 décembre 1895 (2) étend aux titres des sociétés les dispositions dudit article, il n'y a point à distinguer à cet égard, même pendant la période transitoire, entre les deux natures de valeurs.

Dans le même ordre d'idées, il a été reconnu que le droit complémentaire ne serait pas exigible sur les titres livrés, postérieurement au 31 décembre 1895, en exécution de négociations antérieures au 1er janvier 1896 et dûment constatées.

5. *Émission ou souscription d'actions ou d'obligations de sociétés, villes, etc., pour lesquelles un représentant responsable du payement des taxes annuelles n'a pas été agréé par le ministre.* — L'article 2 de la loi du 25 mai 1872 dispose qu'aucune émission ou souscription de titres de rentes ou effets publics des gouvernements étrangers ne peut être annoncée, publiée ou effectuée en France sans qu'il ait été fait, dix jours à l'avance, au bureau de l'enregistrement dans la circonscription duquel l'émission ou la souscription a lieu, une déclaration dont la date doit être mentionnée dans les avis ou annonces. Les titres ou certificats provisoires de titres souscrits ou émis en France ne peuvent être remis aux souscripteurs ou preneurs sans avoir préalablement acquitté les droits de timbre exigibles ; et, si le droit a été payé sur le certificat provisoire, le titre définitif correspondant doit être timbré sans frais sur la présentation de ce certificat.

L'article 3 de la même loi, qui contient la sanction de ces dispositions, est ainsi conçu : « Chaque contravention aux dispositions des paragraphes 1er et 2 de l'article précédent pourra être constatée dans les formes et conditions indiquées au troisième paragraphe de l'article 2 de la loi du 30 mars 1872. Elle sera également punie d'une amende de 5 p. 100 de la valeur nominale des titres annoncés ou émis, sans que cette amende puisse être inférieure à 50 francs.

« L'amende est due personnellement et sans recours par celui qui a fait des annonces sans déclaration préalable, qui a émis ou qui a servi d'intermédiaire pour l'émission ou la souscription de titres non timbrés. La même amende sera exigible à raison d'émission ou de souscription faites sans déclaration préalable. Le souscripteur ou le preneur de titres non timbrés est tenu solidairement de l'amende, sauf son recours contre celui qui a ouvert la souscription ou émis les titres. »

Les titres des sociétés, compagnies ou entreprises étrangères, ainsi que ceux des villes, provinces et corporations étrangères restaient jusqu'à présent en dehors de ces prescriptions. Cette distinction est supprimée par l'article 4 de la loi de finances

(1) V. M.
(2) V. cette loi à sa date.

du 28 décembre 1895 qui étend l'application des dispositions des articles 2 et 3 de la loi du 25 mai 1872 aux titres énumérés dans les articles 9 de la loi du 23 juin 1857 et 1er, § 4, de la loi du 30 mars 1872. Il suit de là qu'aucune émission ni souscription des titres dont il s'agit ne pourra désormais être annoncée, publiée ou effectuée en France qu'à la condition d'avoir fait l'objet, dix jours à l'avance, d'une déclaration au bureau de l'enregistrement de la résidence, et que la date de cette déclaration devra être mentionnée dans l'avis ou annonce. Il en résulte également que les titres ou certificats provisoires de titres souscrits ou émis en France ne pourront être remis aux souscripteurs ou preneurs sans avoir préalablement acquitté les droits de timbre fixés par l'article 3 de la loi nouvelle ; le tout, à peine des amendes édictées par l'article 3 de la loi du 25 mai 1872.

Pour l'application de ces dispositions, les agents se référeront, au besoin, aux règles tracées par l'Instruction n° 2446.

Il convient toutefois d'observer que les garanties ainsi prises à l'égard des intermédiaires chargés des émissions, publications, annonces, etc., etc., seront sans objet toutes les fois que les sociétés et autres collectivités étrangères auront elles-mêmes rempli l'obligation que l'article 4 du décret du 6 décembre 1872 leur impose étroitement, de faire agréer par le ministre des finances un représentant responsable avant de procéder à aucune émission ou souscription de leurs titres (1).

6. *Négociation, exposition en vente et énonciation dans les actes ou écrits.* — L'article 5 de la loi nouvelle porte que nul ne peut négocier, exposer en vente et énoncer dans un acte ou écrit soit public, soit sous seing privé, autre qu'un inventaire, lorsqu'ils n'ont pas été préalablement timbrés au droit spécifié dans l'article 3 :

1° Des titres de rentes, emprunts et autres effets publics des gouvernements étrangers ;

2° Des titres d'actions ou d'obligations émis par des sociétés, villes, provinces et corporations étrangères qui n'acquitteraient pas la taxe d'abonnement prévue par l'article 10 du décret du 17 juillet 1857 et l'article 4 du décret du 24 mai 1872.

Ainsi sont confirmées les prohibitions de l'article 2, § 1er, de la loi du 30 mars 1872; les nouvelles dispositions seront interprétées comme cet article l'a été dans l'Instruction n° 2445, § 2, n° 2.

On croit devoir rappeler notamment que des titres étrangers peuvent être déposés dans une maison de banque pour leur conservation et en être ensuite retirés sans que le droit de timbre devienne pour cela exigible. Il en est de même pour les énonciations des titres étrangers dans des lettres ou correspondances, « à moins que ces correspondances ne consacrent elles-mêmes la négociation, le prêt, le nantissement, ou l'usage juridique des titres ».

La rédaction de l'article 5 de la loi du 28 décembre 1895 (2) préviendra une confusion que les termes de l'article 2 de la loi du 30 mars 1872 ont trop souvent entretenue dans l'esprit des redevables, et qui les portait à croire que, par cela seul qu'un titre était inscrit à la cote officielle, il pouvait être relaté dans un acte ou écrit sans les mentions relatives au payement du droit de timbre. L'inscription à la cote n'impliquant le payement de l'impôt par abonnement que pour les titres des sociétés,

(1) V. M.
(2) V. cette loi à sa date.

villes, etc., cette appréciation est inexacte en ce qui concerne les fonds d'États étrangers.

7. *Mentions dans les actes ou écrits des indications relatives au payement des droits de timbre. — Pénalités.* — L'article 5 de la loi nouvelle porte que, en cas d'énonciation dans un acte public ou sous seing privé, autre qu'un inventaire, soit de titres de rentes, emprunts et autres effets publics de gouvernements étrangers, soit de titres d'actions ou obligations de sociétés, villes, etc., qui n'acquittent pas la taxe d'abonnement, cet acte doit indiquer le lieu, la date et le numéro du visa pour timbre, ainsi que le montant du droit de timbre payé, ou, si la formalité a été donnée au moyen soit du timbre extraordinaire, soit de timbres mobiles, les mentions contenues dans l'empreinte du timbre apposé. Cette disposition est conçue de manière à prévenir le retour des difficultés que rencontrait dans son application l'article 2 de la loi du 30 mars 1872 et qui ont motivé la Lettre commune du 30 mai 1895, n° 188.

Chaque contravention aux dispositions de l'article 5 est punie d'une amende de 5 p. %, en principal, de la valeur nominale des titres négociés, exposés en vente ou énoncés dans des actes. En aucun cas, l'amende ne pourra être inférieure à 100 francs, en principal, et toutes les parties seront solidaires pour le recouvrement des droits et amendes. En outre, tout officier public ou ministériel contrevenant demeure responsable des droits de timbre et est passible personnellement d'une amende de 100 francs en principal.

8. *Création de nouveaux types de timbre extraordinaire.* — L'article 6 de la loi de finances dispose qu' « un règlement d'administration publique déterminera toutes les mesures d'exécution des dispositions contenues dans l'article précédent », et que « chaque contravention aux dispositions de ce règlement sera punie d'une amende de 100 à 5,000 francs en principal ».

Ce règlement autorise la création de quatre nouveaux types (1) destinés au timbrage à l'extraordinaire, à l'atelier général, à Paris, savoir :

Le premier, des titres d'actions ou d'obligations désignés dans les articles 9 de la loi du 23 juin 1857 et 1er, § 4, de la loi du 30 mars 1872, qui n'acquittent pas la taxe d'abonnement prévue par l'article 10 du décret du 17 juillet 1857 et l'article 4 du décret du 24 mai 1872, et qui n'auront supporté, au jour de la mise en vigueur de la loi nouvelle, aucun droit de timbre au comptant ;

Le second, des titres d'actions ou d'obligations ci-dessus désignés, mais qui étaient déjà timbrés au moment où la loi nouvelle est devenue exécutoire ;

Le troisième, des titres de rentes, emprunts et autres effets publics des gouvernements étrangers non timbrés au jour de la mise à exécution de la loi nouvelle ;

Le quatrième enfin, des titres désignés dans le paragraphe précédent, mais qui étaient déjà timbrés lors de la mise en vigueur de la loi nouvelle (art. 1er).

L'apposition du timbre extraordinaire ne peut avoir lieu qu'à l'atelier général à Paris. Les titres qui seront présentés au timbrage partout ailleurs continueront donc à recevoir la formalité du visa. L'Administration n'est pas autorisée par les règlements à en prendre charge pour les transmettre à l'atelier général.

(1) V. D.D. des 2 janvier 1896 et 31 décembre 1898. Création de quatre nouveaux types de timbres.

Des feuilles contenant l'empreinte des nouveaux types seront prochainement adressées aux directeurs des départements par le directeur des Domaines, chef de l'atelier général du timbre, à Paris. Les directeurs feront déposer ces feuilles aux greffes des cours et tribunaux et veilleront à ce que chaque dépôt fasse l'objet d'un procès-verbal dressé sans frais selon le vœu de l'article 2 du décret.

Les agents trouveront à la suite de l'annexe n° 2 des spécimens des types dont il s'agit.

Dans le timbre, le fond est en rouge et les mentions sont en blanc. Le mot « Paris » y est encadré : à gauche, par le quantième ; à droite, par le numéro du mois ; au-dessous, par le millésime.

9. *Mode de constatation des contraventions.* — D'après l'article 7 de la loi de finances, les contraventions aux dispositions des articles 3 à 5 et à celles du règlement d'administration publique pourront être constatées, dans tous les lieux ouverts au public, par les agents qui ont qualité pour verbaliser en matière de timbre.

Cet article, qui se borne à reproduire la première phrase de l'article 2, § 3, de la loi du 30 mars 1872, sera interprété et appliqué d'après les indications contenues dans l'Instruction n° 2445, § 2, n° 2, dont les dispositions continueront à servir de règle à cet égard.

§ 2.

OPÉRATIONS DE BOURSE RELATIVES AUX RENTES SUR L'ÉTAT FRANÇAIS.

L'article 28 de la loi du 28 avril 1893 (1) est ainsi conçu :

« A partir du 1er juin 1893, toute opération de bourse ayant pour objet l'achat ou » la vente, au comptant ou à terme, de valeurs de toute nature donnera lieu à la » rédaction d'un bordereau soumis à un droit de timbre dont la quotité est fixée à » 5 centimes par 1000 francs ou fractions de 1000 francs du montant de l'opération » calculé d'après le taux de la négociation. — Ce droit n'est pas soumis aux » décimes. — Il est réduit de moitié pour les opérations de report. »

Le Gouvernement a constaté que, tout en restant sans influence sur l'allure générale des négociations de bourse, la perception de la nouvelle taxe avait atteint l'activité du marché des rentes françaises qui intéresse au plus haut point le crédit de l'État.

Afin de remédier à cette situation, il a paru à propos d'abaisser des *trois quarts* le taux de l'impôt sur les opérations de bourse relatives aux rentes sur l'État.

Tel est l'objet de l'article 8 de la loi de finances du 28 décembre 1895 (2) qui maintient, d'ailleurs, expressément la disposition de la loi de 1893 relative aux opérations de report et qui dispose, en outre, que, dans la liquidation du droit, toute fraction de centime donnera lieu à la perception du centime entier.

En conséquence, la quotité du tarif applicable aux opérations qui ont pour objet des rentes sur l'État français est abaissée de 0 fr. 05 à 0 fr. 0125 par 1,000 francs, pour les opérations ordinaires, et de 0 fr. 025 à 0 fr. 00625 par 1,000 francs pour les reports.

(1) V. M.
(2) V. cette loi ci-dessus.

Les agents ne perdront pas de vue que, aux termes d'une décision ministérielle du 19 juin 1893, l'opération de report ne donne lieu, dans son ensemble, qu'à un seul droit à la charge de chaque partie contractante.

2 JANVIER 1896. — *Décret portant création de quatre nouveaux types de timbres destinés aux titres étrangers.*

LE PRÉSIDENT DE LA RÉPUBLIQUE FRANÇAISE,

Sur le rapport du ministre des finances,

Vu l'article 3 de la loi de finances du 28 décembre 1895 ainsi conçu :

« A partir du 1er janvier 1896, le droit de timbre au comptant des titres étrangers est fixé, savoir :

» 1° A 2 p. 100 pour ceux désignés dans les articles 9 de la loi du 23 juin 1857, et 1er, § 4, de la loi du 30 mars 1872;

» 2° A 0 fr. 50 p. 100 pour ceux désignés dans l'article 6 de la loi du 13 mai 1863;

» Ce droit n'est pas sujet aux décimes. Il sera perçu sur la valeur nominale de chaque titre ou coupure considéré isolément et, dans tous les cas, sur un minimum de 100 francs ;

» Les titres déjà timbrés au jour de la promulgation de la présente loi tomberont sous son application, mais le droit ci-dessus ne leur sera appliqué qu'imputation faite de l'impôt déjà payé ».

Vu l'article 5 de la même loi, duquel il résulte que le timbrage des titres étrangers passibles des droits ci-dessus pourra être effectué notamment au moyen de l'apposition du timbre extraordinaire ;

Vu l'article 6 de la même loi, portant qu'un règlement d'administration publique déterminera toutes les mesures d'exécution des dispositions contenues dans l'article 5 précité (1) ;

Le Conseil d'État entendu,

Décrète :

ARTICLE PREMIER. — Il est créé quatre nouveaux types (2) destinés à timbrer à l'extraordinaire, à l'atelier général, à Paris, les titres étrangers passibles du droit de timbre au comptant, savoir :

Le premier, pour les titres désignés dans les articles 9 de la loi du 23 juin 1857, et 1er, § 4, de la loi du 30 mars 1872 qui n'acquittent pas la taxe d'abonnement prévue par l'article 10 du décret du 17 juillet 1857 et l'article 4 du décret du 24 mai 1872, et qui n'auront supporté, au jour de la promulgation de la loi de finances du 28 décembre 1895, aucun droit de timbre au comptant ;

Le second pour les titres ci-dessus désignés qui étaient déjà timbrés au jour de la promulgation de la loi précitée ;

Le troisième, pour les titres désignés dans l'article 6 de la loi du 13 mai 1863 qui

(1) V. cette loi ci-dessus.

(2) V. Lett. enr. 10 juin 1895.

n'auront pas été timbrés au jour de la promulgation de la loi de finances du 28 décembre 1895 ;

Le quatrième, pour les titres ci-dessus désignés qui étaient déjà timbrés au jour de la promulgation de la loi précitée.

Ces types seront conformes aux modèles annexés au présent décret.

La couleur des timbres pourra être changée ou modifiée par décision du ministre des finances.

Art. 2. — L'administration de l'Enregistrement, des Domaines et du Timbre fera déposer aux greffes des cours et tribunaux une empreinte de chacun des timbres créés par l'article précédent.

Ce dépôt sera constaté par un procès-verbal dressé sans frais.

Art. 3. — Le ministre des finances est chargé de l'exécution du présent décret, qui sera publié au *Journal officiel* et inséré au *Bulletin des lois*.

11 Mars 1896. — *Lettre du Directeur général de l'Enregistrement. Droits de timbre.*

Monsieur le Syndic,

Vous m'avez fait l'honneur de me transmettre, en me priant de vous faire connaître la solution que la question comporte, la copie d'une lettre du 13 janvier dernier par laquelle M. le Syndic des agents de change de Lille vous consulte sur le point de savoir si la loi du 28 décembre 1895 (1) est applicable tant aux titres étrangers que les agents de change remettent à leurs clients, après les avoir fait acheter sur une place étrangére, qu'aux titres qu'ils se chargent de faire vendre à l'étranger.

D'après les explications contenues dans la lettre de M. Paquin, les titres dont il s'agit se négocieraient en Belgique, en Hollande et en Angleterre, et les agents de change agiraient, dans la circonstance, non point comme officiers ministériels, mais comme de simples mandataires.

La question posée se réduit à examiner si les dispositions des lois des 30 mars et 25 mai 1872 (2) et celles de la loi du 28 décembre 1895, relatives aux droits de timbre des titres étrangers, atteignent les titres achetés ou vendus dans les conditions indiquées par M. votre collègue de Lille, ou, en d'autres termes, si cet achat ou cette vente constitue l'un des faits générateurs de l'impôt.

Elle me paraît, Monsieur le Syndic, devoir être négativement résolue (3).

Les causes d'exigibilité des droits de timbre au comptant applicables aux titres étrangers sont nettement déterminées. Ce sont : 1° la négociation ; 2° l'exposition en vente ; 3° l'énonciation dans tout acte ou écrit autre qu'un inventaire ; et 4° l'émission ou la souscription (28 décembre 1895, articles 4 et 5).

Il est, d'ailleurs, sans difficulté que les faits qui motivent la perception doivent se produire en France. Les lois d'impôts, qui appartiennent au statut réel, ne sauraient, en effet, s'étendre au-delà des limites de notre territoire.

(1) V. L. de finances du 28 décembre 1895.
(2) V. M.
(3) V. L.L. Enreg. des 8 et 21 mars 1902.

Les achats ou ventes de titres à l'étranger par nos nationaux ne peuvent donc par eux-mêmes entraîner l'exigibilité des droits de timbre, et la circonstance que ces ventes ou achats sont effectués par l'entremise d'un agent de change français est indifférente, dès lors que ces opérations sont effectuées à l'étranger.

Mais les droits de timbre seront dus, par application des dispositions formelles de l'article 5 de la loi du 28 décembre 1895, lorsque les titres ainsi vendus ou achetés sur une place étrangère seront énoncés dans un acte public ou sous seing privé passé en France, même à l'occasion de la négociation, lorsque, par exemple, ils feront l'objet d'une décharge donnée, soit par l'agent de change au client qui l'a chargé d'une opération de vente, soit par ce dernier à l'agent de change dans l'hypothèse contraire.

Le Conseiller d'Etat, Directeur général,
LIOTARD-VOGT.

17 MAI 1896. — *Décret relatif à la consignation, en Algérie, des titres et valeurs mobilières à la Caisse des dépôts et consignations.*

LE PRÉSIDENT DE LA RÉPUBLIQUE FRANÇAISE,

Sur le rapport du ministre des finances,

Vu la loi du 28 juillet 1875 (1), notamment l'article 2 qui porte qu'un règlement d'administration publique déterminera les mesures à prendre pour le dépôt, la conservation et le retrait des valeurs mobilières dont la consignation devait être faite à la Caisse des dépôts et consignations, ainsi que le mode de rémunération de la Caisse ;

Vu les lois des 28 nivôse an XIII et 28 avril 1816 et l'ordonnance du 3 juillet 1816 (2);

Vu le décret du 15 décembre 1875, portant règlement d'administration publique pour l'exécution dans la métropole de la loi du 28 juillet précédent (3) ;

Vu l'avis de la commission de surveillance de la Caisse des dépôts et consignations, du 21 décembre 1892 ;

Le Conseil d'Etat entendu,

Décrète :

ARTICLE PREMIER. — La consignation à la Caisse des dépôts et consignations des titres et valeurs mobilières sous forme nominative ou au porteur, dans les cas prévus par la loi du 28 juillet 1875, est effectuée en Algérie, comme les dépôts de numéraire, aux caisses des trésoriers-payeurs et payeurs particuliers préposés de la Caisse.

ART. 2. — Les valeurs consignées donnent lieu à la délivrance de récépissés contenant l'indication, dans leur ordre, des numéros des titres. Cette indication n'est pas nécessaire en ce qui concerne les rentes au porteur sur l'État, qui sont

(1) V. M.
(2) V. M.
(3) V. M.

immatriculées sans délai au nom de la Caisse des dépôts et consignations. En ce qui concerne la rente amortissable, les récépissés mentionnent les numéros des séries.

Ces récépissés sont libératoires et forment titre envers la Caisse des dépôts, à la charge toutefois, par les déposants, de les faire viser et séparer du talon, dans les vingt-quatre heures de leurs dates, par les fonctionnaires chargés de ce contrôle.

Les dispositions du présent article sont constamment affichées dans les bureaux et caisses des préposés de la Caisse des dépôts et consignations. Mention est faite sur l'affiche de la qualité du fonctionnaire chargé du contrôle.

Art. 3. — Les fonctionnaires chargés de ce contrôle mentionnent sur un registre spécial le nombre et la nature des valeurs comprises en chaque récépissé, et adressent tous les mois un relevé de ce registre à la Direction générale de la Caisse.

Art. 4. — Les valeurs mobilières sont centralisées à Paris, entre les mains du caissier général, qui en a la garde et la responsabilité.

Art. 5. — Les versements complémentaires qui seraient nécessaires pour libérer les titres consignés ne sont effectués, par la Caisse des dépôts, qu'autant que des provisions ont été faites ou que les ressources disponibles de la consignation ont été affectées à cet emploi par le déposant.

Art. 6. — La Caisse est chargée de recevoir aux diverses échéances les arrérages, intérêts ou dividendes dus sur les titres consignés ; elle encaisse également, lorsqu'il y a lieu, les sommes provenant du remboursement total ou partiel des titres et des lots et primes qui leur ont été attribués.

Elle n'encaisse les arrérages, dividendes ou intérêts des valeurs étrangères qu'autant que le paiement en est effectué en France par des représentants accrédités.

En ce qui concerne le capital des valeurs étrangères mentionnées au paragraphe précédent, la Caisse demeure chargée de faire le nécessaire pour en toucher le montant, mais sans qu'elle puisse être, en aucun cas, responsable du non-recouvrement.

Art. 7. — La consignation des billets à ordre, lettres de change ou autres effets de commerce n'est pas admise.

Art. 8. — Dans le cas où la négociation des valeurs consignées serait demandée par les parties intéressées ou prescrite par une décision judiciaire passée en force de chose jugée, il y est procédé par le ministère d'un agent de change.

L'ordre de la négociation est donné le lendemain du jour de l'enregistrement de la demande ou de la notification de la décision judiciaire au secrétariat de l'administration.

Art. 9. — La restitution à qui de droit des titres et des fonds est opérée dans les conditions de la loi du 28 nivôse an XIII et de l'ordonnance du 3 juillet 1816, au lieu même où le dépôt a été effectué. Toutefois, le délai pour la restitution des valeurs centralisées à Paris est étendu à vingt jours.

Art. 10. — Les sommes dont la Caisse opère le recouvrement, soit comme revenu, soit comme réalisation de capitaux, produisent intérêts à 2 p. 100 l'an, à partir du soixante-et-unième jour de chaque encaissement, jusques et non compris le jour du remboursement, par application des articles 2 de la loi du 28 nivôse an XIII et 14 de l'ordonnance du 3 juillet 1816.

Art. 11. — Le droit de garde annuel à percevoir par la Caisse des dépôts et consignations est fixé par arrêté du directeur général, pris sur l'avis de la commission de surveillance et approuvé par le ministre des finances.

Ce droit ne pourra, en aucun cas, s'élever au-delà de 50 centimes p. 100 de la valeur de chaque titre déposé.

Le droit est perçu, savoir : pour les titres non inscrits à la cote d'une Bourse, ou non cotés depuis un an, sur la valeur nominale, et, pour tous les autres, sur la valeur déterminée par le cours moyen de la veille du jour du dépôt, et, à défaut de cours à cette date, par celui de la précédente cote. Si les titres sont cotés tout à la fois à Bourse de Paris et dans celles des départements, il est tenu compte exclusivement du cours de la première.

Toutefois, le montant du droit de garde pourra être abaissé par des arrêtés du directeur général pour les valeurs improductives. Le droit est dû, pour chaque année de garde, tel qu'il a été fixé au moment de la consignation, la première année commencée comptant comme année entière ; pour les années subséquentes, le droit est liquidé par trimestre.

ART. 12. — Le montant du droit de garde est prélevé sur les premiers fonds disponibles de la consignation, et, à défaut, il est réclamé des parties intéressées préalablement au retrait de ceux des titres qui n'auraient donné lieu à aucun encaissement.

ART. 13. — Le présent décret recevra son exécution à partir du 1er juillet 1896.

ART. 14. — Le ministre des finances est chargé de l'exécution du présent décret, qui sera inséré au *Bulletin des lois* et au *Bulletin officiel* du gouvernement de l'Algérie et publié au *Journal officiel*.

28 MAI 1896. — *Décret qui autorise les Agents de change près les bourses départementales pourvues de parquets à certifier les transferts des inscriptions du fonds 3 %.*

LE PRÉSIDENT DE LA RÉPUBLIQUE FRANÇAISE,

Vu les décrets des 12 juillet 1883, 10 juin 1884, 20 janvier 1894 (art. 4), concernant les transferts de rentes certifiés dans les départements (1) ;

Sur la proposition du ministre des finances,

Décrète :

ARTICLE PREMIER. — A partir du 1er juillet 1896, les agents de change près les bourses départementales pourvues de parquets pourront certifier les transferts des inscriptions nominatives du fonds 3 p. 100, assignées payables à la trésorerie générale du département où ils exercent, lorsque ces transferts auront pour objet la délivrance d'autres inscriptions nominatives.

ART. 2. — L'agent de change établira une déclaration et un certificat de trans-

(1) V. les deux premiers décrets au MANUEL et celui du 20 janvier 1894 ci-dessus. V. aussi le rapport du ministre des finances du 24 décembre 1896 avec le décret qui le suit, étendant la compétence des agents de change près les bourses départementales. V. encore la note 2 sous l'art. 10 de la loi du 24 décembre 1896.

fert qui seront revêtus de la signature du vendeur ou de son fondé de pouvoirs spécial. Cette signature sera certifiée par l'agent de change.

Art. 3. — Les transferts seront signés, après vérification, par le trésorier général, agissant en qualité d'agent comptable des transferts.

Le comptable justifiera, à ce titre, de sa gestion à la Cour des comptes.

Art. 4. — Les opérations qui motiveront ces transferts seront effectuées par les soins de l'agent comptable du grand-livre, à Paris, au vu des certificats de transfert et des anciens titres.

Art. 5. — Les inscriptions résultant des transferts, dûment visées par l'agent comptable du grand-livre, seront adressées au trésorier général, qui les certifiera, après les avoir rapprochées des déclarations, et les soumettra au visa du préfet, conformément à l'article 4 de la loi du 24 avril 1833 (1).

Art. 6. — Le ministre des finances est chargé de l'exécution du présent décret, qui sera inséré au *Journal officiel* et au *Bulletin des lois.*

28 Juillet 1896. — *Décret autorisant le ministre des finances à créer pour les rentes au porteur des titres munis de coupons d'arrérages pour une période de dix ans.*

Le Président de la République française,

Vu la loi du 24 août 1793 (2),

Vu les ordonnances des 29 avril et 10 mai 1831, concernant la création des rentes au porteur (3);

Sur la proposition du ministre des finances,

Décrète :

Article premier. — Le ministre des finances est autorisé à créer pour les rentes au porteur des titres munis de coupons d'arrérages pour une période de dix ans.

Art. 2. — Des arrêtés ministériels détermineront les dates à partir desquelles les titres créés en exécution de l'article 1er du présent décret seront mis en circulation par le Trésor pour les différents fonds.

Art. 3. — Le ministre des finances est chargé de l'exécution du présent décret, qui sera inséré au *Bulletin des Lois* et au *Journal officiel.*

10 Aout 1896. — *Décret concernant l'émission et la négociation en France des valeurs étrangères* (4).

Le Président de la République française,

Sur le rapport du ministre des finances,

(1) V. M.

(2) V. M.

(3) V. M.

(4) V. M. L.L. des 23 juin 1857 et 29 juin 1872 et D.D. des 17 juillet 1857, 6 décembre 1872 et 6 février 1880.

Vu l'article 9 de la loi du 23 juin 1857, portant fixation du budget de l'exercice 1858; ensemble l'article 10 du décret du 17 juillet 1857, rendu pour l'exécution de ladite loi;

Vu l'article 4 de la loi du 29 juin 1872, relative à un impôt sur le revenu des valeurs mobilières; ensemble les articles 3 et 4 du décret du 6 décembre 1872, rendu pour l'exécution de ladite loi;

Vu l'article 2 du décret du 6 février 1880, concernant la négociation, en France, des valeurs étrangères;

Le Conseil d'État entendu,

Décrète :

ARTICLE PREMIER. — Le paragraphe 2 de l'article 10 du décret du 17 juillet 1857 est modifié ainsi qu'il suit :

« Toute compagnie qui, à l'avenir, sera autorisée à faire coter ses titres en France devra également faire agréer un représentant responsable. L'agrément sera donné par le ministre des finances ou, en vertu de la délégation du ministre, par le directeur général de l'enregistrement, des domaines et du timbre. »

ART. 2. — Le paragraphe 3 de l'article 3 et le paragraphe 1er de l'article 4 du décret du 6 décembre 1872 sont modifiés ainsi qu'il suit :

« ART. 3, § 3. — Les sociétés, compagnies et entreprises étrangères dont les titres ne sont pas cotés, mais qui ont pour objet des biens meubles ou immeubles situés en France, doivent la taxe sur le revenu à raison des valeurs françaises qui en dépendent, et acquittent cette taxe d'après une quotité du capital social fixé par le ministre des finances, sur l'avis préalable de la commission instituée par le règlement ci-dessus indiqué. Elles doivent, à cet effet, faire agréer, avant le 1er décembre 1872, si elles existent actuellement, et, dans le cas contraire, avant toute opération en France, un représentant français personnellement responsable des droits et amendes. L'agrément sera donné par le ministre des finances ou, en vertu de la délégation du ministre, par le directeur général de l'enregistrement, des domaines et du timbre (1). »

« ART. 4, § 1er. — Aucune émission ou souscription de titres étrangers ne peut avoir lieu en France qu'après qu'un représentant responsable a été agréé par le ministre des finances ou, en vertu de la délégation du ministre, par le directeur général de l'enregistrement, des domaines et du timbre. »

ART. 3. — L'article 2 du décret du 6 février 1880 est modifié ainsi qu'il suit :

« La chambre syndicale près la Bourse où l'admission d'une valeur étrangère est demandée se fait remettre les pièces et justifications suivantes :

» 1° Les actes publics ou privés, statuts, cahiers des charges, etc., en vertu desquels cette valeur a été créée dans son lieu d'origine;

» 2° La certification, par l'autorité consulaire établie en France, que ces actes sont conformes aux lois et usages de leur pays d'origine et que la valeur est officiellement cotée dans ledit pays, à moins qu'il n'y existe pas de Bourse officielle, auquel cas le fait serait constaté par le certificat;

» 3° La justification de l'agrément par le ministre des finances ou, en vertu de la

(1) La modification consiste dans l'adjonction de cette dernière phrase.

délégation du ministre, par le directeur général de l'enregistrement, des domaines et du timbre, d'un représentant responsable du paiement des droits du Trésor. »

ART. 4. — Le ministre des finances est chargé de l'exécution du présent décret, qui sera publié au *Journal officiel* et inséré au *Bulletin des lois*.

21 OCTOBRE 1896. — *Avis de la caisse centrale du Trésor public concernant l'admission dans les dépôts de titres effectués avant l'échéance des* QUITTANCES VISÉES *par la Direction de la Dette inscrite* (1).

A partir de l'échéance du 16 novembre 1896, les quittances visées émises par la Direction de la Dette inscrite pendant la période de détachement du coupon seront admises en dépôt, *mais seulement* dans la matinée du troisième jour ouvrable qui précède l'échéance, soit le 12 novembre pour le trimestre échéant le 16 du même mois.

Pour les arrérages payables à Paris, cette mesure s'appliquera à toutes les natures de rentes.

En ce qui concerne les arrérages payables dans les départements, elle sera restreinte aux fonds 3 p. 0/0 amortissable et 3 1/2 p. 0/0.

Mode d'établissement des bordereaux de dépôt.

Les quittances visées payables à Paris devront être inscrites sur les bordereaux détaillés de chaque série, à la suite des titres, cette inscription étant précédée de la mention : *Quittances visées*.

Les quittances visées payables dans les départements feront l'objet de bordereaux absolument distincts de ceux afférents aux arrérages payables à Paris; toutefois, si elles sont peu nombreuses, elles pourront être inscrites, dans l'ordre de série, sur un bordereau unique, avec indication très apparente de la série; dans ce cas, le total en sera reporté à la fin du bordereau récapitulatif, sous la rubrique : *Arrérages payables dans les départements : Quittances visées*.

24 DÉCEMBRE 1896. — *Loi de finances. Extinction des rentes départementales.*

ART. 10. — A partir du 1er janvier 1897, il ne sera plus inscrit aucune rente nouvelle aux livres auxiliaires des trésoreries générales.

Ces livres seront fermés, dans chaque département, au fur et à mesure que toutes les inscriptions y figurant actuellement auront été reportées au grand-livre de la dette publique, tenu à Paris (2).

Les dispositions contraires de la loi du 14 avril 1819 sont et demeurent abrogées (3).

(1) V. M. arrêté ministériel du 30 janvier 1822.

(2) Afin de réparer le préjudice qui devait résulter pour les agents de change près les Bourses départementales de l'extinction des rentes départementales, un décret du 24 décembre 1896 leur accorde le droit de transférer toutes les rentes nominatives ou mixtes, sans distinction du fonds auquel elles appartiennent, ni du lieu d'assignation.

(3) V. M. cette loi et l'ordonnance royale qui avaient autorisé l'ouverture, dans chaque département, d'un *livre auxiliaire* du grand-livre de la Dette publique.

24 DÉCEMBRE 1896. — *Loi relative aux formes et au contrôle des récépissés et autres titres qui engagent le Trésor.*

ART. 11. — La loi du 24 avril 1833 (1), relative aux formes et au contrôle des récépissés et autres titres qui engagent le Trésor public, est abrogée et remplacée par les dispositions suivantes :

§ 1er. — Tout versement en numéraire ou autres valeurs fait aux caisses du caissier-payeur central du Trésor public à Paris et à celles des trésoriers-payeurs généraux et des receveurs particuliers des finances, pour un service public, donnera lieu à la délivrance immédiate d'un récépissé.

Ce récépissé, pour être libératoire et former titre contre le Trésor, devra être détaché d'une formule à talon.

§ 2. — Les bons du Trésor, traites, mandats, récépissés et valeurs de toute nature, émis par le caissier-payeur central, n'engageront le Trésor qu'autant qu'ils seront délivrés sur des formules à talon et revêtus du visa du contrôle.

Les acceptations par le caissier-payeur central des effets et traites émis sur sa caisse n'obligeront également le Trésor qu'autant qu'elles seront revêtues du visa du contrôle (2).

§ 3. — Tout extrait d'inscription de rente immatriculée sur le grand-livre de la dette publique, à Paris, qui sera délivré à partir de la promulgation de la présente loi, devra, pour former titre valable contre le Trésor, être revêtu du visa du contrôle.

§ 4. — Les certificats d'inscription délivrés pour la concession d'une pension à quelque titre que ce soit, ceux d'inscription de cautionnement et de privilège de second ordre à délivrer aux bailleurs de fonds devront, pour former titre valable contre le Trésor public, être également revêtus du visa de contrôle.

§ 5. — Les dispositions du paragraphe 2 du présent article sont applicables aux opérations effectuées à Paris par la Caisse des Dépôts et Consignations.

§ 6. — Le présent article de loi sera constamment affiché dans les bureaux et caisses où il devra recevoir son exécution. Il en sera de même des modèles réglementaires de récépissés adoptés par l'administration.

Les formules de chacun des titres y énoncés contiendront le texte du paragraphe spécialement applicable à ce titre.

ART. 12. — Les dispositions de l'article précédent ne sont applicables ni aux consignations de valeurs mobilières, ni aux opérations de la Caisse nationale des retraites pour la vieillesse, qui continueront à être soumises aux dispositions insérées dans les décrets du 15 décembre 1875 et du 28 décembre 1886.

(1) V. M.
(2) V. ci-dessous D. du 4 janvier 1897.

24 DÉCEMBRE 1896. — *Rapport adressé au Président de la République par le ministre des finances, suivi d'un décret relatif à l'extension de la compétence des agents de change près les bourses départementales.*

Monsieur le Président,

Les agents de change exerçant près les bourses de province pourvues d'un parquet sont actuellement autorisés à certifier le transfert des rentes nominatives de tous les fonds d'Etat français, pourvu qu'il s'agisse d'inscriptions départementales 3 p. 100 ou d'inscriptions directes assignées payables à la trésorerie générale de leur résidence.

Ces officiers ministériels réclament depuis longtemps une extension de compétence ; ils ont demandé à diverses reprises le droit de transférer toutes les rentes nominatives sans distinction et quel que soit le département sur lequel les arrérages sont ordonnancés.

Après examen de cette question, il a paru que la demande des chambres syndicales de province pouvait être accueillie.

Une mesure de ce genre est de nature à faciliter les transactions sur les rentes et ne peut être qu'avantageuse aux rentiers.

Il est d'autant plus opportun de l'adopter en ce moment que les inscriptions départementales 3 p. 100, sur lesquelles portaient plus particulièrement les opérations des parquets de province, sont appelées à disparaître successivement par application de l'article 10 de la loi de finances du 24 décembre 1896 (1).

Pour que cette suppression n'apporte aucune entrave à l'action des Agents de change départementaux, il suffit de leur concéder le droit de transférer toutes les rentes nominatives, sans distinction du fonds auquel elles appartiennent ni du lieu d'assignation. La même autorisation leur serait donnée pour les rentes mixtes, c'est-à-dire pour les inscriptions nominatives munies de coupons d'arrérages au porteur.

Si vous partagez cette manière de voir, je vous prie de vouloir bien revêtir de votre signature le projet de décret ci-joint, qui a pour objet de consacrer l'extension de compétence des agents de change de province.

Le Ministre des finances,
GEORGES COCHERY.

LE PRÉSIDENT DE LA RÉPUBLIQUE FRANÇAISE,

Vu les décrets des 12 juillet 1883, 10 juin 1884, 20 janvier 1894 (art. 4) et 28 mai 1896 (2), concernant les transferts de rente certifiés dans les départements ;

Sur la proposition du ministre des finances,

Décrète :

ARTICLE PREMIER. — A partir du 1er janvier 1897, les agents de change près les

(1) V. cette loi ci-dessus.

(2) V. les deux premiers décrets au MANUEL et les deux suivants ci-dessus. V. aussi la note 2 sous l'art. 10 de la loi du 24 décembre 1896.

bourses départementales pourvues de parquets pourront certifier les transferts des inscriptions nominatives et mixtes, lorsque ces transferts auront pour objet la délivrance d'inscriptions nominatives.

Art. 2. — L'agent de change établira une déclaration et un certificat de transfert, qui seront revêtus de la signature du vendeur ou de son fondé de pouvoirs spécial. Cette signature sera certifiée par l'agent de change.

Art. 3. — Les transferts seront signés, après vérification, par le trésorier général, agissant en qualité d'agent comptable des transferts.

Le comptable justifiera, à ce titre, de sa gestion à la Cour des comptes.

Art. 4. — Les opérations que motiveront ces transferts seront effectuées par les soins de l'agent comptable du grand-livre, à Paris, au vu des certificats de transfert et des anciens titres.

Art. 5. — Les inscriptions résultant des transferts prévus à l'article 1er seront certifiées par le trésorier général et visées par l'agent comptable du grand-livre et par le contrôle central.

Art. 6. — Les dispositions contraires au présent décret sont et demeurent abrogées.

Art. 7. — Le ministre des finances est chargé de l'exécution du présent décret, qui sera inséré au *Journal officiel* et au *Bulletin des lois.*

4 Janvier 1897. — *Décret relatif aux formes et au contrôle des récépissés qui engagent le Trésor public.*

Le Président de la République française,

Vu la loi du 24 décembre 1896, abrogeant les dispositions de la loi du 24 avril 1833 sur le visa des récépissés dans les départements (1) ;

Vu le décret du 14 janvier 1889 sur l'administration et la comptabilité des corps de troupes ;

Vu le décret du 29 mars 1890 sur l'administration et la comptabilité des écoles normales primaires ;

Sur le rapport du ministre des finances,

Décrète :

Article premier. — Les communes et établissements publics, les corps de troupes, les fabriques d'églises et, d'une manière générale, tout déposant autorisé à verser ses fonds libres chez le caissier-payeur central, le receveur central de la Seine, les trésoriers-payeurs généraux et les receveurs particuliers, soit comme agents du Trésor, soit comme préposés de la Caisse des dépôts et consignations, doivent être munis d'un carnet de compte courant sur lequel les receveurs des finances sont tenus d'inscrire, sous leur responsabilité, les dépôts et les retraits de fonds, et de mentionner en outre, en toutes lettres, le nouveau solde du compte dans leurs écritures, après chaque opération.

(1) V. cette loi, article 11.

Ces mentions sont signées par les receveurs des finances.

ART. 2. — Le dernier solde inscrit sur le carnet de compte courant est considéré comme faisant partie de l'encaisse des comptables chez lesquels le montant des récépissés de dépôts de fonds au Trésor, déduction faite des remboursements déjà effectués, figurait jusqu'à ce jour comme numéraire.

ART. 3. — Les receveurs des finances établiront à l'avenir, semestriellement, une situation de chacun des comptes courants dont ils suivent les opérations ; ils la transmettront soit au déposant, soit au comptable chargé de la comptabilité de l'établissement dépositaire, soit, s'il s'agit d'un corps de troupes, à l'intendant militaire ou aux commissaires aux revues chargés de la surveillance administrative dudit corps.

Cette situation devra être renvoyée au comptable, revêtue d'un visa de conformité, dans un délai de quinze jours.

ART. 4. — Des situations semblables devront être fournies, lorsqu'ils en feront la demande, aux fonctionnaires de l'inspection générale des finances, du corps du contrôle de l'administration de l'armée, de l'intendance, de l'inspection et du commissariat de la marine.

ART. 5. — Sont abrogées toutes dispositions antérieures contraires au présent décret, qui sera inséré au *Bulletin des lois* et publié au *Journal officiel*.

17 NOVEMBRE 1897. — *Loi portant prorogation du privilège de la Banque de France.*

Le Sénat et la Chambre des députés ont adopté,

Le Président de la République promulgue la loi dont la teneur suit :

ARTICLE PREMIER. — Le privilège concédé à la Banque de France par les lois des 24 germinal an XI, 22 avril 1806, 30 juin 1840 et 9 juin 1857 (1), dont la durée expirait le 31 décembre 1897, est prorogé de 23 ans, et ne prendra fin que le 31 décembre 1920.

Néanmoins, une loi votée par les deux Chambres dans le cours de l'année 1911 pourra faire cesser le privilège à la date du 31 décembre 1912.

ART. 2. — Le 1° de l'article 9 des statuts fondamentaux de la Banque, établis par le décret du 16 janvier 1808 (2), est modifié ainsi qu'il suit :

« Les opérations de la Banque consistent :

» 1° A escompter à toutes personnes des lettres de change et autres effets de commerce à ordre, à des échéances déterminées qui ne pourront excéder trois mois, et souscrits par des commerçants, par des syndicats agricoles ou autres et par toutes autres personnes notoirement solvables. »

ART. 3. — Les fonctions de gouverneur et de sous-gouverneur de la Banque de France sont incompatibles avec le mandat législatif.

ART. 4. — L'article 19 de la loi du 22 avril 1806 est complété par l'adjonction, après le deuxième paragraphe, d'un paragraphe ainsi conçu :

(1) V. ces lois au MANUEL et la note sous celle du 24 germinal an XI.

(2) V. M. La seule modification apportée à l'ancien § 1er est l'adjonction des *syndicats agricoles ou autres.*

« Ces agents devront être Français (1). »

Art. 5. — A partir du 1er janvier 1897, et jusques et y compris l'année 1920, la Banque versera à l'État, chaque année, et par semestre, une redevance égale au produit du huitième du taux de l'escompte par le chiffre de la circulation productive, sans qu'elle puisse jamais être inférieure à deux millions (2.000.000).

Pour la fixation de cette redevance, la moyenne annuelle de la circulation productive sera calculée telle qu'elle est déterminée pour l'application de la loi du 13 juin 1878.

Le premier paiement semestriel sera exigible quinze jours après l'expiration du semestre dans lequel la loi aura été promulguée. Les autres paiements s'effectueront le 15 janvier et le 15 juillet de chaque année, le dernier devant avoir lieu le 15 janvier 1921.

Art. 6. — L'avance de 60 millions consentie par la Banque à l'État, en vertu du traité du 10 juin 1857, moyennant un intérêt de 3 p. 0/0, et l'avance de 80 millions consentie par la Banque à l'État, en vertu du traité du 29 mars 1878, approuvé par la loi du 13 juin 1878, moyennant un intérêt de 1 p. 0/0, cesseront de porter intérêt à partir du 1er janvier 1896.

La Banque ne pourra réclamer le remboursement de tout ou partie de ces avances pendant toute la durée de son privilège.

Art. 7. — Est approuvée la convention du 31 octobre 1896 (2), en vertu de laquelle, indépendamment des 140 millions spécifiés à l'article 6, la Banque s'engage à mettre à la disposition de l'État, sans intérêt et pour toute la durée de son privilège, une nouvelle avance de quarante millions (40.000.000) de francs.

Cette convention est dispensée des droits de timbre et d'enregistrement.

Art. 8. — La Banque payera gratuitement, concurremment avec les caisses publiques, pour le compte du Trésor, les coupons au porteur des rentes françaises et des valeurs du Trésor français qui seront présentés à ses guichets, tant à Paris que dans ses succursales et bureaux auxiliaires.

Art. 9. — La Banque devra, sur la demande du ministre des finances, ouvrir gratuitement ses guichets à l'émission des rentes françaises et valeurs du Trésor français.

Art. 10. — Les comptables du Trésor pourront opérer, dans les bureaux auxiliaires comme dans les succursales, des versements ou des prélèvements au compte courant du Trésor.

Dans les villes rattachées, la Banque devra faire opérer gratuitement, à toutes les échéances, le recouvrement des traites tirées sur les comptables du Trésor par d'autres comptables du Trésor, ainsi que celui des traites des redevables de revenus publics à l'ordre des comptables du Trésor.

Art. 11. — Dans le délai de deux ans, à partir de la promulgation de la présente loi, le nombre des succursales sera porté de quatre-vingt-quatorze (3) à cent douze par la transformation de dix-huit bureaux auxiliaires en succursales.

(1) La nationalité française n'était pas exigée jusque-là.
(2) V. cette convention ci-après, p. 47.
(3) V. M. L. du 27 janvier 1873 et note.

En outre, il sera créé une succursale dans chacun des chefs-lieux de département qui n'en possèdent pas (1).

Les bureaux auxiliaires non transformés en succursales seront maintenus.

En outre, il sera créé trente nouveaux bureaux auxiliaires (2).

Les établissements et les services institués par le présent article fonctionneront dans le délai maximum de deux ans, à dater de la promulgation de la présente loi.

Indépendamment des créations stipulées ci-dessus, la Banque créera, à partir de 1900, au moins un bureau auxiliaire nouveau chaque année, jusqu'à concurrence de quinze. Les localités dans lesquelles ces bureaux devront être établis seront déterminées, d'un commun accord, par le ministre des finances et la Banque de France.

Art. 12. — Lorsque les circonstances exigeront l'élévation du taux de l'escompte au-dessus de 5 p. 0/0, les produits qui en résulteront pour la Banque seront déduits des sommes annuellement partageables entre les actionnaires ; un quart sera ajouté au fonds social, et le surplus reviendra à l'État.

Art. 13. — Le chiffre des émissions de billets de la Banque de France et de ses succursales, fixé au maximum de quatre milliards (3), est élevé à 5 milliards.

Art. 14. — Le cours légal d'un type déterminé de billets pourra, sur la demande de la Banque, être supprimé par décret, la Banque restant d'ailleurs toujours tenue d'en opérer le remboursement, à vue et en espèces, tant à son siège central à Paris que dans ses succursales et bureaux auxiliaires.

En dehors des conditions prévues par le paragraphe 1er du présent article, le cours légal des billets ne peut être supprimé que par une loi.

Art. 15. — La Banque de France versera au Trésor public, dans le mois qui suivra la promulgation de la présente loi, une somme représentant la valeur des billets de banque de tous les anciens types à impression noire qui n'auront pas été présentés au remboursement.

Ces billets seront, en conséquence, retranchés du montant de la circulation, le Trésor prenant à sa charge le remboursement desdits billets qui pourraient être ultérieurement présentés aux guichets de la Banque.

Jusqu'à l'expiration de son privilège, ou tout au moins jusqu'à une prorogation nouvelle, si elle intervient avant 1920, la Banque restera en possession du montant des billets autres que ceux qui sont mentionnés au paragraphe précédent et dont le remboursement ne lui aura pas été demandé.

Art. 16. — La Banque sera tenue de trébucher, dans les encaisses de ses succursales et bureaux auxiliaires, et de transporter à ses frais, à l'Hôtel des Monnaies, les pièces d'or légères dont le ministre aura prescrit la réfection. Les pièces neuves seront remises à la Banque, à son siège social.

Art. 17. — Est approuvée la convention du 31 octobre 1896 (4), réglant les rapports de l'État et de la Banque de France en ce qui concerne l'exécution de la convention monétaire conclue les 6 novembre et 12 décembre 1885 (5), entre la France, la Belgique, la Grèce, l'Italie et la Suisse.

(1) Le nombre des succursales a été élevé par là à 126. V. Append.
(2) Le nombre en a été porté à 49.
(3) V. M. C'est la loi du 25 janvier 1893 qui avait fixé ce maximum de quatre milliards.
(4) V. cette convention ci-après, p. 47.
(5) V. Append. L. du 29 décembre 1885.

Cette convention est dispensée des droits de timbre et d'enregistrement.

ART. 18. — Les sommes versées par la Banque par application des articles 5 et 7 seront réservées et portées à un compte spécial du Trésor, jusqu'à ce qu'une loi ait établi les conditions de création et de fonctionnement d'un ou de plusieurs établissements de crédit agricole.

La présente loi, délibérée et adoptée par le Sénat et par la Chambre des députés, sera exécutée comme loi de l'État.

CONVENTION

relative à une nouvelle avance de 40 millions à faire au Trésor.

Entre M. Georges Cochery, député, ministre des finances, agissant en cette qualité,

D'une part,

Et M. Joseph Magnin, vice-président du Sénat, gouverneur de la Banque de France, autorisé par une délibération du Conseil général de ladite Banque en date du 22 octobre 1896,

D'autre part,

Il a été convenu ce qui suit :

ARTICLE PREMIER. — Indépendamment de l'avance de 140 millions résultant des traités des 10 juin 1857 et 29 mars 1878, la Banque de France s'engage, à partir de la promulgation de la loi portant renouvellement de son privilège, à fournir au Trésor public, au fur et à mesure des autorisations législatives à intervenir, une nouvelle avance qui pourra s'élever à 40 millions de francs. Cette avance est consentie pour la durée du privilège de la Banque; elle ne portera pas intérêt.

ART. 2. — Les bons du Trésor qui seront remis à la Banque de France en garantie des sommes mentionnées à l'article précédent seront à l'échéance du 31 décembre 1920.

ART. 3. — La présente convention ne sera exécutoire qu'autant qu'elle aura été approuvée par la loi portant renouvellement du privilège de la Banque.

ART. 4. — La présente convention est dispensée des droits de timbre et d'enregistrement.

31 octobre 1896.

CONVENTION

relative à l'exécution des conventions monétaires des 6 novembre et 12 décembre 1885 (1).

Entre M. Georges Cochery, député, ministre des finances, agissant en cette qualité,

D'une part,

Et M. Joseph Magnin, vice-président du Sénat, gouverneur de la Banque de France, autorisé par une délibération du Conseil général de ladite Banque en date du 22 octobre 1896,

D'autre part,

(1) V. Append. ces deux conventions.

Il a été convenu ce qui suit :

ARTICLE PREMIER. — La Banque de France s'engage à exécuter, dans un délai de cinq ans, à partir du 1er janvier 1898, l'engagement pris dans sa lettre du 2 novembre 1885, annexée à la convention du 6 novembre suivant, sans que la Banque soit liée au delà de ce terme par l'application de la clause de tacite reconduction prévue au paragraphe 2 de l'article 13 de ladite convention (1).

En cas de dénonciation par un des États contractants, cet engagement cesserait d'avoir son effet à dater du 1er octobre qui suivra l'expiration de la convention; mais, en ce cas, la Banque s'engage à conserver provisoirement les pièces étrangères de 5 francs en argent qu'elle aurait en caisse et à n'en exiger le remboursement du Trésor français qu'au fur et à mesure que le montant en sera versé à celui-ci par les puissances contractantes.

ART. 2. — Le remboursement par le Trésor à la Banque de l'intégralité des pièces de 5 francs étrangères dont elle serait détentrice devra être terminé dans un délai maximum de cinq ans, à partir du jour de l'expiration de la convention, même si, à ce moment, le Trésor français n'a pas reçu des puissances étrangères l'intégralité des sommes qu'elles auraient dû verser.

ART. 3. — Les intérêts bonifiés par les puissances étrangères sur le montant des sommes à rembourser (1 p. 100 par an pendant les deuxième, troisième et quatrième années, et 1 1/2 p. 100 pendant la cinquième année) seront acquis à la Banque.

ART. 4. — La présente convention est exempte des droits de timbre et d'enregistrement.

31 octobre 1896.

18 DÉCEMBRE 1897. — *Loi qui approuve l'arrangement monétaire conclu à Paris, le 29 octobre 1897, entre la France, la Belgique, la Grèce, l'Italie et la Suisse.*

Le Sénat et la Chambre des Députés ont adopté,

Le Président de la République Française promulgue la loi dont la teneur suit :

Article unique. — Le Président de la République Française est autorisé à ratifier et, s'il y a lieu, à faire exécuter la convention monétaire conclue à Paris, le 29 octobre 1897, entre la France, la Grèce, l'Italie et la Suisse (2).

Une copie authentique de ce document demeure annexée à la présente loi.

La présente loi, délibérée et adoptée par le Sénat et par la Chambre des Députés, sera exécutée comme loi de l'Etat.

30 DÉCEMBRE 1897. — *Décret qui promulgue la convention monétaire conclue à Paris, le 29 octobre 1897, entre la France, la Belgique, la Grèce, l'Italie et la Suisse.*

LE PRÉSIDENT DE LA RÉPUBLIQUE FRANÇAISE,

Sur la proposition du Ministre des affaires étrangères et du Ministre des finances,

Décrète :

ARTICLE PREMIER. — Le Sénat et la Chambre des députés ayant approuvé la

(1) V. Append. la lettre et la convention.

(2) V. ci-après le décret du 30 décembre 1897 contenant la convention du 29 octobre 1897. V. également Append. conventions des 6 et 12 novembre 1885.

Convention monétaire conclue à Paris, le 29 octobre 1897, entre la France, la Belgique, la Grèce, l'Italie et la Suisse (1), et les ratifications de cet acte ayant été déposées au Ministère des affaires étrangères, à Paris, le 30 décembre 1897, ladite convention, dont la teneur suit, recevra sa pleine et entière exécution :

CONVENTION

Le Président de la République française, S. M. le Roi des Belges, S. M. le Roi des Hellènes, S. M. le Roi d'Italie et le Conseil fédéral de la Confédération Suisse, ayant reconnu l'insuffisance des monnaies divisionnaires d'argent dans la circulation, insuffisance due, entre autres causes, à la disparition d'un grand nombre de ces monnaies, au développement constant des petites transactions et aux besoins nouveaux résultant de l'augmentation de la population et de certaines extensions coloniales,

Ont résolu de conclure une convention additionnelle pour augmenter les contingents déterminés par l'article 9 de la convention du 6 novembre 1885, et par l'article 3 de l'acte additionnel du 12 décembre de la même année (2), de manière à mettre ces contingents en harmonie avec le chiffre actuel de la population et à les accroître, en outre, dans la proportion de un franc (1 fr.) par tête d'habitant, et ont désigné à cet effet, pour leurs plénipotentiaires, savoir :

Le Président de la République française :

M. Gabriel Hanotaux, Ministre des affaires étrangères de la République française;

S. M. le Roi des Belges :

M. le baron d'Anethan, son envoyé extraordinaire et Ministre plénipotentiaire près le Président de la République française;

S. M. le Roi des Hellènes:

M. N. Delyanni, son envoyé extraordinaire et Ministre plénipotentiaire près le Président de la République française;

S. M. le Roi d'Italie:

Son Excellence M. le comte Tornielli Brusati di Vergano, son ambassadeur extraordinaire et plénipotentiaire près le Président de la République française;

Le Conseil fédéral de la Confédération Suisse :

M. Lardy, son envoyé extraordinaire et ministre plénipotentiaire près le Président de la République française;

Lesquels, après s'être communiqué leurs pleins pouvoirs respectifs, trouvés en bonne et due forme, sont convenus des articles suivants :

Art. 1er. — Les contingents de monnaies divisionnaires d'argent déterminés par l'art. 9 de la convention du 6 novembre 1885 et par l'art. 3 de l'acte additionnel du 12 décembre de la même année sont augmentés :

Pour la France, l'Algérie et les Colonies, de cent trente millions de francs (130,000,000 fr.);

Pour la Belgique, six millions de francs (6,000,000 fr.);

Pour l'Italie, trente millions de francs (30,000,000 fr.):

Pour la Suisse, trois millions de francs (3,000,000 fr.);

(1) V. L. du 18 décembre 1897.

(2) V. Append. la convention et l'acte additionnel.

2. — Les hautes parties contractantes s'engagent à employer exclusivement des écus de cinq francs (5 fr.) d'argent aux effigies respectives pour la fabrication des nouvelles pièces divisionnaires. Toutefois, chacune d'elles pourra imputer, sur les sommes stipulées à l'art. 1er, une frappe de lingots jusqu'à concurrence de trois millions de francs (3,000,000 fr.), à la condition de constituer, avec le bénéfice pouvant résulter de cette opération, un fonds de réserve destiné à l'entretien de sa circulation monétaire d'or et d'argent.

3. — L'arrangement du 15 novembre 1893 sera applicable aux nouvelles monnaies d'argent que le Gouvernement italien pourra émettre après la mise en vigueur de la présente convention additionnelle.

4. — Le Gouvernement hellénique renonce à faire exécuter de nouvelles frappes de monnaies divisionnaires d'argent jusqu'au moment où il aura pu prendre, envers ses alliés monétaires, les mêmes engagements que l'Italie a contractés pour sa monnaie divisionnaire par l'acte du 15 novembre 1893 ou des arrangements analogues, acceptés par toutes les hautes parties contractantes.

5. — Les hautes parties contractantes s'engagent à ne faire frapper les contingents déterminés à l'art. 1er ci-dessus que jusqu'à concurrence d'un maximum de deux cinquièmes la première année, et d'un cinquième les années suivantes. Les annuités non utilisées pourront profiter aux exercices subséquents.

6. — Toutes les autres dispositions, tant de la convention du 6 novembre 1885 et de ses annexes que les actes additionnels des 12 décembre 1885 et 15 novembre 1893, sont et demeurent expressément maintenues.

7. — La présente convention additionnelle aura la même durée que la convention du 6 novembre 1885, dont elle sera réputée faire partie intégrante.

8. — La présente convention additionnelle sera ratifiée, et les ratifications en seront échangées à Paris, dans un délai de trois mois, ou plus tôt si faire se peut.

En foi de quoi, les plénipotentiaires respectifs ont signé la présente convention et y ont apposé leurs cachets.

Fait en quintuple expédition, à Paris, le 29 octobre 1897.

(L. S.) *Signé :* G. HANOTAUX.
(L. S.) — Baron D'ANETHAN.
(L. S.) — N.-S. DELYANNI.
(L. S.) — G. TORNIELLI.
(L. S.) — LARDY.

ART. 2. — Le Ministre des affaires étrangères et le Ministre des finances sont chargés, chacun en ce qui le concerne, de l'exécution du présent décret.

30 DÉCEMBRE 1897. — *Décret qui admet à circuler en franchise la correspondance relative à l'exécution des ordres d'achat et de vente de rentes françaises échangées entre les Receveurs particuliers des finances et le Syndic des agents de change, à Paris.*

LE PRÉSIDENT DE LA RÉPUBLIQUE FRANÇAISE,

Vu les articles 1 et 2 de l'ordonnance du 17 novembre 1844 sur les franchises postales ;

Sur le rapport du ministre du commerce, de l'industrie, des postes et des télégraphes;

Décrète :

ARTICLE PREMIER. — Est admise à circuler en franchise, sous plis fermés, dans toute la République, la correspondance que les receveurs particuliers des finances ont à échanger avec le Syndic des agents de change à Paris. Cette franchise s'applique uniquement à la correspondance relative à l'exécution des ordres d'achat et de vente des rentes françaises (1).

ART. 2. — Le ministre du commerce, de l'industrie, des postes et des télégraphes, est chargé de l'exécution du présent décret, qui sera inséré au *Bulletin des lois*.

31 DÉCEMBRE 1897. — *Lettre du Directeur du Mouvement général des fonds relative à la transmission directe, par les receveurs particuliers, des ordres d'achats et de ventes de rentes à la Chambre syndicale des Agents de change.*

Monsieur le trésorier-payeur général, les ordres d'achats et de ventes de rentes reçus par les receveurs particuliers des finances ont été, jusqu'à ce jour, centralisés à la Trésorerie générale de chaque département qui les fait parvenir à la Chambre syndicale des Agents de change. Ce mode de procéder a pour conséquence de retarder, tout au moins de vingt-quatre heures, l'exécution des ordres donnés dans les arrondissements de sous-préfecture et peut, par suite, éloigner des guichets du Trésor les rentiers qui ne sont pas domiciliés dans l'arrondissement chef-lieu.

En vue de faire disparaître cet inconvénient, le Ministre a décidé, sur ma proposition, que les modifications suivantes seraient apportées à l'exécution du service.

A partir du 15 janvier 1898, les receveurs particuliers adresseront directement à la Chambre syndicale des Agents de change, à Paris, avec toutes les pièces et les titres nominatifs ou au porteur s'y rapportant, les commissions d'achats et de ventes de rentes souscrites dans leurs bureaux (2).

L'envoi des commissions à la Chambre syndicale sera effectué, sous pli chargé, le jour même de leur dépôt à la recette particulière. Cette transmission aura lieu en franchise, conformément aux dispositions du décret en date du 30 décembre 1897 (3). Par le même courrier, les receveurs particuliers aviseront le trésorier-payeur général des ordres qu'ils auront reçus et adressés à Paris, en lui faisant parvenir une copie des états récapitulatifs dont il sera parlé ci-après.

Quant aux trésoriers-payeurs généraux, ils continueront d'adresser à la Chambre syndicale les commissions déposées dans leurs bureaux par les habitants de l'arrondissement chef-lieu.

(1) V. ci-dessous Lettre du Directeur du Mouvement des fonds du 31 décembre 1897.

(2) Jusque-là tous les ordres devaient passer par l'intermédiaire du trésorier-payeur général

(3) V. ce décret ci-dessus.

Les plis chargés expédiés par les trésoriers-payeurs généraux et par les receveurs particuliers à la Chambre syndicale porteront la suscription suivante :

Le trésorier-payeur général (ou le receveur particulier d)
du département d (ou de l'arrondissement d)
à Monsieur le Syndic des Agents de change de Paris,
Rue Ménars, n° 6,
PARIS.

Chaque pli devra être revêtu du contreseing du comptable expéditeur.

Comme par le passé, le papier employé pour les commissions d'achats de rentes sera de couleur blanche dans les trésoreries générales et de couleur rose foncé dans les recettes particulières; mais les demandes de ventes qui étaient uniformément établies sur papier blanc seront à l'avenir, de même que les demandes d'achats, de couleur blanche pour les trésoreries générales et de couleur rose pour les recettes particulières. Les commissions émanant des arrondissements de sous-préfecture cesseront naturellement d'être revêtues, comme elles l'ont été jusqu'à présent, du visa du trésorier général.

Pour transmettre à la Chambre syndicale les commissions qu'ils auront reçues, les receveurs particuliers se serviront d'états récapitulatifs conformes aux modèles ci-annexés et semblables à ceux qui sont actuellement en usage dans les trésoreries générales. Ces états, qui seront imprimés sur papier blanc pour l'arrondissement chef-lieu et sur papier rose pour les arrondissements de sous-préfectures, porteront, en tête et à gauche, le numéro du département, et au-dessous, le nom de l'arrondissement. La Chambre syndicale, après les avoir rapprochés des commissions, les remettra à ma Direction.

Conformément aux instructions en vigueur, les commissions seront portées sur les états récapitulatifs de chaque arrondissement avec des numéros faisant partie d'une série non interrompue allant du 1er janvier au 31 décembre. Cette prescription a pour but de faciliter le classement des états récapitulatifs et aussi de permettre de s'assurer immédiatement que les relevés parvenus à la Direction du mouvement général des fonds ne présentent pas de lacune.

Je crois devoir, en même temps, rappeler aux comptables que les états récapitulatifs doivent toujours indiquer les noms des titulaires des rentes nominatives à vendre ou à acheter, même lorsque les commissions de ventes ou d'achats ne sont pas signées par eux. Ces mêmes états doivent aussi toujours présenter, au bas de la page, le nombre des commissions, ainsi que le total des capitaux à employer ou des rentes à vendre. Toutefois, les commissions *déjà exécutées* qui n'ont été renvoyées dans les départements qu'à fin de régularisation de pièces ne doivent plus être portées sur les états que pour mémoire lorsqu'elles sont réexpédiées à Paris après régularisation. Lors de leur envoi à la Chambre syndicale, ces commissions sont (conformément aux prescriptions de la circulaire du 19 janvier 1887, n° 242) inscrites aux états récapitulatifs sous leurs anciens numéros, avec la mention suivante reproduite dans la colonne d'observations : « Renvoi après régularisation : ordre exécuté ou non exécuté. »

Il n'est rien changé aux dispositions en vigueur en ce qui concerne le règlement des opérations et la transmission des pièces dans les départements, après l'exécution des ordres. Ce règlement et les transmissions y relatives auront donc lieu, comme actuellement, par l'entremise exclusive des trésoriers généraux.

Les circulaires des 11 juillet 1860 et 12 mars 1883 prescrivent aux comptables d'aviser les rentiers, dès la réception des bordereaux-duplicata, que le produit des rentes vendues est à leur disposition. J'attache la plus grande importance à ce que ces prescriptions soient rigoureusement observées ; il importe, en effet, que rien ne soit négligé pour que le règlement des opérations s'effectue toujours dans le plus bref délai.

A ce point de vue, il convient également d'aviser sans retard les rentiers de l'arrivée des titres qui leur sont destinés, ainsi que de la réception des pièces rejetées pour irrégularités.

Les nouvelles dispositions qui précèdent devront être portées par les comptables, et notamment par les receveurs particuliers, à la connaissance des rentiers.

Les instructions en vigueur interdisant aux trésoriers-payeurs généraux d'accepter des ordres de bourse concernant les valeurs étrangères, il en résulte que, lorsqu'un particulier demande à acheter des rentes françaises au moyen d'une vente de valeurs étrangères, les comptables se trouvent dans l'impossibilité d'accueillir cette demande. La réglementation actuelle a donc pour conséquence, dans ce cas particulier, d'écarter des opérations qui, par le but qu'elles poursuivent, rentrent au contraire dans les attributions normales des comptables du Trésor.

Afin de faire cesser cette anomalie, le ministre a décidé que les trésoriers-payeurs généraux pourraient accepter des ordres de ventes de valeurs étrangères lorsque ces ordres seraient accompagnés d'ordres d'achat simultané, pour une somme équivalente de rentes françaises, de valeurs du Trésor ou de fonds directement garantis par le Gouvernement français : obligations tunisiennes, obligations de l'emprunt du Tonkin ou de l'emprunt de Madagascar (1).

La présente circulaire est adressée à chaque trésorerie générale au nombre de quatre exemplaires pour ses bureaux, et de deux exemplaires pour chaque recette particulière.

Recevez, Monsieur le trésorier-payeur général, l'assurance de ma considération très distinguée et de mon attachement.

A. Delatour.

19 Janvier 1898. — *Lettre du Directeur de l'Enregistrement et du Timbre du département de la Seine, relative au timbre de 0 fr. 10 c. sur les bordereaux des agents de change* (2).

Monsieur le Syndic,

L'un des employés supérieurs de ma direction a constaté que des bordereaux délivrés par des agents de change et annexés à des actes notariés étaient revêtus de

(1) Les agents de change ne pouvaient auparavant vendre ou acheter des valeurs étrangères, pour le compte des agents du Trésor, que pour la gestion de leur fortune personnelle. V. Lettre ministérielle du 27 mars 1895.

(2) V. Lettre de l'Enregistrement du 31 janvier 1895 et note.

mentions susceptibles de motiver la perception du droit de timbre spécial à 0 fr, 10. Ces mentions seraient celles se référant, d'une part, au règlement de l'opération, et, d'autre part, à la remise des titres.

J'ai l'honneur de vous faire connaître que, par une décision du 10 de ce mois, M. le Directeur général a reconnu, conformément à ma proposition, que les mentions figurant sur les bordereaux ont uniquement pour objet de constater le passage de ces pièces dans les différents services de l'agent de change.

Dans ces conditions, ces mentions constituent de simples indications d'ordre intérieur n'ayant pas le caractère de signes conventionnels de paiement tombant sous l'application de l'article 18 de la loi du 23 août 1871 (1).

Je viens de donner les ordres nécessaires pour que toutes les réclamations faites à ce sujet soient abandonnées et que les droits et amendes portés en recettes soient restitués aux ayants-droit.

Le Directeur,
DE COLONJON.

10 MARS 1898. — *Loi sur la destitution des officiers ministériels et ses conséquences relativement aux droits électoraux.*

Le Sénat et la Chambre des députés ont adopté,

Le Président de la République promulgue la loi dont la teneur suit :

ARTICLE PREMIER. — Toutes suspensions, destitutions, condamnations d'amendes et de dommages-intérêts seront prononcées contre les avoués, huissiers et commissaires-priseurs par le tribunal civil de leur résidence, à la poursuite des parties intéressées, ou d'office à la poursuite et diligence du procureur de la République.

Ces jugements seront sujets à appel et exécutoires par provision, excepté quant aux condamnations pécuniaires.

ART. 2. — L'article 102 du décret du 30 mars 1808 est modifié comme suit :

« Les officiers ministériels qui seront en contravention aux lois et règlements pourront, suivant la gravité des circonstances, être punis par des injonctions d'être plus exacts ou circonspects, par des défenses de récidives, par des condamnations de dépens en leur nom personnel, par des suspensions à temps; l'impression et même l'affiche des jugements à leurs frais pourront aussi être ordonnées, et leur destitution pourra être prononcée, s'il y a lieu. »

L'article 103 du même décret est abrogé, sauf en ce qui concerne sa première disposition qui est maintenue dans les termes et avec la modification ci-après :

« Dans les cours et tribunaux de première instance, chaque chambre connaîtra des fautes de discipline qui auraient été commises à son audience. »

ART. 3. — L'article 15, paragraphe 8, du décret du 2 février 1852 est modifié ainsi qu'il suit :

« Ne doivent pas être inscrits sur les listes électorales :

. . . .

(1) V. M.

« § 8. — Les notaires et officiers ministériels destitués, lorsqu'une disposition formelle du jugement ou arrêt de destitution les aura déclarés déchus des droits de vote, d'élection et d'éligibilité ; les greffiers destitués, lorsque cette déchéance aura été expressément provoquée, en même temps que la destitution, par un jugement ou une décision judiciaire. »

La présente loi, délibérée et adoptée par le Sénat et par la Chambre des députés, sera exécutée comme loi de l'Etat.

9 AVRIL 1898. — *Loi relative aux Chambres de commerce* (1) *et aux Chambres consultatives des arts et manufactures.*

Le Sénat et la Chambre des députés ont adopté,

Le Président de la République promulgue la loi dont la teneur suit :

TITRE Ier

ORGANISATION DES CHAMBRES DE COMMERCE

ARTICLE PREMIER. — Les chambres de commerce sont, auprès des pouvoirs publics, les organes des intérêts commerciaux et industriels de leur circonscription.

Elles sont des établissements publics.

Il y a au moins une chambre de commerce par département.

ART. 2. — Les chambres de commerce sont instituées par décrets rendus dans la forme des règlements d'administration publique, sur la proposition du ministre du commerce. L'avis du conseil municipal de la commune désignée pour être le siège de la nouvelle chambre, celui du conseil général et des chambres de commerce du département devront être préalablement demandés.

Le décret d'institution détermine la circonscription de chaque chambre de commerce.

Lorsqu'il n'y a dans un département qu'une chambre de commerce, sa circonscription comprend tout le département.

ART. 3. — Le nombre des membres des chambres de commerce est déterminé par le décret qui les institue. Il peut être modifié par des décrets ultérieurs.

Ce nombre ne peut être inférieur à neuf, ni excéder vingt et un, sauf à Paris, où il pourra s'élever jusqu'à trente-six (2).

ART. 4. — Les chambres de commerce peuvent désigner, dans toute l'étendue de leur circonscription, des membres correspondants dont le nombre ne doit pas dépasser celui des membres de la chambre elle-même.

(1) V. M. D. du 3 septembre 1851 abrogé par le présent décret et de nombreux décrets et arrêtés.

(2) C'était le nombre fixé par le décret du 2 décembre 1889, V. M.

Les membres correspondants assistent aux séances de la chambre avec voix consultative.

Art. 5. — Les membres des chambres de commerce sont élus pour six ans ; ils sont indéfiniment rééligibles ; le renouvellement a lieu par tiers, tous les deux ans, dans le courant de décembre (1).

Lors de la constitution d'une chambre de commerce, la répartition des membres entre les séries et l'ordre de renouvellement desdites séries sont réglés par le sort.

Art. 6. — Les membres qui, pendant six mois, se sont abstenus de se rendre aux convocations sans motif reconnu légitime, sont déclarés démissionnaires par le ministre du commerce, après avis de la chambre. Ils sont remplacés au plus prochain renouvellement partiel.

Les autres vacances accidentelles sont également comblées au plus prochain renouvellement partiel.

Art. 7. — Lorsqu'une chambre de commerce se trouve, par l'effet des vacances survenues pour une cause quelconque, réduite aux trois quarts de ses membres, il est, dans le délai de deux mois à dater de la dernière vacance, procédé à des élections complémentaires.

Toutefois, dans l'année qui précède le renouvellement partiel, les élections complémentaires sont reportées à l'époque de ce renouvellement, à moins que la chambre n'ait perdu plus de la moitié de ses membres.

Les membres nommés dans une élection complémentaire ne demeurent en fonctions que pendant la durée du mandat qui avait été confié à leurs prédécesseurs.

Art. 8. — Les chambres de commerce nomment, parmi leurs membres, un président, un ou deux vice-présidents, un secrétaire-trésorier ou un secrétaire et un trésorier. Exceptionnellement, la chambre de commerce de Paris peut nommer plusieurs vice-présidents et un second secrétaire. Les nominations sont faites à la majorité absolue des membres en exercice.

Le bureau est renouvelé après les élections partielles biennales. Les membres sortants sont rééligibles.

En cas de décès ou de démission d'un membre du bureau dans l'intervalle des élections, il est immédiatement pourvu à la vacance.

Le préfet ou le sous-préfet, suivant les localités, ont entrée à la chambre de commerce et ils y ont voix consultative.

Art. 9. — Les chambres de commerce ne peuvent délibérer que si le nombre des membres présents dépasse la moitié de celui des membres en exercice.

Les délibérations sont prises à la majorité absolue des votants.

En cas de partage, la voix du président est prépondérante.

Art. 10. — Les fonctions des membres des chambres de commerce sont gratuites.

Ils prennent rang, dans les cérémonies publiques, immédiatement après les membres des tribunaux de commerce. Le président de la chambre vient immédiatement après celui du tribunal.

(1) Les agents de change peuvent être élus membres des chambres de commerce : il y en a eu des exemples. V. M. Ed. de décembre 1705.

TITRE II

ATTRIBUTIONS DES CHAMBRES DE COMMERCE

ART. 11. — Les chambres de commerce ont pour attributions :

1° De donner au Gouvernement les avis et les renseignements qui leur sont demandés sur les questions industrielles et commerciales ;

2° De présenter leurs vues sur les moyens d'accroître la prospérité de l'industrie et du commerce ;

3° D'assurer, sous réserve des autorisations prévues aux articles 14 et 15, l'exécution des travaux et l'administration des services nécessaires aux intérêts dont elles ont la garde.

ART. 12. — L'avis des chambres de commerce doit être demandé :

1° Sur les règlements relatifs aux usages commerciaux ;

2° Sur la création, dans leur circonscription, de nouvelles chambres de commerce, de bourses de commerce, d'offices d'agents de change et de courtiers maritimes, de tribunaux de commerce, de conseils de prud'hommes, de succursales de la Banque de France, de magasins généraux et de salles de ventes publiques de marchandises neuves aux enchères et en gros ;

3° Sur les taxes destinées à rémunérer les services de transport concédés, dans leur circonscription, par l'autorité publique ;

4° Sur toutes matières déterminées par des lois ou des règlements spéciaux, notamment sur l'utilité des travaux publics à exécuter dans leur circonscription et sur les taxes ou péages à percevoir pour faire face aux dépenses de ces travaux ;

5° Sur les tarifs de main-d'œuvre pour le travail dans les prisons.

ART. 13. — Indépendamment des avis que le Gouvernement a toujours le droit de leur demander, les chambres de commerce peuvent en émettre de leur propre initiative :

Sur les changements projetés dans la législation commerciale, douanière et économique ;

Sur les tarifs de douane ;

Sur les tarifs et règlements des services de transports concédés par l'autorité publique hors de leur ressort, mais intéressant leur circonscription ;

Sur les tarifs et règlements des établissements à l'usage du commerce ouverts dans leur circonscription, en vertu d'autorisations administratives.

ART. 14. — Les chambres de commerce peuvent être autorisées à fonder et à administrer des établissements à l'usage du commerce, tels que magasins généraux, salles de ventes publiques, entrepôts, bancs d'épreuves pour les armes, bureaux de conditionnement et titrage, expositions permanentes et musées commerciaux, écoles de commerce, écoles professionnelles, cours pour la propagation des connaissances commerciales et industrielles.

L'administration de ceux de ces établissements qui ont été fondés par l'initiative privée peut être remise aux chambres de commerce d'après le vœu des souscripteurs ou donateurs.

Enfin cette administration peut leur être déléguée pour les établissements de même nature qui seraient créés par l'État, le département ou la commune.

Les autorisations sont données à cet effet aux chambres de commerce par décision du ministre du commerce, à moins que, eu égard à la nature de l'établissement, un décret ou une loi ne soit nécessaire.

Sous la même réserve, les règlements et les tarifs maxima sont approuvés par le ministre. Les taxes et prix effectifs à percevoir sont homologués par le préfet, à moins que l'acte d'institution n'exige une décision ministérielle.

Les chambres de commerce peuvent, avec l'autorisation ministérielle, acquérir ou construire des bâtiments pour leur propre installation ou celle d'établissements à l'usage du commerce.

ART. 15. — Les chambres de commerce peuvent, dans les formes prescrites par la loi du 27 juillet 1870, être déclarées concessionnaires de travaux publics ou chargées de services publics, notamment de ceux qui intéressent les ports maritimes ou les voies navigables de leur circonscription.

ART. 16. — Dans les cas où tous les genres de commerce ou d'opérations qui se pratiquent sur la place ne seraient pas représentés suffisamment par les courtiers inscrits, les chambres de commerce, après avis de la chambre syndicale des courtiers inscrits, peuvent appeler un certain nombre de courtiers non inscrits et de négociants de la place à se réunir aux courtiers inscrits pour concourir avec eux à la constatation du cours des marchandises.

Les chambres de commerce peuvent délivrer les certificats d'origine pour les marchandises françaises destinées à l'exportation et les cartes de légitimation exigées des commis voyageurs en pays étrangers.

Chaque année, les chambres de commerce sont appelées à présenter au ministre du commerce des propositions en vue de la désignation d'adjoints aux commissaires experts pour les affaires de douane.

ART. 17. — Les chambres de commerce correspondent directement avec les ministres.

Elles peuvent saisir le ministre du commerce de toutes les questions intéressant le fonctionnement des services qui leur sont confiés.

Elles transmettent chaque année, au ministre du commerce, un compte rendu général de leurs travaux.

ART. 18. — Les chambres de commerce peuvent correspondre directement entre elles, avec les chambres consultatives des arts et manufactures et les administrations publiques de leur circonscription, pour toutes les questions relatives aux intérêts commerciaux et industriels du pays. Elles peuvent provoquer, par l'entremise de leurs présidents, une entente sur les objets rentrant dans leurs attributions et intéressant à la fois leurs circonscriptions respectives.

ART. 19. — Les chambres de commerce peuvent publier le compte rendu de leurs séances.

ART. 20. — Quand il existe dans une ville une chambre de commerce et une ou plusieurs bourses de commerce, l'administration de la bourse ou des bourses appartient à la chambre, sans préjudice des droits du maire et de la police municipale dans les lieux publics (1).

Un arrêté préfectoral désigne le local affecté à la tenue des bourses.

La bourse des valeurs, à Paris, n'est pas régie par les dispositions ci-dessus.

(1) V. M. Ordonnance royale du 16 juin 1832.

TITRE III

ADMINISTRATION FINANCIÈRE

ART. 21. — Il est pourvu aux dépenses ordinaires des chambres de commerce et des bourses de commerce au moyen d'une imposition additionnelle au principal de la contribution des patentes, conformément à la loi du 23 juillet 1820, à l'article 4 de la loi du 14 juillet 1838 et à l'article 38 de la loi du 15 juillet 1880 sur les patentes.

ART. 22. — Les chambres de commerce peuvent être autorisées, par décret rendu sur le rapport du ministre du commerce, à contracter des emprunts en vue de subvenir ou de concourir aux dépenses de constructions de bourses, de palais consulaires, de lignes téléphoniques, et aux dépenses de fondation des autres établissements mentionnés à l'article 14.

Il est fait face au service de ces emprunts, ainsi qu'aux dépenses d'exploitation des établissements mentionnés à l'article 14, au moyen de recettes, et, s'il y a lieu, des centimes additionnels prévus à l'article 21.

ART. 23. — Les emprunts à contracter par les chambres de commerce en vue de travaux publics et de l'établissement de services publics, notamment de ceux qui intéressent les ports maritimes ou les voies navigables de leur circonscription, sont autorisés par décret, sur le rapport du ministre du commerce, après avis du ministre des travaux publics.

Il est fait face au service de ces emprunts au moyen de l'excédent des recettes sur les dépenses d'exploitation et, s'il y a lieu, au moyen de péages ou de droits établis en vertu des lois ou décrets.

ART. 24. — Les chambres de commerce peuvent, sous réserve de l'autorisation ministérielle, se concerter en vue de créer, de subventionner ou d'entretenir des établissements, services ou travaux d'intérêt commun.

Elles peuvent être autorisées à contracter, à cet effet, des emprunts collectifs, dont la charge sera répartie suivant les dispositions déterminées par les actes d'autorisation et dont le service sera assuré par l'excédent des recettes et au besoin par des centimes additionnels ou par des péages et des droits établis en vertu de lois ou décrets.

Ces questions d'intérêt commun sont débattues dans les conférences, où chaque chambre sera représentée par une commission spéciale nommée à cet effet. Le préfet du département où la conférence a lieu pourra toujours assister à ces conférences. Les décisions qui y seront prises ne seront exécutoires qu'après avoir été ratifiées par toutes les chambres intéressées et par le ministre du commerce.

Si des questions autres que celles qui sont prévues ci-dessus étaient mises en discussion, le préfet déclarerait la réunion dissoute.

Toute délibération prise après cette déclaration donnerait lieu à l'application des dispositions et pénalités énoncées à l'article 34 de la loi du 10 août 1871.

ART. 25. — Les emprunts que les chambres de commerce sont admises à contracter aux termes des articles 22, 23 et 24, peuvent être réalisés, soit avec publicité et concurrence, soit de gré à gré, soit par voie de souscription publique, avec faculté d'émettre des obligations au porteur ou transmissibles par endossement, soit directement auprès de la Caisse des dépôts et consignations ou du Crédit foncier de France, aux conditions de ces établissements.

Les contrats d'emprunts doivent toujours stipuler la faculté de remboursement par anticipation.

ART. 26. — Indépendamment du budget ordinaire, les chambres de commerce établissent des budgets spéciaux pour les services qu'elles administrent.

Dans les six premiers mois de chaque année, elles adressent le compte rendu des recettes et des dépenses de l'année précédente et le projet de budget des recettes et des dépenses de l'année suivante au préfet de leur département qui les transmet, avec les pièces de comptabilité, au ministre du commerce, auquel il appartient d'approuver les budgets et les comptes.

En dehors des justifications à joindre à l'appui de leurs comptes, les chambres de commerce adressent, chaque année, au ministre du commerce, un tableau d'amortissement des emprunts qu'elles ont été autorisées à contracter.

Les chambres de commerce peuvent affecter tout ou partie des excédents de recettes provenant de la gestion de leur service ordinaire à la constitution d'un fonds de réserve en vue de faire face aux dépenses urgentes et imprévues. Le montant de ce fonds de réserve, qui doit être mentionné dans les comptes et budgets de ce service à un article spécial, ne peut, en aucun cas, être supérieur à la moitié de la totalité des ressources annuelles dudit budget.

ART. 27. — Sont et demeurent abrogés le décret du 3 septembre 1851, ainsi que toutes autres dispositions contraires à la présente loi.

La présente loi, délibérée et adoptée par le Sénat et par la Chambre des députés, sera exécutée comme loi de l'État.

13 AVRIL 1898. — *Loi de finances relative à l'émission en France et au timbre des titres étrangers.*

ART. 12. — L'amende prévue à l'article 3 de la loi du 25 mai 1872 est applicable à toute personne qui effectue en France l'émission, la mise en souscription, l'exposition en vente ou l'introduction sur le marché des titres étrangers désignés dans l'article 4 de la loi du 29 juin 1872 (1), qui annonce ou publie les opérations ci-dessus (2), et à toute personne qui fait le service financier de ces mêmes titres, soit en opérant leur remboursement ou leur transfert, soit en faisant le paiement des coupons (3), tant qu'un représentant responsable des droits de timbre, de transmission et de l'impôt sur le revenu dont ces titres sont redevables n'aura pas été agréé.

Cette amende ne pourra être inférieure à cinquante francs (50 fr.).

Des insertions périodiques au *Journal officiel* feront connaître la liste des valeurs pour lesquelles la formalité ci-dessus aura été remplie.

Un règlement d'administration publique déterminera les mesures d'application

(1) V. M. L.L. des 25 mai et 29 juin 1872.
(2) V. ci-dessous Inst. Enr. 31 mai 1898.
(3) V. ci-dessous même Instruction.

du présent article, notamment les conditions dans lesquelles la réalisation d'un cautionnement pourra être substituée à la désignation d'un représentant responsable (1). Chaque contravention aux dispositions de ce règlement sera punie d'une amende de cent francs à cinq mille francs (100 fr. à 5,000 fr.) en principal.

Les sociétés, compagnies et entreprises étrangères visées par les articles 4 de la loi du 29 juin 1872 et 3 du décret du 6 décembre suivant, sont tenues, préalablement à leur établissement en France, de déposer au bureau de l'Enregistrement dans le ressort duquel se manifeste pour la première fois leur existence, un exemplaire certifié de leur acte d'association, sous peine d'une amende de cent francs à cinq mille francs (100 fr. à 5,000 fr.) en principal.

Sont astreintes à la même obligation et sous la même peine, dans le délai de trois mois à partir de la promulgation de la présente loi, celles de ces sociétés, compagnies ou entreprises qui, pour une cause quelconque, n'ont pas actuellement de représentant responsable (2).

ART. 13. — A partir du 1er janvier 1899, le droit de timbre au comptant des titres étrangers désigné dans l'article 6 de la loi du 13 mai 1863 (3) est fixé à un pour cent (1 p. 100), sauf en ce qui concerne les titres déjà timbrés à cette date au tarif de 50 centimes p. 100.

Ce droit n'est pas soumis aux décimes. Il sera perçu sur la valeur nominale de chaque titre ou coupure considéré isolément et, dans tous les cas, sur un minimum de cent francs (100 fr.).

Pour les titres déjà timbrés au 1er janvier 1899 au tarif antérieur à la loi du 28 décembre 1895, le droit de 1 p. 100 ne sera appliqué qu'imputation faite du montant de l'impôt déjà payé.

Resteront soumis au droit de 50 centimes p. 100 les fonds étrangers cotés à la Bourse officielle, dont le cours, au moment où le droit devient exigible, sera tombé au-dessous de la moitié du pair par suite d'une diminution de l'intérêt imposé par l'Etat débiteur (4).

13 AVRIL 1898. — *Loi de finances. Droits sur les opérations de Bourse*

ART. 14. — L'article 29 de la loi du 28 avril 1893 (5) est remplacé par la disposition suivante :

« Quiconque fait commerce habituel de recueillir des offres et des demandes de valeurs de bourse doit, à toute réquisition des agents de l'Enregistrement, s'il s'agit de valeurs admises à la cote officielle, représenter des bordereaux d'agent de change ou faire connaître les numéros et les dates des bordereaux, ainsi que les noms des

(1) V. ci-dessous le décret du 22 juin 1898. V. aussi Inst. Enr. 31 mai 1898.

(2) V. ci-dessous Inst. Enr. 31 mai 1898.

(3) V. M. Il s'agit ici de fonds d'États étrangers. V. aussi Inst. Enr. 31 mai 1898.

(4) V. D.D. des 31 décembre 1898 et 25 janvier 1899 et Inst. Enr. des 31 mai 1898, 29 janvier et 4 février 1899.

(5) V. M.

agents de change de qui ils émanent, et, s'il s'agit de valeurs non admises à la cote officielle (1), acquitter personnellement le montant des droits (2). »

ART. 15. — Les dispositions de l'article 14 ci-dessus ne seront applicables qu'à partir du 1er juillet 1898.

13 AVRIL 1898. — *Loi de finances relative aux cautionnements. Abaissement de l'intérêt à 2 fr. 50 p. 100.*

ART. 55. — L'intérêt des cautionnements en numéraire versés au Trésor est fixé à deux cinquante pour cent (2.50 p. 100) à partir du 1er avril 1898 (3).

Sont abrogés en ce qu'ils ont de contraire à la présente disposition l'article 7 de la loi du 4 août 1844 et l'article 55 de la loi du 28 avril 1893 (4).

ART. 56. — Les comptables de deniers publics et les autres fonctionnaires assujettis à un cautionnement versé dans les caisses du Trésor sont admis à le constituer, pour la totalité, soit en numéraire, soit en rentes sur l'Etat (5).

La nature du cautionnement une fois réalisé ne peut être modifiée pendant la durée des fonctions du titulaire.

Les titulaires de cautionnements en fonctions à l'époque de la promulgation de la présente loi seront admis à opter pour la transformation de leur cautionnement en numéraire en cautionnement en rentes (6). Cette transformation sera effectuée successivement et par séries; la division en séries sera déterminée par décrets rendus sur la proposition du ministre des finances et suivant l'importance des cautionnements, en commençant par les plus faibles; ces décrets fixeront les délais accordés pour l'exercice du droit d'option.

Un règlement d'administration publique déterminera les conditions d'application du présent article et, notamment, les mesures à prendre pour permettre aux titulaires actuellement en exercice d'opter pour la transformation de leur cautionnement en numéraire en cautionnement en rentes.

(1) L'art. 29 de la loi du 28 avril 1893 ne distinguait pas entre les valeurs admises ou non à la cote officielle.

(2) V. ci-dessous Inst. Enr. des 31 mai et 20 juin 1898.

(3) L'intérêt des cautionnements primitivement fixé à 5 p. 100 avait été abaissé à 4 p. 100 (ord. roy. du 31 octobre 1824) puis à 3 p. 100 (L. du 4 août 1844, art. 7). V. M.

(4) Texte de l'art. 55 abrogé par la présente loi : Les cautionnements des trésoriers-payeurs généraux sont fixés d'après le montant de leurs émoluments soumis aux retenues pour le service des pensions civiles, à raison de huit fois les émoluments n'excédant pas le chiffre de 25,000 fr. et de douze fois la portion de ces émoluments qui dépasseraient 25,000 fr. Le taux d'intérêt des cautionnements de ces comptables dont les émoluments dépasseront 25,000 fr. ne sera que de 2 fr. 50 p. 100 pour la portion de ces cautionnements excédant 200,000 fr. Un décret fixera les cautionnements du receveur central de la Seine et du trésorier-payeur général de la Corse, ainsi que les détails d'exécution du présent article. V. Inst. enr. 31 mai 1898.

(5) Une loi du 13 germinal an X avait déjà autorisé certains fonctionnaires à fournir un cautionnement en rentes sur l'État. V. M. L. du 28 avril 1816, art. 92 et notes.

(6) V. D. du 2 juillet 1898, art. 12 et 13.

Sont abrogées toutes les dispositions contraires au présent article.

Le ministre des finances est autorisé à faire face aux remboursements nécessités par les transformations de cautionnement qui seront demandées, conformément aux dispositions de la présente loi, par l'émission, jusqu'à due concurrence, d'obligations du Trésor dont l'échéance ne pourra pas dépasser six ans.

31 Mai 1898. — *Instruction du Directeur général de l'Enregistrement relative à l'exécution des dispositions de la loi de finances du 13 avril 1898.*

La loi de finances du 13 avril 1898, promulguée au *Journal officiel* du 14 du même mois, contient, sous les articles 12, 13, 14, 15, 55 et 56 (1), plusieurs dispositions intéressant l'Administration.

Ces dispositions donnent lieu aux observations suivantes :

§ 1er (Art. 12). — Timbre, droit de transmission et impot sur le revenu.— Sociétés et collectivités étrangères. — Mesures nouvelles destinées a assurer plus complètement l'exécution de leurs obligations fiscales.

Aux termes de l'article 4 de la loi du 29 juin 1872 (2), les actions, obligations, titres d'emprunts, quelle que soit d'ailleurs leur dénomination, des sociétés, compagnies, entreprises, corporations, villes, provinces étrangères, ou de tout établissement public étranger, ne peuvent être cotés, négociés, exposés en vente ou émis en France qu'en se soumettant à l'acquittement de l'impôt sur le revenu, ainsi que des droits de timbre et de transmission.

D'après l'article 4 du décret du 6 décembre 1872 (3) aucune émission ou souscription de titres étrangers de cette nature ne peut avoir lieu en France qu'après qu'un représentant responsable des droits et amendes pouvant devenir exigibles a été agréé par le ministre des finances.

Ces dispositions ne visent que le fait même des sociétés et autres collectivités étrangères à l'exclusion du fait des tiers. D'autre part, elles passent sous silence certaines opérations qu'il a paru nécessaire d'interdire tant qu'un représentant responsable n'a pas été agréé, afin de réaliser complètement les intentions du législateur.

Les premier et deuxième paragraphes de l'article 12 de la loi de finances du 13 avril 1898 ont pour objet de combler ces lacunes. Ils sont ainsi conçus : « L'amende prévue à l'article 3 de la loi du 25 mai 1872 (4) est applicable à *toute personne* qui effectue en France l'émission, la mise en souscription, l'exposition en vente ou l'introduction sur le marché des titres étrangers désignés dans l'article 4 de la loi du 29 juin 1872, qui annonce ou publie les opérations ci-dessus, et à toute personne qui fait le service financier de ces mêmes titres, soit en opérant leur remboursement

(1) V. ces articles ci-dessus.
(2) V. M.
(3) V. M.
(4) V. M.

ou leur transfert, soit en faisant le paiement des coupons, tant qu'un représentant responsable des droits de timbre, de transmission et de l'impôt sur le revenu dont ces titres sont redevables n'aura pas été agréé. — Cette amende ne pourra être inférieure à 50 francs. »

Les dispositions insérées dans ce texte ne constituent pas à proprement parler des nouveautés ; elles ont pour unique objet de corroborer le principe d'équivalence qui sert de base au régime fiscal des valeurs étrangères.

Il est particulièrement désirable que les agents prennent soin de les appliquer avec la fermeté que réclament les intérêts du Trésor et en même temps avec la mesure et le tact que commande une matière imposable essentiellement délicate.

1. — *Émission, mise en souscription, exposition en vente et introduction de titres étrangers en France.* — D'après la loi nouvelle, *toute personne*, sans aucune exception, qui procède en France à une émission, mise en souscription, exposition en vente ou introduction sur le marché de titres d'actions ou d'obligations créés par une société ou collectivité étrangère qui n'aurait pas fait agréer au préalable un représentant français personnellement responsable des droits de timbre, de transmission et de l'impôt sur le revenu auxquels ces titres sont soumis, est passible de la pénalité édictée par l'article 3 de la loi du 25 mai 1872 *(Instr. n° 2446)*, c'est-à-dire d'une amende de 5 p. 100 de la valeur nominale des titres émis, mis en souscription, exposés en vente ou introduits sur le marché, sans que cette amende puisse être inférieure à 50 francs en principal.

L'émission, la mise en souscription, l'exposition en vente, au sens de la loi, émanent toujours de la société ou de la collectivité.

Le mot *émission* est une expression générale qui comprend tout placement de valeurs mobilières nouvelles sur le marché français par la collectivité ou son mandataire (*Cass. 17 janvier 1888)*.

La *mise en souscription* et l'*exposition en vente*, effectuées par la collectivité ou son mandataire, ne sont autre chose qu'une émission qui, au lieu d'être ouverte et close à dates fixes, se prolonge indéfiniment, jusqu'à ce que le but poursuivi soit atteint. C'est ainsi, par exemple, que les compagnies de chemins de fer émettent des obligations nouvelles en les mettant en souscription ou en les exposant en vente dans les différentes gares de leur réseau.

Quant à l'*introduction*, elle est le fait de l'établissement de crédit, du banquier, du professionnel en matière de vente et d'achat de valeurs de bourse, qui écoule sur le marché français des titres qu'il a achetés en vue de créer sur la place un courant d'affaires sur ces valeurs ou d'accroître celui déjà existant. Par cela même qu'elle suppose l'idée de constituer un marché plus ou moins étendu ou de donner plus d'importance au marché existant, l'opération doit avoir pour objet une certaine quantité de titres. Cette quantité ne peut être déterminée dans chaque cas particulier qu'en tenant compte des circonstances; il est donc impossible de la fixer d'avance, d'une manière uniforme et invariable, à un certain chiffre.

La *négociation* n'a pas été nommément visée par la loi nouvelle ; elle ne tombe pas par elle-même et en tant qu'elle se distingue de l'émission ou de l'introduction, sous l'empire de cette loi. Par suite, elle ne rend pas nécessaire l'agrément préalable d'un représentant responsable. Mais elle continue à donner ouverture au droit de timbre au comptant sur les titres négociés qui n'ont pas déjà supporté cette taxe ou n'acquittent pas l'impôt par abonnement (*L. L. 30 mars 1872, art. 2, et 28 décembre 1895, art. 5*) (1).

2. — *Annonces ou publications.* — L'article 12 de la loi de finances du 13 avril 1898 n'interdit pas seulement l'émission, la mise en souscription, l'exposition en vente et l'introduction sur le marché français des actions et obligations étrangères. Il prohibe, en outre, l'*annonce* ou la *publication* de ces opérations par voie d'insertions dans les journaux, d'affiches, de prospectus ou par tout autre mode de publicité, tant qu'un représentant responsable n'a pas été agréé, sous peine d'une amende de 5 p. 100 de la valeur nominale des titres faisant l'objet de l'annonce ou de la publication. La loi nouvelle n'a d'ailleurs fait que reproduire, sur ce point, les termes de l'article 3 de la loi du 25 mai 1872 concernant les titres des gouvernements étrangers. Elle comporte, par suite, la même interprétation (*Instr. n° 2446*). Toutefois, à la différence de la loi du 25 mai 1872 dont les termes s'étendent même à l'annonce ou à la publication relatives à des opérations faites à l'étranger, la loi du 13 avril 1898 ne prévoit que la publication ou l'annonce relatives à des opérations faites en France. L'attention des agents est particulièrement appelée sur ce point.

3. — *Service financier.* — Indépendamment de l'émission, de la mise en souscription, de l'exposition en vente, de l'introduction d'actions et d'obligations étrangères sur le marché français, et de toute annonce ou publication en France des opérations dont il s'agit, l'article 12 interdit à toute personne de faire dans notre pays le *service financier* de ces valeurs, tant qu'un représentant responsable du paiement des taxes annuelles n'a pas été agréé.

En cas de contravention, l'amende de 5 p. 100 prononcée par la loi est due sur la valeur nominale des titres dont le service financier est effectué.

La loi détermine avec précision le sens et la portée des mots « *service financier* ». Elle désigne par cette expression le service qui a pour objet soit le *remboursement* ou le *transfert des titres*, soit le *paiement des coupons*, et qui est effectué par des intermédiaires ou des représentants des sociétés et autres collectivités étrangères qui ont émis les titres. Elle exclut ainsi de ses dispositions le simple achat de coupons fait par un changeur, une maison de banque ou un établissement de crédit, les coupons achetés étant destinés à être présentés au paiement soit aux guichets de la société, soit à ceux de son correspondant.

4. — *Droit de communication des agents de l'Administration.* — Il est à noter que tout en édictant les mesures dont il vient d'être parlé, et qui tendent indirectement à assurer de la part des sociétés et autres collectivités étrangères le paiement des taxes annuelles dues à raison de l'émission ou de la circulation en France de leurs titres, l'article 12 de la loi de finances n'a pas étendu le droit de communication qui appartient aux agents de l'Enregistrement, en vertu de la législation antérieure. Il en résulte qu'ils ne pourront, pour surveiller l'exécution des dispositions nouvelles, exercer leurs investigations chez des personnes, ni dans les sociétés ou établissements qui n'y étaient pas assujettis par les lois précédemment en vigueur. Ce point a été formellement précisé lors de la discussion qui a eu lieu au Sénat, dans la séance du 1er avril 1898 (*Journ. off. du 2, Sénat, p. 553, col. 3*).

(1) V. M. L. du 30 mars 1872 et ci-dessus. L. du 28 décembre 1895.

5. — *Sociétés étrangères en faillite ou en liquidation. — Mesures nouvelles non applicables.* — Il a été, de même, entendu que les dispositions du premier paragraphe de l'article 12 de la loi de finances ne seront pas applicables quand il s'agira de titres d'actions ou d'obligations émis par une société étrangère mise en faillite ou en liquidation, et n'ayant à distribuer aux actionnaires ou aux obligataires aucun dividende ni intérêt. Dans ce cas, mais dans ce cas seulement, la société n'aura pas à constituer un représentant responsable (*V. en ce sens la déclaration faite par le Ministre des finances au Sénat, le 1er avril 1898; Journ. off. du 2, p. 553, col. 2*).

6. — *Insertions au Journal officiel. — Faculté accordée aux sociétés et autres collectivités étrangères de substituer un cautionnement à la désignation d'un représentant responsable.* — D'après le troisième paragraphe de l'article 12 de la loi de finances, des insertions périodiques au *Journal officiel* doivent faire connaître aux agents et au public la liste des valeurs étrangères pour lesquelles un représentant responsable aura été agréé. Et il résulte, d'autre part, du quatrième paragraphe du même article, que les sociétés et autres collectivités étrangères pourront s'affranchir de l'obligation de faire agréer un représentant responsable en déposant un cautionnement. Un règlement d'administration publique déterminera la forme et la date des insertions à effectuer au *Journal officiel* ainsi que les conditions dans lesquelles un cautionnement pourra être substitué au représentant responsable. Ce règlement sera notifié au service aussitôt qu'il aura été rendu.

7. — *Sociétés, compagnies et entreprises étrangères possédant des biens en France ou y faisant des opérations. — Dépôt au bureau de l'Enregistrement d'un exemplaire certifié de leur acte d'association.* — Aux termes de l'art. 3, 3e alinéa, du décret du 6 décembre 1872 (1), les sociétés, compagnies et entreprises étrangères qui ont pour objet des biens meubles ou immeubles situés en France doivent la taxe sur le revenu, à raison des valeurs françaises qui en dépendent, et acquittent cette taxe d'après une quotité du capital social fixée par le Ministre des finances, sur l'avis préalable de la commission instituée par le règlement d'administration publique du 24 mai 1872 (2). Elles doivent, à cet effet, faire agréer, avant toute opération en France, un représentant français personnellement responsable des droits et amendes.

Pour surveiller l'exécution de cette prescription, les agents ont besoin de connaître les statuts des sociétés, puisque certaines entreprises échappent par leur nature à l'impôt, telles, par exemple, les sociétés commerciales en nom collectif. Le décret du 6 décembre 1872 ne leur donne pas le moyen d'exercer cette surveillance. Pour y remédier, le paragraphe 5 de l'article 12 (3) de la loi de finances impose à toutes les sociétés, compagnies et entreprises étrangères, sans exception ni distinction, qui se proposent d'acquérir des biens en France ou d'y faire des opérations, de déposer, *préalablement à leur établissement en France,* au bureau de l'Enregistrement dans le ressort duquel se manifeste, pour la première fois, leur existence, un exemplaire certifié de leur acte d'association, sous peine d'une amende de 100 francs à

(1) V. M.
(2) V. M.
(3) V. ci-dessus.

5,000 francs en principal. Le paragraphe 6 du même article déclare astreintes à la même obligation et sous la même peine, dans le délai de trois mois à compter de la promulgation de la loi nouvelle, les sociétés, compagnies ou entreprises étrangères qui, possédant déjà des biens dans notre pays ou s'y livrant à un commerce ou à une industrie, n'ont pas de représentant responsable, soit qu'elles aient omis d'en désigner un, soit qu'à raison de leur forme elles n'aient pas à en faire agréer.

§ 2 (Art. 13). — TIMBRE. — FONDS D'ÉTATS ÉTRANGERS. — ÉLÉVATION A 1 P. 100, A PARTIR DU 1er JANVIER 1899, DU DROIT DE TIMBRE APPLICABLE AUX TITRES DE RENTES, EMPRUNTS ET AUTRES EFFETS PUBLICS DES GOUVERNEMENTS ÉTRANGERS.

1. — *Tarif nouveau. — Point de départ de l'exigibilité du droit de 1 p. 100. — Titres ayant acquitté, au 1er janvier 1899, le droit de 50 centimes p. 100.* — L'article 13 de la loi de finances du 13 avril 1898 a fixé à 1 p. 100, sans décimes, le droit de timbre des titres de rentes, emprunts et autres effets publics des gouvernements étrangers (1).

Toutefois, d'après les termes formels de cette disposition, le nouveau tarif n'entrera en vigueur qu'à compter du 1er janvier 1899, et ne sera applicable qu'à ceux des titres dont il s'agit qui n'auraient pas été timbrés, antérieurement à cette date, au droit de 50 centimes p. 100 établi par l'article 3 de la loi de finances du 28 décembre 1895 (2).

2. — *Titres non timbrés ou ayant acquitté au 1er janvier 1899 un droit de timbre inférieur au tarif de 50 centimes p. 100. — Imputation des droits perçus.* — Le droit de 1 p. 100 ne pourra être appliqué, même après le 1er janvier 1899, qu'aux titres non timbrés, ou à ceux qui, bien que timbrés à cette date, auraient acquitté un droit inférieur à celui de 50 centimes p. 100 fixé par l'article 3 de la loi de finances du 28 décembre 1895. Ce droit de 1 p. 100 ne sera d'ailleurs perçu dans ce dernier cas qu'imputation faite du montant de l'impôt déjà payé. C'est la disposition expresse du troisième paragraphe de l'article 13.

3. — *Fonds d'États étrangers cotés à la Bourse et dont le cours est tombé au-dessous de la moitié du pair par suite d'une diminution d'intérêts imposée par l'État débiteur.* — Le droit de timbre applicable aux titres de fonds d'États étrangers étant perçu sur la valeur nominale de chaque titre ou coupure *(L. 28 décembre 1895, art. 3)*, il a paru que ce mode de liquidation conduirait à des résultats excessifs pour certains fonds d'États dont la dépréciation est due à *des causes permanentes* provenant du fait des gouvernements qui ont contracté les emprunts.

Afin de tempérer la rigueur des principes, le dernier paragraphe de l'article 13 dispose que le tarif de 50 centimes p. 100 restera applicable aux titres de fonds d'États étrangers cotés à la Bourse officielle, dont le cours, *au moment où le droit devient exigible,* sera tombé au-dessous de la moitié du pair, par suite d'une diminution d'intérêt imposée par l'État débiteur.

En raison même de son caractère exceptionnel, cette disposition *doit être appliquée limitativement* et ne saurait être étendue par voie d'analogie.

(1) V. cette loi ci-dessus.
(2) V. cette loi à sa date.

§ 3 (Art. 14 et 15). — TIMBRE. — OPÉRATIONS DE BOURSE. — MODIFICATION DE L'ARTICLE 29 DE LA LOI DU 28 AVRIL 1893 (1).

Aux termes de l'article 29 de la loi du 28 avril 1893, quiconque fait commerce habituel de recueillir des offres et des demandes de valeurs de bourse doit, à toute réquisition des agents de l'Enregistrement, soit représenter des bordereaux d'agent de change ou faire connaître les numéros et les dates des bordereaux, ainsi que les agents de change de qui ils émanent, soit, faute de ce faire, acquitter personnellement le montant des droits.

L'article 14 de la loi du 13 avril 1898 (2) a remplacé cette disposition par la suivante :

« Quiconque fait commerce habituel de recueillir des offres et demandes de valeurs de bourse doit, à toute réquisition des agents de l'Enregistrement, s'il s'agit de valeurs admises à la cote officielle, représenter des bordereaux d'agent de change ou faire connaître les numéros et les dates des bordereaux, ainsi que les noms des agents de change de qui ils émanent, et, s'il s'agit de valeurs non admises à la cote officielle, acquitter personnellement le montant des droits » (3).

Cet article n'étant applicable qu'à partir du 1er juillet 1898, des instructions seront ultérieurement adressées au service pour en assurer l'exécution.

§ 7 (Art. 53). — CAUTIONNEMENTS EN NUMÉRAIRE. RÉDUCTION DU TAUX DE L'INTÉRÊT.

L'intérêt des capitaux de cautionnements versés au Trésor avait été fixé à 3 p. 100 à partir du 1er janvier 1845 (*L. 4 août 1844, art. 7*) (4). Depuis lors, il a été maintenu à ce taux pour tous les cautionnements en numéraire fournis par les agents de l'Enregistrement. En présence de la baisse du loyer de l'argent, il a été jugé nécessaire de réduire le taux à 2.50 p. 100.

Tel est l'objet de l'article 53 dont les dispositions sont applicables à partir du 1er avril 1898.

§ 8 (Art. 56). — CAUTIONNEMENTS DES COMPTABLES DE DENIERS PUBLICS ET AUTRES FONCTIONNAIRES. — FACULTÉ DE LES CONSTITUER SOIT EN NUMÉRAIRE, SOIT EN RENTES SUR L'ÉTAT.

Aux termes de l'article 56, les comptables de deniers publics et les autres fonctionnaires assujettis à un cautionnement versé dans les caisses du Trésor sont désormais admis à le constituer pour la totalité, soit en numéraire, soit en rentes sur l'État. Quant aux titulaires de cautionnements déjà en fonctions à l'époque de la promulgation de la loi, ils peuvent opter pour la transformation de leur cautionnement en numéraire en cautionnement en rentes.

La loi a laissé à un règlement d'administration publique le soin de déterminer les conditions d'application de ces dispositions et notamment les mesures à prendre pour permettre aux titulaires actuellement en exercice d'opter pour la transformation

(1) V. M.
(2) V. ci-dessus.
(3) V. ci-dessous Inst. Enr. du 20 juin 1898.
(4) V. M. et la note.

de leur cautionnement. Dès que le décret aura été rendu, il sera notifié au service, avec toutes les explications qu'il comportera (1).

En attendant la publication de ce décret, les agents qui auraient à fournir en entier un cautionnement et qui désireraient le constituer en rentes sur l'État auraient à en référer à l'Administration qui leur indiquerait la marche à suivre.

Le Conseiller d'État,
Directeur général de l'Enregistrement,
des Domaines et du Timbre,

FERNAND FAURE.

20 JUIN 1898. — *Instruction de la Direction générale de l'Enregistrement relative à l'exécution des articles 14 et 15 de la loi du 13 avril 1898 sur les opérations de bourse* (2).

L'article 28 de la loi de finances du 28 avril 1893 (3) a assujetti à un droit proportionnel toute opération de bourse ayant pour objet l'achat ou la vente, au comptant ou à terme, de valeurs de toute nature.

Sans distinguer entre les valeurs qui sont admises à la cote officielle et celles qui n'y sont pas admises, l'article 29 obligeait, en principe, toutes les personnes qui interviennent, par profession, dans les opérations d'achat ou de vente, soit à justifier du paiement de l'impôt par la représentation d'un bordereau d'agent de change ou par l'indication de la date et du numéro de ce bordereau ainsi que du nom de l'agent de change, soit à payer personnellement le montant des droits.

But et portée de la loi. — Il a paru nécessaire d'établir une harmonie plus complète entre la législation fiscale et l'article 76 du Code de commerce, aux termes duquel les agents de change ont seuls « le droit de faire les négociations des effets publics et autres susceptibles d'être cotés ».

Dans ce but, l'article 14 de la loi du 13 avril 1898 introduit une distinction fondamentale entre les valeurs qui sont admises et celles qui ne sont pas admises à la Cote officielle. Pour les premières, dont la négociation rentre dans le domaine exclusif du ministère des agents de change, tout moyen de suppléer à la représentation ou à l'indication du bordereau est supprimé. Quiconque fait commerce habituel de recueillir des offres et des demandes de valeurs de bourse doit, à toute réquisition des agents de l'Enregistrement, en ce qui concerne les opérations sur valeurs cotées, représenter soit des bordereaux d'agent de change, soit faire connaître les numéros et les dates de ces bordereaux, ainsi que les noms des agents de change de qui ils émanent.

Toutefois, cette obligation ne s'applique pas aux opérations *directes* proprement dites, c'est-à-dire à celles par lesquelles les banquiers, changeurs et autres assujettis

(1) V. ci-dessous D. du 2 juillet 1898, art. 12 et 13.
(2) V. cette loi ci-dessus et la note sous l'art. 14.
(3) V. M.

achètent réellement des titres pour leur propre compte et les revendent de même, après les avoir possédés pendant un temps plus ou moins long.

Quant aux valeurs non admises à la Cote officielle, l'article 14 maintient purement et simplement la législation existante.

Conséquences de l'article 14 au point de vue de la perception. — L'article 14 n'apporte aucune dérogation aux règles générales qui gouvernent la perception de l'impôt créé par la loi du 28 avril 1893 ; mais il entraîne certaines modifications aux conditions dans lesquelles le paiement en était effectué.

Pour les valeurs admises à la Cote, les personnes autres que les agents de change qui interviennent, par profession, dans les opérations d'achat ou de vente ne sont plus constituées débitrices du droit proportionnel qui sera désormais acquitté par les agents de change; mais elles demeurent tenues d'inscrire les opérations effectuées par leur intermédiaire sur le répertoire créé par l'article 30 de la loi du 28 avril 1893, en ayant soin d'indiquer le nom de l'agent de change dans la colonne 11 qui a pour objet de faire connaître « le nom ou de l'agent de change ou du mandataire substitué ou de la personne qui a fait la contre-partie de l'opération (1) ». Elles pourront, d'ailleurs, s'abstenir de détailler ces opérations sur les extraits fournis au bureau de l'Enregistrement et se borner à les y porter en bloc, suivant le mode tracé par la décision ministérielle du 5 octobre 1893, toutes les fois qu'elles se trouveront dans les conditions prévues par cette décision.

Le paiement de l'impôt reste, cependant, à la charge des assujettis autres que les agents de change, même pour les valeurs admises à la Cote officielle, lorsqu'il s'agit des opérations directes visées plus haut pour lesquelles l'obligation de représenter le bordereau n'existe pas. Il ne faut pas perdre de vue, en effet, que, tout en étant affranchies de cette obligation, ces opérations tombent sous l'application de la loi du 28 avril 1893 et doivent, par conséquent, subir le droit proportionnel sous l'empire de la loi nouvelle, comme elles le subissaient auparavant

Quant aux valeurs non admises à la Cote officielle, rien n'est changé en ce qui les concerne et toutes les Instructions antérieures continueront à recevoir leur exécution.

Communications. — Les communications que les agents de l'Administration sont autorisés à requérir comprennent :

1° Les bordereaux d'agent de change *(Loi du 13 avril 1898, art. 14)*;

2° Les registres à souche établis pour la délivrance de ces bordereaux *(Décret du 20 mai 1893, art. 9* (2)*)*;

3° Les répertoires des agents de change et autres personnes désignées dans les articles 29 de la loi du 28 avril 1893 et 14 de la loi du 13 avril 1898.

Les rapprochements qui seront faits entre ces divers documents permettront aux agents d'exercer une surveillance active sur l'exacte application de l'article 14. Tout refus de communication sera constaté par un procès-verbal, conformément aux règles tracées dans l'Instruction n° 2840.

Penalités. — L'article 14 de la loi du 13 avril 1898 n'édicte pas de pénalité

(1) V. M. D. du 20 mai 1893.
(2) V. M.

spéciale pour le défaut de représentation du bordereau ou des indications en tenant lieu. Les contraventions de cette nature rentrent, dès lors, dans la catégorie des infractions que l'article 32 de la loi du 28 avril 1893 punit d'une amende de 100 à 5,000 francs (1).

Point de départ de l'application du nouveau régime. — Aux termes de l'article 15 de la loi du 13 avril 1898, les dispositions de l'article 14 seront applicables à partir du 1er juillet 1898.

Le Conseiller d'État,
Directeur général de l'Enregistrement,
des Domaines et du Timbre,

FERNAND FAURE.

22 JUIN 1898. — *Décret portant règlement d'administration publique pour l'application de l'article 12 de la loi de finances du 13 avril 1898, relatif à l'émission, la mise en souscription, l'exposition en vente ou l'introduction sur le marché français des titres étrangers.*

LE PRÉSIDENT DE LA RÉPUBLIQUE FRANÇAISE,

Sur le rapport du ministre des finances,

Vu l'article 12 de la loi de finances du 13 avril 1898, ainsi conçu :

« L'amende prévue à l'article 3 de la loi du 25 mai 1872 (2) est applicable à toute personne qui effectue en France l'émission, la mise en souscription, l'exposition en vente ou l'introduction sur le marché des titres étrangers désignés dans l'article 4 de la loi du 29 juin 1872 (3), — qui annonce ou publie les opérations ci-dessus, et à toute personne qui fait le service financier de ces mêmes titres, soit en opérant leur remboursement ou leur transfert, soit en faisant le paiement des coupons, — tant qu'un représentant responsable des droits de timbre, de transmission et de l'impôt sur le revenu dont ces titres sont redevables n'aura pas été agréé. Cette amende ne pourra être inférieure à 50 fr.

» Des insertions périodiques au *Journal officiel* feront connaître la liste des valeurs pour lesquelles la formalité ci-dessus aura été remplie.

» Un règlement d'administration publique déterminera les mesures d'application du présent article, notamment les conditions dans lesquelles la réalisation d'un cautionnement pourra être substituée à la désignation d'un représentant responsable. Chaque contravention aux dispositions de ce règlement sera punie d'une amende de 100 fr. à 5,000 fr. en principal.

» Les sociétés, compagnies et entreprises étrangères visées par les articles 4 de la loi du 29 juin 1872 et 3 du décret du 6 décembre suivant sont tenues, préalablement à leur établissement en France, de déposer au bureau de l'Enregistrement,

(1) V. M.
(2) V. M.
(3) V. M.

dans le ressort duquel se manifeste pour la première fois leur existence, un exemplaire certifié de leur acte d'association, sous peine d'une amende de 100 fr. à 5,000 fr.

» Sont astreintes à la même obligation et sous la même peine, dans le délai de trois mois à partir de la promulgation de la présente loi, celles de ces sociétés, compagnies ou entreprises qui, pour une cause quelconque, n'ont pas actuellement de représentant responsable. »

Le Conseil d'Etat entendu,

Décrète :

Article premier. — Les sociétés, compagnies, entreprises, corporations, villes, provinces étrangères, ainsi que tous autres établissements publics étrangers peuvent s'affranchir de l'obligation de faire agréer un représentant responsable des droits de timbre et de transmission, ainsi que de la taxe sur le revenu dont ils sont ou pourront être redevables envers le Trésor, en déposant à la Caisse des dépôts et consignations un cautionnement en numéraire dont le montant sera déterminé par le ministre des finances, ou, en vertu de la délégation du ministre, par le directeur général de l'Enregistrement.

Art. 2. — Ce cautionnement ne pourra être inférieur à la somme représentant approximativement le total des taxes annuelles exigibles pour une période de trois années et calculées à raison des cinq dixièmes des titres pour lesquels l'abonnement aura été demandé. Il pourra, toutefois, être réduit, s'il y a lieu, après la fixation par le ministre des finances du nombre des titres passibles des taxes.

Art. 3. — Le versement du cautionnement à la Caisse des dépôts et consignations sera accompagné :

1° D'une copie de la décision du ministre ou du directeur général de l'Enregistrement qui aura fixé le montant du cautionnement;

2° D'une déclaration préalablement visée par l'administration de l'Enregistrement, indiquant l'affectation spéciale de la somme déposée et contenant autorisation au profit de ladite administration de prélever sur ce cautionnement le montant des taxes annuelles de timbre, de transmission et du revenu, ainsi que des amendes, frais et accessoires qui pourront être dus au Trésor.

Il sera délivré par la caisse un récépissé constatant le versement de la somme déposée et son affectation spéciale au paiement des taxes annuelles de timbre, de transmission et de revenu, ainsi que des amendes, frais et accessoires qui pourront être dus au Trésor.

L'amende prévue par l'article 3 de la loi du 25 mai 1872 ne cessera d'être applicable que lorsque le récépissé délivré au déposant aura été remis par lui, à titre de pièce justificative, au service de l'enregistrement.

Art. 4. — Le capital du cautionnement est seul affecté spécialement à la garantie du paiement des taxes annuelles, amendes, frais et accessoires dus au Trésor.

La Caisse des dépôts et consignations pourra, en conséquence, à défaut d'opposition, payer chaque année, à la société ou collectivité étrangère déposante, au taux de 2 p. 100 fixé par l'article 60 de la loi de finances du 26 juillet 1893 (1), les intérêts

(1) Voici le texte de cet article : A partir du 1er janvier 1894, est fixé à 2 p. 100 l'intérêt que, conformément à la loi du 28 nivôse an XIII, la Caisse des Dépôts et Consignations est tenue de servir aux ayants-droit sur chaque somme consignée.

du cautionnement courus pendant l'année précédente. La personne qui aura signé la déclaration prévue par l'article 3, 2°, aura qualité, jusqu'à avis contraire, donné par la société ou collectivité étrangère, pour encaisser les intérêts, sans que la Caisse ait à réclamer aucune justification.

Art. 5. — Les sociétés, compagnies, entreprises et autres collectivités étrangères désignées par l'article 1er pourront être autorisées à substituer au représentant responsable déjà agréé un cautionnement en numéraire dont la fixation et la réalisation auront lieu dans les conditions déterminées par les articles précédents. Elles pourront toujours renoncer à cette faculté et retirer leur cautionnement en numéraire à la charge de faire agréer un représentant responsable par le directeur général de l'Enregistrement.

Art. 6. — Le cautionnement ne pourra être remboursé que sur une autorisation du directeur général de l'Enregistrement. Ce remboursement sera, le cas échéant, effectué entre les mains de la personne qui aura signé la déclaration d'affectation spéciale prévue par l'article 3, 2°, et qui donnera décharge à la Caisse.

Art. 7. — L'administration de l'Enregistrement pourra faire verser dans ses caisses tout ou partie du cautionnement en produisant à la Caisse des dépôts et consignations une déclaration du directeur général de l'Enregistrement, indiquant le montant des taxes annuelles de timbre, de transmission et du revenu, ainsi que les amendes, frais et accessoires dus au Trésor par la société ou collectivité étrangère déposante. La Caisse n'aura, pour sa libération, aucune autre justification à demander.

Art. 8. — Il sera publié au *Journal officiel* le 15 janvier et le 15 juillet de chaque année, une liste des valeurs étrangères pour lesquelles un représentant responsable aura été agréé ou un cautionnement versé, et qui, au 31 décembre de l'année précédente et au 30 juin de l'année courante, acquittent les taxes annuelles.

Art. 9. — Le ministre des finances est chargé de l'exécution du présent décret, qui sera publié au *Journal officiel* et inséré au *Bulletin des lois.*

29 Juin 1898. — *Décret créant dix nouveaux offices d'agents de change près la Bourse de Paris.*

Le Président de la République française,

Sur le rapport du ministre des finances,

Vu les articles 2, 4 et 13 du décret du 7 octobre 1890 (1);

Vu les avis du Tribunal de commerce de la Seine et de la Chambre de commerce de Paris;

Vu l'avis de la Chambre syndicale des agents de change près la Bourse de Paris,

Décrète :

Article premier — Il est créé dix nouveaux offices d'agents de change près la Bourse de Paris.

Art. 2. — Les titulaires des offices créés en vertu de l'article qui précède seront

(1) V. M. Append.

nommés par des décrets rendus sur la proposition du ministre des finances. Ils seront choisis sur une liste triple de candidats établie par la Chambre syndicale des agents de change.

Art. 3. — Le ministre des finances est chargé de l'exécution du présent décret, qui sera publié au *Journal officiel* et inséré au *Bulletin des lois*.

29 Juin 1898. — *Décret modifiant les articles 17, 55 et 56 du décret du 7 octobre 1890* (1), *en ce qui concerne l'élection d'une Chambre syndicale des agents de change et la réglementation de la responsabilité collective de ces agents.*

Le Président de la République française,

Sur le rapport du garde des sceaux, ministre de la justice et des cultes, du ministre des finances et du ministre du commerce, de l'industrie, des postes et des télégraphes ;

Vu le titre V du livre Ier du Code de commerce, en particulier l'article 90 ;

Vu le décret du 7 octobre 1890 ;

Le Conseil d'Etat entendu,

Décrète :

Article premier. — Les articles 17, 55 et 56 du décret du 7 octobre 1890 sont modifiés ainsi qu'il suit :

« *Art. 17.* — Les agents de change qui exercent leur ministère auprès d'une bourse pourvue d'un parquet élisent, chaque année, une chambre syndicale composée d'un syndic et d'un nombre d'adjoints déterminé conformément aux règles ci-après : deux, lorsque le nombre des agents de change est de neuf au plus; quatre, lorsque ce nombre est supérieur à neuf et de quatorze au plus; six, lorsque ce nombre est supérieur à quatorze et de soixante au plus ; huit, lorsque ce nombre est supérieur à soixante (2).

» L'élection est faite à la majorité des suffrages et au scrutin secret, séparément pour le syndic, et par bulletin de liste pour les adjoints.

» Le procès-verbal de l'élection est adressé au ministre des finances, au préfet du département, au préfet de police à Paris et au maire dans les autres villes, au président du tribunal de commerce et au président de la chambre de commerce.

» *Art. 55.* — Si, en dehors de toute contestation sur le fond du droit, la livraison ou le paiement n'est pas effectué par l'agent de change dans les délais réglementaires, le donneur d'ordre peut, après l'avoir mis en demeure par acte extrajudiciaire, notifier, en la même forme, dans le délai de vingt-quatre heures, cette mise en demeure à la chambre syndicale.

» Au reçu de cette notification, la chambre syndicale prend, à l'égard de l'agent de change, les mesures propres à assurer l'exécution du marché. Elle l'exécute elle-même au besoin, au mieux des intérêts du donneur d'ordre et pour le compte et aux risques et périls de l'agent de change en défaut. Elle ne peut s'y refuser

(1) V. M. Append.

(2) Cette modification a été motivée par l'élévation à 70 du nombre des agents de change, à Paris. Le nombre maximum des adjoints était précédemment de 6.

qu'en dénonçant la situation, dans le délai de quinze jours, au président du tribunal de commerce.

» Dans les bourses comportant plus de quarante agents de change, la chambre syndicale ne peut se refuser à exécuter le marché pour le compte de l'agent de change en défaut, dans la limite de la valeur totale des offices de la compagnie, calculée d'après les dernières cessions, du fonds commun et au montant des cautionnements (1).

» *Art. 56.* — Lorsque la chambre syndicale a constaté qu'un agent de change cesse d'exécuter les marchés qui le lient à ses confrères, ces marchés sont liquidés dans les conditions déterminées par les règlements prévus à l'article 82 (2), en prenant pour base le cours moyen du jour de cette constatation. Les créances que cette liquidation peut faire ressortir en faveur de l'agent de change défaillant ne sont exigibles qu'à l'échéance primitive de chacune des opérations liquidées.

» Les donneurs d'ordre sont mis, par l'administrateur provisoire de la charge, en demeure d'opter sans délai entre la liquidation de leur marché dans les conditions ci-dessus spécifiées et le maintien de leur position chez l'agent de change défaillant, sous réserve, en ce qui concerne les bourses comportant plus de quarante agents de change, des dispositions du paragraphe 3 de l'article 55. »

ART. 2. — Le garde des sceaux, ministre de la justice et des cultes, le ministre des finances et le ministre du commerce, de l'industrie, des postes et des télégraphes, sont chargés, chacun en ce qui le concerne, de l'exécution du présent décret, qui sera publié au *Journal officiel* et inséré au *Bulletin des lois.*

29 JUIN 1898. — *Décret fixant le tarif maximum des courtages à percevoir par les agents de change près la Bourse de Paris* (3).

LE PRÉSIDENT DE LA RÉPUBLIQUE FRANÇAISE,

Sur le rapport du ministre des finances,

Vu la proposition, en date du 10 juin 1897, de la Chambre syndicale des agents de change près la Bourse de Paris ;

Vu les avis du Tribunal de commerce de la Seine et de la Chambre de commerce de Paris ;

Vu l'article 38 du décret du 7 octobre 1890 (4) ;

Le Conseil d'Etat entendu,

Décrète :

ARTICLE PREMIER. — Le tarif maximum des courtages à percevoir par les agents de change près la Bourse de Paris est fixé conformément au tableau ci-après :

(1) Cette disposition, qui apparait pour la première fois depuis la création des agents de change, a pour but d'établir une solidarité de droit entre les agents de change de Paris en ce qui concerne les faits de charge. En fait, la Compagnie avait toujours pratiqué dans la plus large mesure cette solidarité.

(2) V. M. Append.

(3) V. le décret du 12 juillet 1901 abrogeant celui-ci.

(4) V. M. Append.

NATURE DES NÉGOCIATIONS	TARIF MAXIMUM A PERCEVOIR
NÉGOCIATIONS EFFECTUÉES	
En vertu de pièces contentieuses...	0 fr. 25 p. 100 de la valeur négociée.
AUTRES NÉGOCIATIONS	
Opérations au comptant...........	0 fr. 10 p. 100 de la valeur négociée avec minimum de 0 fr. 50 par bordereau.
OPÉRATIONS A TERME	
Valeurs autres que la rente française	0 fr. 10 p. 100 de la valeur négociée.
Rente française..................	12 fr. 50 par 1,500 francs de rentes 3 p. 100 perpétuelle ou amortissable et par 1,750 francs de rentes 3 1/2 p. 100.
REPORTS	
Valeurs autres que la rente française.	1 fr. 25 p. 100 l'an du montant de la valeur reportée calculée d'après le cours de compensation.
Rente française..................	12 fr. 50 par 1.500 francs de rentes 3 p. 100 perpétuelle ou amortissable et par 1,750 francs de rentes 3 1/2 p. 100.

Pour les valeurs non entièrement libérées, les maxima indiqués ci-dessus ne sont calculés que sur le montant net de la négociation, déduction faite de la partie non versée.

Lorsque deux opérations en sens contraire ont été effectuées en vertu du même ordre et dans la même bourse, les maxima ci-dessus ne sont calculés que sur l'opération représentant le capital le plus élevé.

Le règlement de courtage établi par la chambre syndicale, en vertu de l'article 38 du décret du 7 octobre 1890 (1), détermine les cas et conditions d'application de la disposition qui précède aux ordres émanant des personnes visées à l'article 14 de la loi du 13 avril 1898 (2).

ART. 2. — Le ministre des finances est chargé de l'exécution du présent décret, qui sera publié au *Journal officiel* et inséré au *Bulletin des lois.*

29 JUIN 1898. — *Modification au Règlement particulier de la Compagnie des agents de change de Paris.*

Vu l'article 82 du décret du 7 octobre 1890 (3), portant qu'il sera statué, par des règlements particuliers délibérés par les compagnies d'agents de change, homologués, suivant les cas, par le ministre des finances ou par le ministre du commerce

(1) V. M. Append.
(2) V. cette loi ci-dessus.
(3) V. M. Append.

et de l'industrie, et publiés au *Journal officiel,* sur les points spécifiés aux articles 26, 29, 31, 35, 43, 47, 50, 51, 52, 53, 56, 60, 63, 64, 65, 77 et 80, ainsi que sur les conditions d'exécution des marchés non réglées par ledit décret ;

Vu le règlement particulier du 3 décembre 1891, rendu en exécution de l'article 82 du décret du 7 octobre 1890 ;

La compagnie des agents de change de Paris, réunie en assemblée générale, arrête les modifications ci-après au règlement du 3 décembre 1891 :

Art. 2. — Les bénéfices de la caisse commune sont répartis entre tous les agents de change dans la même proportion.

Art. 20. — Les agents de change sont autorisés à s'adjoindre des commis principaux dont le nombre ne peut être supérieur à six (1).

Art. 21. — Nul ne peut être commis principal s'il n'est Français, s'il n'a vingt-cinq ans accomplis, s'il ne jouit de ses droits civils et politiques et s'il n'a satisfait aux obligations de la loi sur le recrutement (2).

Art. 34. — Si dans une livraison de valeurs françaises, le premier coupon à échoir a été détaché, il peut être remplacé par sa valeur en espèces, sous réserve du droit éventuel de l'acheteur à une indemnité dans le cas où il justifierait que ce mode de règlement a pu lui occasionner un préjudice.

Art. 35. — (Supprimé).

Art. 36. — (Supprimé).

Art. 42. — Les effets au porteur ou transmissibles par voie d'endossement, négociés au comptant, doivent être livrés par l'agent vendeur avant la cinquième bourse qui suit celle de la négociation.

Ce délai expiré, l'agent acheteur doit immédiatement, sous réserve de l'application des pénalités prévues par l'article 23 du décret du 7 octobre 1890, afficher son vendeur.

L'affiche restera apposée pendant trois bourses pleines. A la quatrième bourse qui suit celle de l'affiche, il sera procédé sans remise au rachat officiel par les soins de la chambre syndicale.

Art. 51. — Les négociations à primes peuvent se traiter pour la quinzaine ou la fin de chaque mois, sans pouvoir dépasser, en principe, le terme de la troisième liquidation à partir du jour où le marché est conclu en ce qui concerne les valeurs soumises à la liquidation de quinzaine, et de la deuxième liquidation à partir du jour où le marché est conclu en ce qui concerne les valeurs soumises à la liquidation mensuelle.

La chambre syndicale peut toutefois, selon les besoins du marché, modifier les modalités des primes et en étendre les échéances dans les limites qu'elle jugera nécessaires.

Art. 52. — Le dernier jour de bourse qui précède celui de la liquidation, à une heure et demie, les agents de change doivent se déclarer réciproquement si les opérations à prime deviennent des marchés fermes ou si la prime est simplement payée.

Art. 53. — La chambre syndicale détermine les quotités et les multiples de négociation pour les marchés à terme.

(1) Antérieurement le nombre ne pouvait dépasser quatre.

(2) Ces deux dernières conditions n'étaient pas exigées.

ART. 65. — La liquidation ou compensation des affaires engagées à terme se fait deux fois par mois.

La liquidation de fin de mois et la liquidation de quinzaine durent cinq jours.

Liquidation de fin de mois.

A la bourse du dernier jour du mois ou, si ce jour est un jour férié, à la première bourse du mois suivant, liquidation générale des opérations sur les fonds d'État français et les autres valeurs.

A la bourse suivante, opérations de reports de onze heures à midi moins le quart (1).

Le cinquième jour de la liquidation, la remise des effets et le paiement des capitaux entre agents de change s'opèrent par l'intermédiaire de la chambre syndicale.

Liquidation de quinzaine.

A la bourse du 15 ou, si ce jour est un jour férié, à la première bourse qui suit, liquidation de toutes les valeurs soumises à la double liquidation mensuelle.

A la bourse suivante, opérations de reports de onze heures à midi moins le quart (2).

Le cinquième jour de la liquidation, la remise des effets et le paiement des capitaux entre agents de change s'opèrent par l'intermédiaire de la chambre syndicale.

Les dispositions du présent article ne seront exécutoires qu'à partir du 31 août 1898 et s'appliqueront aux affaires engagées à cette date.

2 JUILLET 1898. — *Décret portant règlement d'administration publique pour l'exécution de l'article 56 de la loi du 13 avril 1898, autorisant les comptables et autres fonctionnaires assujettis à un cautionnement versé dans les caisses du Trésor à le constituer en rentes sur l'État.*

LE PRÉSIDENT DE LA RÉPUBLIQUE FRANÇAISE,

Sur le rapport du ministre des finances,

Vu l'article 56 de la loi du 13 avril 1898, ainsi conçu :

« Les comptables de deniers publics et les autres fonctionnaires assujettis à un cautionnement versé dans les caisses du Trésor sont admis à le constituer, pour la totalité, soit en numéraire, soit en rentes sur l'État.

» La nature du cautionnement, une fois réalisé, ne peut être modifiée pendant la durée des fonctions du titulaire.

» Les titulaires de cautionnements en fonctions à l'époque de la promulgation de la présente loi seront admis à opter pour la transformation de leur cautionnement en numéraire en cautionnement en rentes. Cette transformation sera effectuée successivement et par série; la division en séries sera déterminée par décrets

(1) Cette disposition a été rapportée le 30 janvier 1899. V. ci-dessous.

(2) Même observation.

rendus sur la proposition du ministre des finances et suivant l'importance des cautionnements, en commençant par les plus faibles; ces décrets fixeront les délais accordés pour l'exercice du droit d'option.

» Un règlement d'administration publique déterminera les conditions d'application du présent article, et notamment les mesures à prendre pour permettre aux titulaires actuellement en exercice d'opter pour la transformation de leur cautionnement en numéraire en cautionnement en rentes »;

Vu la loi du 8 nivôse an VI, article 4;

Vu la loi du 22 floréal an VII (1);

Vu les lois des 8 juin 1864 et 22 mars 1873, ensemble le règlement d'administration publique du 11 août 1864 sur les cautionnements des conservateurs des hypothèques;

Vu le décret du 18 juin 1864 (2) sur les rentes nominatives pourvues de coupons au porteur;

Le Conseil d'Etat entendu,

Décrète :

ARTICLE PREMIER. — Les cautionnements en rentes réalisés au Trésor public en vertu de la loi du 13 avril 1898 sont constitués au moyen d'inscriptions nominatives directes des différents fonds de la dette publique.

ART. 2. — Des rentes de divers fonds et appartenant à plusieurs titulaires peuvent être employées à constituer un cautionnement.

Ne peuvent recevoir cette affectation les inscriptions pourvues de coupons créés par décret du 18 juin 1864.

La valeur des rentes à affecter à un cautionnement est calculée d'après le cours moyen officiel à la Bourse de Paris du jour de la nomination, sans toutefois que cette valeur puisse dépasser le pair. Si le montant d'un cautionnement fixé en argent ne peut exactement s'appliquer à acquérir des rentes, l'intéressé doit parfaire la différence pour que le cautionnement en rentes ne soit jamais inférieur à ce qu'il aurait été en numéraire.

ART. 3. — Le ou les propriétaires de rentes a affecter à un cautionnement font parvenir au ministre des finances leurs extraits d'inscription accompagnés d'une déclaration d'affectation établie sur papier timbré conformément à des modèles arrêtés par le ministre des finances.

La déclaration d'affectation doit être renouvelée, en cas de changement soit de fonction, soit de résidence du comptable, lorsque le cautionnement ne garantit la gestion que pour un emploi ou poste déterminé.

ART. 4. — Après vérification de la régularité et de la disponibilité du titre, mention sera faite, tant sur le grand-livre et sur son double que sur les extraits d'inscriptions : 1° de l'affectation à un cautionnement; 2° du nom du fonctionnaire et de la fonction qui donne lieu à l'affectation ; 3° du lieu où cette fonction est exercée, mais dans le cas seulement où le cautionnement ne répond de la gestion que pour un poste déterminé.

(1) V. M. Cette loi et la précédente.
(2) V. M.

La mention d'affectation à un cautionnement suit la rente, en quelques mains qu'elle passe.

ART. 5. — Indépendamment de la remise aux intéressés des extraits d'inscriptions frappés des mentions indiquées ci-dessus, il est délivré par la Direction de la dette inscrite, aux agents qui ont constitué leur cautionnement en rentes sur l'État, un certificat de cautionnement, visé au contrôle, relatant les fonds, séries, numéros et montant des diverses rentes affectées à leur cautionnement.

Le service du contrôle n'appose son visa qu'après avoir constaté que la mention d'affectation figure au grand-livre de la dette publique.

ART. 6. — La nature des cautionnements ne peut être modifiée que si, le fonctionnaire changeant de poste, son cautionnement doit recevoir l'affectation à sa nouvelle gestion.

ART. 7. — Les extraits d'inscriptions de rentes amortissables affectées à un cautionnement et appartenant à une série appelée au remboursement sont déposés à la Direction de la dette inscrite par les titulaires, qui font connaître en quels fonds ils désirent que la portion de cautionnement remboursée soit reconstituée sur les bases fixées par l'article 2 du présent décret. Après consignation de la somme nécessaire, ils produisent une déclaration d'affectation pour la rente à provenir de l'achat par le Trésor.

Les rentes nouvelles ainsi acquises sont grevées de la mention d'affectation.

Sauf dans les cas prévus à l'article 6 et au présent article, les titulaires de rentes affectées à un cautionnement ne peuvent y substituer des rentes appartenant à un autre fonds de la dette publique.

ART. 8. — Lorsqu'il y a lieu, et en vertu d'une décision ministérielle, les cautionnements, ainsi que leurs arrérages non perçus, sont exécutés, jusqu'à due concurrence, aux poursuites et diligences de l'agent judiciaire, qui fait en temps utile opposition au paiement des arrérages.

En cas d'exécution, si l'agent judiciaire n'est pas mis en possession des extraits des inscriptions affectées au cautionnement, il est établi par la Direction de la dette inscrite, et en vertu d'une autorisation spéciale du ministre des finances, des copies figurées des extraits d'inscription, lesquelles sont remises à l'agent judiciaire pour parvenir à l'aliénation.

L'agent judiciaire signe les transferts nécessaires à l'exécution des cautionnements.

ART. 9. — Lorsqu'un cautionnement constitué en rentes doit être exécuté et qu'il appartient partie au débiteur et partie à des tiers, il est procédé d'abord à la vente totale ou partielle des rentes appartenant au débiteur et subsidiairement à celle des rentes fournies par des tiers. Si ces dernières rentes sont la propriété de plusieurs intéressés, la vente en est faite, à défaut d'accord entre ces derniers, proportionnellement à l'importance de la somme garantie par chacun d'eux.

ART. 10. — Le produit de la négociation, jusqu'à due concurrence, des rentes affectées à un cautionnement est versé au Trésor public, qui en assure la remise à qui de droit.

Le surplus des inscriptions demeure grevé de l'affectation du cautionnement.

Lorsque, après prélèvement partiel sur un cautionnement en rentes sur l'État, il existe un reliquat trop faible pour être employé en rentes, le surplus reste provisoirement déposé au Trésor, sans être productif d'intérêts.

Art. 11. — Sur la production des pièces exigées pour le remboursement des cautionnements en numéraire, et à la suite d'une décision ministérielle, il est délivré aux titulaires, en échange des inscriptions grevées, des inscriptions nouvelles libres de toute affectation.

Art. 12. — Les titulaires de cautionnements en numéraire qui voudront substituer des rentes à leur cautionnement en numéraire par application du paragraphe 3 de l'article 56 de la loi du 13 avril 1898 (1), devront, dans les délais fixés par les décrets prévus au même article, adresser au ministre des finances :

1° Les titres de rentes à affecter ainsi que la déclaration d'affectation établie conformément aux prescriptions de l'article 3;

2° Les pièces exigées pour le remboursement du cautionnement en numéraire, à l'exception des pièces établissant la libération du comptable;

3° Le consentement du bailleur de fonds, s'il y a lieu.

La valeur des rentes à affecter sera calculée d'après le cours moyen à la Bourse de Paris du jour de la publication du présent décret au *Journal officiel,* sans que cette valeur puisse dépasser le pair.

Art. 13. — Le Trésor, si la demande en est faite, procédera à la transformation en rentes d'un cautionnement fourni en numéraire, à charge par la partie de verser préalablement les frais de courtage et la différence entre le prix de la rente et la somme à rembourser en capital.

Dans ce cas, outre les pièces énumérées sous le numéro 2 de l'article précédent, il devra être produit au ministre des finances, en double expédition, une déclaration d'option établie sur papier timbré, contenant affectation des rentes à provenir de l'achat à effectuer par les soins du Trésor.

Si la rente doit être inscrite au nom de tiers, chacun d'eux devra produire une déclaration d'affectation.

Lorsque le cautionnement appartient en totalité ou en partie à des bailleurs de fonds titulaires du privilège de second ordre, chacun d'eux doit produire une déclaration d'option contenant affectation des rentes à acquérir (2).

Les déclarations prévues au présent article sont établies conformément à des modèles arrêtés par le ministre des finances.

Art. 14. — Dans les différents cas prévus par l'article 13, les ordonnances de remboursement seront établies au nom du caissier-payeur central, qui en emploiera le montant à l'achat des rentes à affecter.

Les titres seront remis aux titulaires après accomplissement des formalités prévues à l'article 4 du présent décret.

Les intérêts des cautionnements en numéraire convertis en rentes sur l'Etat par les soins de l'administration seront calculés, au profit des ayants-droit, jusqu'au jour de l'emploi en rentes des capitaux mis en remboursement.

Art. 15. — Un cautionnement en numéraire frappé d'opposition ou de signification de transport ne peut être transformé en un cautionnement en rentes.

Art. 16. — Les cautionnements spéciaux en rente des conservateurs des hypothèques demeurent soumis aux dispositions des lois des 8 juin 1864 et 22 mars 1873.

Art. 17. — Les comptables actuellement autorisés à avoir leur cautionnement

(1) V. ci-dessus.
(2) V. D. du 5 juillet 1898.

en rente seront soumis aux dispositions du présent règlement au fur et à mesure, soit de la nécessité où ils pourront se trouver de constituer un nouveau cautionnement par suite d'un changement de fonction ou de résidence, soit de l'épuisement du bordereau annuel qui leur a été délivré.

Art. 18. — Les dispositions des articles 12, 13 et 14 du présent règlement seront applicables aux comptables et fonctionnaires nommés depuis le 13 avril 1898 et installés avant d'avoir pu constituer leur cautionnement en rentes sur l'Etat.

Art. 19. — Le ministre des finances est chargé de l'exécution du présent décret qui sera publié au *Journal officiel* et inséré au *Bulletin des lois.*

5 Juillet 1898. — *Décret fixant les délais dans lesquels les comptables et autres fonctionnaires assujettis à un cautionnement en numéraire doivent opter pour la transformation en un cautionnement en rentes sur l'État.*

Le Président de la République française,

Sur le rapport du ministre des finances,

Vu l'article 56 de la loi du 13 avril 1898 (1);

Vu le règlement d'administration publique du 2 juillet 1898,

Décrète :

Article premier. — La transformation en rentes sur l'État des cautionnements en numéraire versés dans les caisses du Trésor sera effectuée par séries à partir des dates indiquées au tableau ci-après :

SÉRIES	QUOTITÉ DES CAUTIONNEMENTS DES COMPTABLES ET FONCTIONNAIRES	DATES à partir desquelles la transformation peut être demandée.
1re	Cautionnements inférieurs ou égaux à 3,000 fr.	20 juillet 1898.
2me	Cautionnements compris entre 3,001 et 7,000 »	1er septembre 1898.
3me	Cautionnements compris entre 7,001 et 12,000 »	1er octobre 1898.
4me	Cautionnements compris entre 12,001 et 15,000 »	1er novembre 1898.
5me	Cautionnements compris entre 15,001 et 20,000 »	1er décembre 1898.
6me	Cautionnements compris entre 20,001 et 50,000 »	1er janvier 1899.
7me	Cautionnements supérieurs à 50,000 fr.	1er février 1899.

Art. 2. — Les comptables et fonctionnaires, titulaires de cautionnements en numéraire doivent, dans le délai d'un mois à partir des dates indiquées à l'article 1er, faire connaître leur option et transmettre au ministre des finances les pièces désignées aux articles 12 ou 13 du règlement d'administration publique du 2 juillet 1898.

(1) V. ci-dessus cette loi et le règlement d'administration publique du 2 juillet 1898.

Toutefois, en ce qui concerne les titulaires de cautionnements compris dans la première série, le délai sera prorogé jusqu'au 31 août s'ils résident en France, jusqu'au 30 septembre s'ils résident en Corse, dans les pays limitrophes de la Méditerranée et dans les pays d'Europe non limitrophes de la France.

ART. 3. — Les fonctionnaires résidant hors d'Europe et des pays limitrophes de la Méditerranée sont admis à opter à partir du 1er août 1898, quelle que soit l'importance de leur cautionnement. Les demandes d'option accompagnées des pièces désignées aux articles 12 ou 13 du règlement d'administration publique du 2 juillet 1898 doivent parvenir au ministre des finances avant le 1er janvier 1899 pour les fonctionnaires résidant en Afrique et dans les pays situés sur la côte orientale de l'Amérique, avant le 1er avril 1899 pour ceux qui résident en Asie, en Océanie et dans les pays situés sur la côte occidentale de l'Amérique.

ART. 4. — Le ministre des finances est chargé de l'exécution du présent décret, qui sera inséré au *Journal officiel* et au *Bulletin des Lois.*

9 JUILLET 1898. — *Ordonnance modifiant les ordonnances de police précédentes en ce qui concerne les heures consacrées aux négociations des effets publics à la Bourse de Paris.*

Nous, Préfet de police,

Vu : 1° les arrêtés du gouvernement des 12 messidor an VIII, 29 germinal an IX et 27 prairial an X (1);

2° L'ordonnance de police du 29 mars 1862, modifiée par celle du 18 mai 1892 (2);

3° Le règlement particulier de la Compagnie des Agents de change de Paris, approuvé le 29 juin 1898 par M. le Ministre des finances et inséré au *Journal officiel* du 30 juin (3);

Ordonnons ce qui suit :

ARTICLE PREMIER. — A partir du 31 août prochain, la durée des heures du marché officiel à la Bourse de Paris est fixée exceptionnellement comme suit :

De 11 heures à 3 heures à la bourse qui suivra celle du 15 de chaque mois pour les opérations de liquidation de quinzaine, et à la bourse qui suivra celle du dernier jour du mois pour les opérations de liquidation de fin de mois.

Ces dates seront reculées d'un jour si le 15 ou le dernier jour du mois étaient des jours fériés.

ART. 2. — La présente ordonnance sera imprimée, publiée et affichée (4).

Le commissaire de la Bourse, le directeur de la police municipale et les agents sous leurs ordres sont chargés, chacun en ce qui le concerne, d'en assurer l'exécution.

Le Préfet de Police,
CHARLES BLANC.

(1) V. M.
(2) V. ces deux ordonnances au MANUEL.
(3) V. ce règlement ci-dessus.
(4) Cette ordonnance a été rapportée par celle du 13 février 1899.

25 JUILLET 1898. — *Création d'office d'agent de change. Solution de l'Enregistrement relative au droit d'enregistrement perçu en cas de création d'office: — 2 % plus les décimes.*

Monsieur le Syndic, lorsque le Gouvernement, en créant un office d'agent de change, impose au titulaire nommé l'obligation de payer aux autres officiers publics, auxquels préjudicie la création nouvelle, une somme déterminée, l'art. 12 de la loi du 25 juin 1841 (1) porte que « le droit de 2 p. 100 sera exigible sur cette somme, sauf » l'application du minimum de perception établi à l'art. 10 ci-dessus (1/10 du cau- » tionnement attaché à la fonction) » (2).

Dès l'instant que, dans le cas que vous me soumettez, le cautionnement attaché à la fonction est de 250,000 francs, l'enregistrement d'un décret de nomination fixant l'indemnité à payer aux autres titulaires d'offices d'agent de change à 1,372,000 francs donne donc ouverture aux droits ci-après :

à 2 % en principal	27,440
décimes	6,860
	34,300

D'un autre côté, le droit sera perçu sur l'ampliation du décret de nomination du nouveau titulaire et acquitté au Bureau des Actes administratifs *(Inst. 1640)*, rue de Rivoli n° 134.

Le Directeur,
DE COLONJON.

21 DÉCEMBRE 1898. — *Lettre du Directeur de l'Enregistrement et du Timbre du département de la Seine. Solution de l'enregistrement relative au timbre des fonds d'Etat étrangers dont le paiement des intérêts est suspendu.*

Monsieur le Syndic, par une première lettre en date du 19 novembre dernier, vous avez demandé si le tarif réduit de 0 fr. 50 pour 100 est applicable aux fonds d'Etats étrangers dont le *paiement* des intérêts est *suspendu.*

Conformément à ma proposition, M. le Directeur général s'est prononcé pour *l'affirmative* le 20 décembre courant, la suspension de l'intérêt n'en étant que la réduction poussée à l'extrême limite.

(1) V. M.

(2) V. ci-dessus le décret du 29 juin 1898. — C'est la première fois que le nombre des agents de change de Paris se trouve modifié depuis la loi du 28 avril 1816 et l'ordonnance du 29 mai suivant. C'est, en conséquence, la première fois que le principe du paiement d'une indemnité en cas de création de nouvelles charges a reçu son application. Ce principe est incontestable, en effet, lorsqu'il s'agit d'une corporation privilégiée dont le nombre des membres est limité; — il n'a, d'ailleurs, pas été contesté d'une façon sérieuse dans les débats parlementaires de 1898. — Voici, au surplus, sur quelles bases le chiffre de l'indemnité a été établi par le Gouvernement: On a multiplié la dernière évaluation moyenne du prix des charges, soit 1,600,000 francs par 60, puis divisé le total ainsi obtenu par 70, nombre nouveau résultant de la création des 10 charges supplémentaires. Le prix qui est ressorti de ce calcul, soit 1,372,000 francs par charge, a été versé par chacun des 10 nouveaux titulaires à la Chambre syndicale qui l'a réparti entre les 60 anciens membres de la Compagnie.

Le texte législatif dont il s'agit de déterminer l'application dispose que le droit de 0 fr. 50 pour 100 restera seul exigible pour « les fonds étrangers cotés à la » Bourse officielle, dont les cours, au moment où le droit devient exigible, sera » tombé au-dessous de la moitié du pair, par suite d'une diminution de l'intérêt » imposée par l'État débiteur (1) ».

Il est admis, en premier lieu, que la cote à la Bourse officielle ne doit pas être entendue exclusivement de l'inscription à la cote de la Bourse de Paris, et que la condition imposée de ce chef par le législateur se trouve remplie quand les fonds dont il s'agit sont cotés à une *Bourse officielle des départements.*

En ce qui concerne l'autre condition, — cours au-dessous de la 1/2 du pair, — la loi stipule formellement qu'il doit résulter de la diminution de l'intérêt imposée par l'Etat débiteur. Sans doute, il n'est pas possible d'admettre, par voie d'analogie, que la baisse du cours provenant d'une cause autre que celle indiquée peut faire bénéficier les titres du tarif réduit; par suite, on ne peut considérer une modification, dans le *mode de paiement,* des titres stipulés comme rentrant dans le cas prévu par le législateur.

Mais, lorsqu'il y a suspension du paiement des intérêts par le fait du gouvernement étranger, on doit admettre que la baisse du cours provenant de ce fait autorise l'application du droit de 0 fr. 50 pour 100 maintenu pour le cas où cette baisse résulte d'une simple diminution.

Cette interprétation paraît conforme à l'esprit de la loi et à l'équité.

En conséquence, j'ai l'honneur de vous informer que, pour pouvoir réclamer le timbrage à 0 fr. 50 pour 100, postérieurement au 1er janvier 1899, il faut qu'il s'agisse de fonds d'Etats étrangers cotés à une Bourse officielle, et dont le cours au-dessous de la 1/2 du pair soit corrélatif d'un acte du gouvernement débiteur réduisant l'intérêt primitif ou suspendant le paiement des intérêts.

Par une seconde lettre du 13 décembre courant, vous demandez comment doit être interprétée l'expression : « au moment où le droit devient exigible », employée dans le texte reproduit d'autre part.

Il ne peut y avoir de difficulté sérieuse sur ce point.

Les termes ci-dessus doivent être interprétés en ce sens, que les conditions exigées pour obtenir l'application du tarif réduit doivent être réunies *au moment où se produit le « fait générateur de l'impôt », c'est-à-dire la négociation,* l'énonciation ou la représentation volontaire au timbrage des titres étrangers.

Enfin, par cette même lettre, vous attirez l'attention de l'Administration sur le préjudice que peut causer aux porteurs de certificats nominatifs déjà timbrés la nécessité de payer un nouveau droit de timbre sur les titres au porteur délivrés en représentation ou en échange de ces certificats.

J'ai le regret de vous faire connaître qu'en l'état actuel de la législation, il est impossible, sauf le cas de titres définitifs remis contre des titres provisoires, de présenter au timbrage gratuit un certificat nominatif ou des titres au porteur délivrés par suite de transfert, de conversion ou de renouvellement, en échange d'autres titres de même nature précédemment timbrés.

L. DE COLONJON.

(1) V. L. du 13 avril 1898, article 13.

31 DÉCEMBRE 1898. — *Décret portant création de quatre nouveaux types de timbres à apposer sur les titres étrangers.*

LE PRÉSIDENT DE LA RÉPUBLIQUE FRANÇAISE,

Sur le rapport du ministre des finances,

Vu l'article 6 de la loi du 13 mai 1863 (1), soumettant, à dater du 1er juillet 1863, à un droit de timbre de 50 centimes par 100 francs ou fraction de 100 francs du montant de leur valeur nominale les titres de rentes, emprunts et autres effets publics des gouvernements étrangers, quelle qu'ait été l'époque de leur création ;

Vu l'article 3 de la loi du 28 décembre 1895 fixant, à partir du 1er janvier 1896, à 0,50 p. 100, sans décimes, le droit de timbre des titres étrangers désignés dans l'article 6 de la loi du 13 mai 1863;

Vu l'article 13 de la loi du 13 avril 1898 ainsi conçu (2) :

« A partir du 1er janvier 1899, le droit de timbre au comptant des titres étrangers » désignés dans l'article 6 de la loi du 13 mai 1863 est fixé à 1 p. 100, sauf en ce qui » concerne les titres déjà timbrés à cette date au tarif de 0,50 p. 100.

» Ce droit n'est pas soumis aux décimes. Il sera perçu sur la valeur nominale de » chaque titre ou coupure considéré isolément et, dans tous les cas, sur un mi- » nimum de 100 francs.

» Pour les titres déjà timbrés au 1er janvier 1899 au tarif antérieur à la loi du » 28 décembre 1895, le droit de 1 p. 100 ne sera appliqué qu'imputation faite du » montant de l'impôt déjà payé.

» Resteront soumis au droit de 0,50 p. 100 les fonds étrangers cotés à la Bourse » officielle dont le cours, au moment où le droit devient exigible, sera tombé au- » dessous de la moitié du pair par suite d'une diminution de l'intérêt imposée par » l'État débiteur;

» Vu l'article 11 de la loi du 29 juin 1881, portant :

» Le visa pour timbre pourra être remplacé sur les titres étrangers de toute » nature par l'application du timbre extraordinaire à l'atelier général. »

Décrète :

ARTICLE PREMIER. — Il est créé quatre nouveaux types destinés à timbrer à l'extraordinaire, à l'atelier général à Paris, les titres de rentes, emprunts et autres effets publics des gouvernements étrangers, savoir :

Le premier, pour les titres assujettis au tarif plein de 1 p. 100;

Le second, pour les titres timbrés au tarif antérieur à la loi du 28 décembre 1895 et pour lesquels le droit de 1 p. 100 ne sera appliqué qu'imputation faite du montant de l'impôt déjà payé;

Le troisième, pour les titres qui resteront soumis au tarif de 0,50 p. 100 par suite

(1) V. M.
(2) V. ci-dessus.

de la baisse du cours au-dessous de la moitié du pair résultant d'une diminution de l'intérêt imposée par l'État débiteur ;

Le quatrième, pour les titres qui ont été admis à acquitter le droit de 0,50 p. 100 avant le 1er janvier 1899 et qui n'ont pu recevoir, en fait, l'empreinte matérielle du timbre (1).

Ces types seront conformes aux modèles annexés au présent décret.

Art. 2. — L'administration de l'Enregistrement, des domaines et du timbre, fera déposer aux greffes des cours et tribunaux une empreinte de chaque timbre créé par l'article précédent.

Ce dépôt sera constaté par un procès-verbal dressé sans frais.

Art. 3. — Le ministre des finances est chargé de l'exécution du présent décret, qui sera publié au *Journal officiel* et inséré au *Bulletin des lois*.

9 Janvier 1899. — *Décret portant modifications à l'ordonnance du 25 mars 1841 sur les succursales de la Banque de France* (2).

Le Président de la République française,

Sur le rapport du ministre des finances,

Vu l'ordonnance du 25 mars 1841 ;

Vu la loi du 17 novembre 1897 (3) ;

Vu la délibération du Conseil général de la Banque de France, en date du 14 janvier 1897 ;

Le Conseil d'État entendu,

Décrète :

Article premier. — L'article 23 de l'ordonnance du 25 mars 1841 est modifié ainsi qu'il suit :

« Les administrateurs et les censeurs des succursales doivent justifier de la propriété de deux actions de la Banque de France, lesquelles sont inaliénables pendant toute la durée de leurs fonctions.

» Le Conseil général détermine, suivant l'importance des succursales, le nombre des actions dont les directeurs doivent être propriétaires, et qui sont affectées à la garantie de leur gestion. Ce nombre ne peut excéder quinze ni être inférieur à cinq.

» En cas de mort, de maladie ou autre empêchement légitime du directeur d'une succursale, le Conseil d'administration nomme un de ses membres pour en remplir provisoirement les fonctions, jusqu'à ce qu'il ait été pourvu à l'intérim par le Gouverneur de la Banque. »

Art. 2. — Les dispositions qui précèdent sont applicables aux succursales existantes.

Art. 3. — Le ministre des finances est chargé de l'exécution du présent décret.

(1) V. ci-après Inst. enr. du 29 janvier 1899.

(2) V. M.

(3) V. cette loi ci-dessus.

25 Janvier 1899. — *Décret admettant les sociétés, compagnies et entreprises étrangères, dont les titres sont passibles du droit de timbre par abonnement, à jouir du bénéfice de l'article 24 de la loi du 5 juin 1850* (1).

Le Président de la République française,

Sur le rapport du ministre des finances,

Vu le chapitre 1er du titre II de la loi du 5 juin 1850, et notamment l'article 24;

Vu l'article 9 de la loi du 23 juin 1857, ensemble les décrets des 17 juillet 1857 et 28 mars 1868;

Vu l'article 4 de la loi du 29 juin 1872, ensemble le décret du 6 décembre de la même année;

Vu les lois des 28 décembre 1895 et 13 avril 1898 (2);

Le Conseil d'État entendu,

Décrète :

Art. 1er. — A partir du 1er janvier 1899, les sociétés, compagnies et entreprises étrangères dont les titres, bien que non cotés aux bourses françaises, sont passibles du droit de timbre par abonnement, sont admises à jouir du bénéfice de l'article 24 de la loi du 5 juin 1850, en justifiant que, pendant les deux dernières années, elles n'ont pu payer ni dividendes, ni intérêts; elles devront, à cet effet, produire à l'administration de l'Enregistrement les procès-verbaux et délibérations des assemblées générales, les inventaires, balances et tous autres documents de comptabilité, vérifiés et certifiés par les agents diplomatiques ou consulaires français.

Art. 2. — Les ministres des finances et des affaires étrangères sont chargés, chacun en ce qui le concerne, de l'exécution du présent décret, qui sera publié au *Journal officiel* et inséré au *Bulletin des lois*.

29 Janvier 1899. — *Instruction de la Direction générale de l'Enregistrement relative à l'exécution du décret du 31 décembre 1898 portant création de quatre nouveaux types destinés à timbrer à l'extraordinaire, à l'atelier général, à Paris, les titres de rente, emprunts et autres effets publics des gouvernements étrangers* (3).

L'article 13 de la loi du 13 avril 1898 (4), notifié au service par l'instruction n° 2953, § 2, a élevé à 1 p. 100, sans décimes, à partir du 1er janvier 1899, le droit de timbre des titres de rente, emprunts et autres effets publics des gouvernements étrangers.

Pour les titres timbrés antérieurement au 1er janvier 1899, à un droit inférieur

(1) V. M. cette loi, ainsi que les lois et décrets énumérés ci-dessous.
(2) V. ces deux lois ci-dessus.
(3) V. ce décret ci-dessus.
(4) V. cette loi ci-dessus.

à celui de 0 fr. 50 p. 100, le nouveau droit de 1 p. 100 n'est perçu qu'imputation faite de l'impôt déjà payé.

Enfin, le tarif de 0 fr. 50 p. 100 reste applicable aux titres de fonds d'Etat étrangers, cotés à la Bourse officielle, dont le cours, au moment où le droit devient exigible, sera tombé au-dessous de la moitié du pair par suite d'une diminution de l'intérêt imposée par l'Etat débiteur.

Un décret du 31 décembre 1898 (1), rendu pour l'exécution de ces dispositions, prescrit la création de quatre nouveaux types destinés au timbrage à l'extraordinaire, à l'atelier général, à Paris, des titres de fonds d'Etats étrangers, savoir :

Le premier, pour les titres assujettis au tarif plein de un pour cent (1 p. 100);

Le second, pour les titres timbrés au tarif antérieur à la loi du 28 décembre 1895 et pour lesquels le droit de un pour cent (1 p. 100) ne sera appliqué qu'imputation faite du montant de l'impôt déjà payé.

Le troisième, pour les titres qui resteront soumis au tarif de cinquante centimes pour cent (0 fr. 50 p. 100) par suite de la baisse du cours au-dessous de la moitié du pair résultant d'une diminution de l'intérêt imposée par l'Etat débiteur;

Le quatrième, pour les titres qui ont été admis à acquitter le droit de cinquante centimes pour cent (0 fr. 50 p. 100) avant le 1er janvier 1899 et qui n'ont pu recevoir, en fait, l'empreinte matérielle du timbre (art. 1er).

L'apposition du timbre extraordinaire ne peut avoir lieu qu'à l'atelier général, à Paris (même article). Les titres qui seront présentés au timbrage partout ailleurs continueront donc à recevoir la formalité du visa. Les agents du service départemental ne sont pas autorisés, par les règlements, à en prendre charge pour les transmettre à l'atelier général.

Des feuilles contenant l'empreinte des nouveaux types seront prochainement adressées aux directeurs des départements par le directeur des Domaines, chef de l'atelier général du timbre, à Paris. Les directeurs feront déposer ces feuilles aux greffes des cours et tribunaux et veilleront à ce que chaque dépôt fasse l'objet d'un procès-verbal dressé sans frais selon les prescriptions de l'article 9 du décret.

Les agents trouveront à la suite de l'annexe des spécimens des types dont il s'agit.

Dans le timbre, le fond est en noir pour le type de 1 p. 100 à plein tarif et en rouge pour le type destiné au complément du même droit de 1 p. 100; pour les deux autres types, le fond est en noir, lorsque le droit de 0 fr. 50 p. 100 est intégralement appliqué à des titres non encore timbrés; il est en rouge pour les titres déjà timbrés au tarif antérieur à la loi du 28 décembre 1895 et sur lesquels le droit de cinquante centimes pour cent (0 fr. 50 p. 100) n'est perçu qu'imputation faite du montant de l'impôt déjà payé. Les chiffres encadrant le mot « Paris » désignent : celui de gauche, le quantième; celui de droite, le numéro du mois; celui placé immédiatement au-dessous, le millésime.

Le Conseiller d'Etat,
Directeur général de l'Enregistrement,
des Domaines et du Timbre,

FERNAND FAURE.

(1) V. ci-dessus.

30 Janvier 1899. — *Modification au Règlement particulier de la Compagnie des agents de change de Paris.*

Vu l'article 82 du décret du 7 octobre 1890, portant qu'il sera statué, par des règlements particuliers délibérés par les compagnies d'agents de change, homologués, suivant les cas, par le ministre des finances ou par le ministre du commerce et de l'industrie, et publiés au *Journal officiel*, sur les points spécifiés aux articles 26, 29, 31, 35, 43, 47, 50, 51, 52, 53, 56, 60, 63, 64, 65, 77 et 80, ainsi que sur les conditions d'exécution des marchés non réglées par ledit décret.

Vu le règlement particulier du 3 décembre 1891 (1), modifié le 29 juin 1898 (2), rendu en exécution de l'article 82 du décret du 7 octobre 1890 (3);

La Compagnie des agents de change de Paris, réunie en assemblée générale, arrête les modifications ci-après au règlement du 3 décembre 1891 :

Art. 17. — La Chambre syndicale délègue chaque mois, sous le nom d'adjoints de service, trois adjoints au syndic qui doivent veiller à l'observation des règlements et au maintien de l'ordre dans la Compagnie; toutes les difficultés entre agents de change. qui auraient besoin d'une prompte solution, peuvent leur être soumises.

Ils sont chargés de présider à la rédaction et à la vérification de la cote des cours des valeurs, de faire le service des trésoreries générales, d'opérer les reventes et rachats officiels et de fixer les cours de compensation.

Un quatrième adjoint préside la commission de comptabilité.

Art. 34. — Si, dans une livraison de valeurs françaises, le premier coupon à échoir a été détaché, il peut être, mais seulement pendant le mois qui précède l'échéance, remplacé par sa valeur en espèces, sous réserve du droit éventuel de l'acheteur à une indemnité dans le cas où il justifierait que ce mode de règlement a pu lui occasionner un préjudice.

Art. 40. — Les effets au porteur ou transmissibles par voie d'endossement, négociés au comptant, doivent être livrés par l'agent vendeur avant la dixième bourse qui suit celle de la négociation (4).

Si la livraison n'a pas eu lieu, l'agent acheteur doit, avant la onzième bourse, sous réserve de l'application des pénalités prévues par l'article 23 du décret du 7 octobre 1890, afficher son vendeur.

L'affiche est apposée d'une manière apparente dans un endroit de la Bourse accessible au public.

Elle reste apposée pendant trois bourses pleines. A la quatorzième bourse qui suit celle de la négociation, il est procédé sans remise au rachat officiel par les soins de la chambre syndicale.

Art. 41. — Les fonds provenant de la vente d'effets au porteur ou transmissibles par voie d'endossement doivent, quand les titres sont livrés au porteur ou dûment

(1) V. M. Append.
(2) V. ci-dessus D. de cette date.
(3) V. M. Append.
(4) V. ci-dessous article 45.

endossés, être à la disposition du donneur d'ordre dès le surlendemain du jour de la négociation, ou, s'ils n'ont été livrés qu'après cette négociation, dès le surlendemain du jour où ils ont été remis à l'agent de change.

Les titres provenant de l'achat d'effets au porteur ou transmissibles par voie d'endossement doivent être à la disposition du donneur d'ordre dès le lendemain de la livraison à l'agent acheteur et, au plus tard, le jour de la quinzième bourse qui suit celle où la négociation a été faite.

Ces délais expirés, les donneurs d'ordre peuvent recourir aux mesures prévues à l'article 55 du décret du 7 octobre 1890 (1).

Art. 43. — Le transfert s'opère par les soins de l'agent de change vendeur.

Il doit être déposé au plus tard le surlendemain du jour de la remise des noms ou acceptations, et les titres doivent être livrés à l'agent acheteur le lendemain de la consommation du transfert.

A la quinzième bourse qui suit celle de la négociation, l'agent de change acheteur peut afficher son confrère vendeur. Le rachat doit avoir lieu à la troisième bourse qui suit celle de l'apposition de l'affiche, et, s'il y a eu remise d'une acceptation, elle doit être restituée par l'agent de change racheté, à ses risques et périls.

Ces délais sont prolongés de huit jours en ce qui concerne les actions de compagnies d'assurances dont les nouveaux titulaires doivent, aux termes des statuts, être agréés par le conseil d'administration.

Dans le cas de transfert d'ordre, l'agent de change vendeur doit remettre à son confrère acheteur les titres inscrits provisoirement au nom de celui-ci au plus tard le troisième jour du transfert d'ordre. Toute infraction à cette prescription est soumise à la chambre syndicale, qui peut imposer à l'agent de change vendeur un versement de garantie.

Art. 44. — Les fonds provenant de la vente d'effets transmissibles par voie de transfert doivent être à la disposition du donneur d'ordre dès le surlendemain de la consommation du transfert.

Les titres provenant de l'achat d'effets transmissibles par voie de transfert doivent, à moins qu'il ne s'agisse d'actions de compagnies d'assurances pour lesquelles un délai supplémentaire de huit jours est accordé, être à la disposition du donneur d'ordre dès le lendemain de la livraison à l'agent acheteur, et au plus tard le jour de la vingtième bourse qui suit celle de la négociation.

Passé ces délais, les donneurs d'ordre peuvent recourir aux mesures prévues à l'article 55 du décret du 7 octobre 1890.

Art. 45. — A titre exceptionnel, et par dérogation aux prescriptions du premier paragraphe de l'article 40, les valeurs au porteur amortissables par voie de tirage au sort, négociées avant les cinq bourses qui précèdent le jour du tirage, doivent être livrées pour le tirage (2).

A titre exceptionnel également, les valeurs nominatives négociées avant les sept bourses qui précèdent le tirage doivent être transférées pour le tirage.

Les valeurs dont la possession comporterait, soit un avantage particulier, soit une charge déterminée, et qui seraient négociées avant les cinq ou sept bourses qui

(1) V. M. Append.
(2) V. ci-dessus l'article 40.

précèdent la date annoncée comme devant être celle de la clôture de l'opération, doivent être livrées ou transférées pour cette date.

Il est permis, pendant les délais prévus aux trois paragraphes précédents, de traiter suivant conventions particulières.

Liquidations centrales.

ART. 63. — La liquidation ou compensation des affaires engagées à terme se fait deux fois par mois.

La liquidation de fin de mois dure cinq jours et la liquidation de quinzaine dure quatre jours.

Liquidation de fin de mois.

A la bourse du dernier jour du mois ou, si ce jour est un jour férié, à la première bourse du mois suivant, opérations de reports et liquidation générale des opérations sur les fonds d'État français et les autres valeurs.

Le cinquième jour de la liquidation, la remise des effets et le paiement des capitaux entre agents de change s'opèrent par l'intermédiaire de la chambre syndicale.

Liquidation de quinzaine.

A la bourse du 15 ou, si ce jour est un jour férié, à la première bourse qui suit, opérations de reports et liquidation de toutes les valeurs soumises à la double liquidation mensuelle.

Le quatrième jour de la liquidation, la remise des effets et le paiement des capitaux entre agents de change s'opèrent par l'intermédiaire de la chambre syndicale.

Les dispositions du présent article ne seront exécutoires qu'à partir du 15 février 1899 et s'appliqueront aux opérations engagées à cette date.

Le Syndic de la Compagnie des Agents de change de Paris,
M. DE VERNEUIL.

Approuvé :
Le Ministre des finances,
P. PEYTRAL.

4 FÉVRIER 1899. — *Instruction du Directeur général de l'Enregistrement relative au timbre des fonds d'États étrangers tombés au-dessous de la moitié du pair, par suite d'une diminution de l'intérêt imposée par l'État débiteur.*

Aux termes de l'article 13, dernier alinéa, de la loi du 13 avril 1898 (1) : « Resteront soumis au droit de 0 fr. 50 c. p. 100 les fonds étrangers cotés à la Bourse officielle, dont le cours, au moment où le droit devient exigible, sera tombé au-dessous de la moitié du pair par suite d'une diminution de l'intérêt imposée par l'État débiteur »

Les préposés trouveront ci-après la liste des fonds d'État appelés, jusqu'à nouvel avis, à bénéficier éventuellement de la disposition ci-dessus.

Seront seules admises à bénéficier du tarif réduit de 0 fr. 50 c. p. 100 les valeurs comprises dans ce relevé dont le cours moyen sera inférieur à la moitié du pair, au

(1) V. ci-dessus cette loi et le décret du 25 janvier 1899. V. aussi Inst. enr. du 29 janvier 1899.

jour où l'impôt deviendra exigible, c'est-à-dire au jour de l'usage, tel que cet usage est défini par l'article 5 de la loi du 28 décembre 1895, ou au jour de la présentation volontaire à la formalité.

A défaut de cours coté à la Bourse de Paris, ou à toute autre bourse officielle, au jour de l'exigibilité de l'impôt, c'est le dernier cours coté qui devra, à moins de circonstances exceptionnelles, servir à déterminer le tarif à appliquer.

Le redevable qui réclamera l'application du tarif réduit devra souscrire une déclaration faisant connaître le cours de la valeur au jour de l'exigibilité de l'impôt. Cette déclaration sera souscrite sur un bordereau spécial du modèle déjà usité pour la présentation des effets publics étrangers à la formalité ou, s'il n'existe pas d'imprimés de cette nature au bureau où les droits sont acquittés, sur le registre du visa pour timbre.

Elle contiendra, dans tous les cas, une désignation des titres suffisante pour les individualiser.

Il appartiendra ensuite aux préposés d'apprécier, sous leur responsabilité, si les conditions exigées pour l'application du droit de 0 fr. 50 c. p. 100 sont remplies. Ils contrôleront immédiatement la déclaration des parties à l'aide de l'extrait du cours authentique de la Bourse, inséré au *Journal officiel*, toutes les fois qu'il leur sera possible de consulter cette publication et, dans le cas contraire, au moyen des tableaux mensuels du cours de la Bourse qui leur sont adressés périodiquement par l'Administration.

Les titres de cette espèce qui auront été régulièrement timbrés au tarif spécial de 0 fr. 50 p. 100 sont définitivement affranchis de l'impôt, alors même que leur cours remonterait ultérieurement au-dessus de la moitié du pair.

Le Conseiller d'État,
Directeur général de l'Enregistrement,
des Domaines et du Timbre,
FERNAND FAURE.

13 FÉVRIER 1899. — *Ordonnance de police rapportant celle du 9 juillet 1898, qui modifiait les ordonnances de police précédentes en ce qui concerne les heures consacrées aux négociations des effets publics à la Bourse de Paris.*

Nous, Préfet de police,

Vu : 1° les arrêtés du gouvernement des 12 messidor an VIII, 29 germinal an IX et 27 prairial an X;

2° L'ordonnance de police du 29 mars 1862, modifiée par celle du 18 mai 1892 (1);

3° Le règlement particulier de la Compagnie des agents de change de Paris, approuvé le 29 juin 1898 par M. le Ministre des finances et inséré au *Journal officiel* du 30 juin (2);

4° L'ordonnance du 9 juillet 1898, modifiant les ordonnances de police précé-

(1) V. M. ces arrêtés et ordonnances.
(2) V. ci-dessus ce règlement particulier, ainsi que celui du 30 janvier 1899.

dentes, en ce qui concerne les heures consacrées aux négociations des effets publics à la Bourse de Paris ;

5° Les dispositions nouvelles du règlement particulier de la Compagnie des agents de change de Paris, approuvées le 30 janvier 1899 par M. le Ministre des finances ;

6° La dépêche de M. le Ministre des finances en date du 11 février 1899,

Ordonnons ce qui suit :

ARTICLE PREMIER. — L'ordonnance du 9 juillet 1898, modifiant les ordonnances de police précédentes, en ce qui concerne les heures consacrées aux négociations des effets publics à la Bourse de Paris, est rapportée (1).

ART. 2. — La présente ordonnance sera publiée et affichée.

Le commissaire de la Bourse, le directeur de la police municipale et les agents sous leurs ordres sont chargés, chacun en ce qui le concerne, d'en assurer l'exécution.

Le Préfet de police :
CHARLES BLANC.

21 FÉVRIER 1899. — *Loi prorogeant d'un jour l'échéance de tous les effets de commerce payables le 23 février 1899* (2).

Le Sénat et la Chambre des députés ont adopté,

Le Président de la République promulgue la loi dont la teneur suit :

ARTICLE UNIQUE. — L'échéance de tous les effets de commerce payables le 23 février 1899 sera reportée au lendemain.

La présente loi, délibérée et adoptée par le Sénat et par la Chambre des députés, sera exécutée comme loi de l'Etat.

22 FÉVRIER 1899. — *Décret autorisant la Banque de France à admettre au service des avances sur titres les obligations émises ou à émettre par le Gouvernement général de l'Indo-Chine.*

LE PRÉSIDENT DE LA RÉPUBLIQUE FRANÇAISE,

Sur le rapport du ministre des finances,

Vu la loi du 22 avril 1806, le décret organique du 16 janvier 1808, la loi du 17 mai 1834, l'ordonnance du 15 juin de la même année, la loi du 30 juin 1840, l'ordonnance du 25 mars 1841, les décrets des 3 et 28 mars 1852, la loi du 9 juin 1857 et les décrets des 20 juillet 1857, 13 janvier 1869 et 28 février 1880 (3) ;

(1) V. cette ordonnance ci-dessus.
(2) A l'occasion des funérailles du Président Félix Faure.
(3) V. ces lois, ordonnances et décrets au MANUEL.

Vu la délibération du Conseil général de la Banque de France, en date du 5 janvier 1899 ;

Le Conseil d'État entendu,

Décrète :

Article premier. — La faculté accordée à la Banque de France de faire des avances sur effets publics français, sur actions et obligations de chemins de fer français, sur obligations de la Ville de Paris, sur obligations du Crédit foncier de France, sur obligations de la Société Générale Algérienne et sur obligations, créées ou à créer, des Villes françaises et des Départements français, est étendue aux obligations émises ou à émettre par le Gouvernement général de l'Indo-Chine en vertu de la loi du 25 décembre 1898.

Le Conseil général de la Banque déterminera la proportion dans laquelle les avances pourront être consenties sur ces obligations.

Les dispositions de l'ordonnance réglementaire du 15 juin 1834 sont applicables aux avances faites sur ces obligations.

Art. 2. — Le ministre des finances est chargé de l'exécution du présent décret.

31 Mai 1899. — *Décret relatif à la suppression, dans les conditions déterminées par les articles 3 et 4 du décret du 30 novembre 1858, des inscriptions de rente au porteur et des pièces destinées à justifier l'annulation.*

Le Président de la République française,

Vu le décret du 30 novembre 1858 qui fixe les délais après lesquels les comptes et pièces justificatives des comptabilités en deniers et en matières, jugés définitivement, pourront être supprimés;

Vu le décret du 14 décembre 1876 (1) qui a institué un agent comptable spécial des reconversions et renouvellements de rentes au porteur;

Considérant que l'article 2 du décret du 30 novembre 1858 excepte des suppressions autorisées par l'article 1er et prescrit de conserver dans les archives de la Cour des comptes pendant un temps illimité, notamment les pièces de la comptabilité de l'agent comptable des transferts et mutations de la dette publique, autres que celles mentionnées au paragraphe 1er de l'article 1er;

Considérant que si, en raison de l'imprescriptibilité du capital représentatif de la rente, il est indispensable que le Trésor puisse toujours justifier la régularité de la transmission de propriété des inscriptions nominatives ou mixtes, il n'en est pas de même pour les inscriptions au porteur qui sont, par leur nature, exclusives de toute justification de propriété.

Sur le rapport du ministre des finances,

Décrète :

Article premier. — Pourront être supprimées dans les conditions déterminées par les articles 3 et 4 du décret du 30 novembre 1858,

(1) V. M.

Quinze ans après la gestion :

Les inscriptions de rente au porteur et les pièces destinées à en justifier l'annulation, produites soit à l'appui du compte de l'agent comptable des transferts et mutations de la dette publique, soit à l'appui du compte de l'agent comptable spécial des reconversions et renouvellements.

Art. 2. — Le ministre des finances est chargé de l'exécution du présent décret, qui sera inséré au *Bulletin des lois*.

29 Aout 1899. — *Ordonnance de police portant fermeture de la Bourse des valeurs à 1 heure 1/2, les samedis 2, 9, 16 et 23 septembre 1899.*

Nous, Préfet de police,

Vu : 1° les arrêtés du gouvernement du 12 messidor an VIII, du 29 germinal an IX et du 27 prairial an X ;

2° L'ordonnance de police du 29 mars 1862, modifiée par celle du 18 mai 1892 (1);

3° La pétition adressée à M. le Syndic des agents de change de Paris, par un grand nombre de sociétés de crédit et de banquiers de Paris, pour demander que la Bourse des valeurs soit fermée à 1 heure 1/2, du 1er juin au 1er octobre, tous les samedis, sauf les jours de réponse des primes ou de liquidation ;

Attendu qu'il paraît être sans inconvénient de mettre à l'essai la mesure proposée pendant le cours du mois de septembre prochain ;

Ordonnons ce qui suit :

Article premier. — La Bourse des valeurs sera fermée à 1 heure 1/2, les samedis 2, 9, 16 et 23 septembre 1899 (2).

Art. 2. — La présente ordonnance sera publiée et affichée.

Le commissaire de la Bourse, le directeur de la police municipale et les agents sous leurs ordres sont chargés, chacun en ce qui le concerne, d'en assurer l'exécution.

Le Préfet de police,
Lépine.

14 Novembre 1899. — *Arrêté du Ministre des finances décidant que les percepteurs des contributions directes dans les départements seront chargés de payer directement les arrérages des inscriptions nominatives de rentes françaises.*

Le ministre des finances,

Vu l'arrêté ministériel du 10 juin 1882, relatif au paiement des rentes nomina-

(1) V. M. lesdits arrêtés et ordonnances.

(2) Pareille mesure a été prise les années suivantes, de mai à septembre, mais la Bourse n'est fermée qu'à 2 heures.

tives par les receveurs-percepteurs de Paris et les autres percepteurs du département de la Seine;

Vu l'avis émis par la Commission instituée par arrêté ministériel du 19 juillet 1899 pour la réorganisation du service des comptables directs du Trésor;

Sur le rapport du Conseiller d'État, directeur général de la comptabilité publique;

Arrête :

Article premier. — A partir du 1er janvier 1900, les percepteurs des contributions directes dans les départements sont chargés de payer directement les arrérages des inscriptions nominatives des rentes 3 %, 3 1/2 % et 3 % amortissable que les titulaires auront expressément demandé à toucher à leur caisse (1).

Art. 2. — Les percepteurs seront tenus d'effectuer ces paiements, non seulement au siège de la perception, mais encore dans chacune des communes de la réunion, au cours des tournées de recouvrement.

Art. 3. — Les inscriptions de rentes nominatives d'un même fonds appartenant à la même personne et dont le montant cumulé ne dépasse pas la somme annuelle de deux mille francs (2,000 fr.) peuvent seules être assignées payables à la caisse des percepteurs.

Art. 4. — Les arrérages de rentes assujettis à des conditions spéciales de paiement ne sont payés par les percepteurs que sur visa du receveur des finances.

Art. 5. — Tout rentier qui, inscrit dans un département, désire être payé à la caisse d'un percepteur, doit faire sa déclaration au receveur des finances de l'arrondissement dans lequel il touche habituellement ses arrérages.

Tout rentier qui, inscrit dans une perception, désire être payé dans une autre perception du même département, a la faculté de faire sa déclaration, soit à la recette des finances de l'arrondissement, soit à la perception où sa rente était précédemment assignée. Toute déclaration doit être faite quinze jours au moins avant la date de l'échéance.

Les déclarations n'étant reçues qu'au vu des titres et devant être signées par la partie intéressée ne peuvent être faites par correspondance.

Art. 6. — Dans le cas où, au moment de faire sa déclaration, le rentier aurait à recevoir un ou plusieurs trimestres échus, il devrait préalablement en toucher le montant, l'autorisation de procéder directement au paiement des arrérages n'étant donnée au percepteur que pour l'échéance qui suit la déclaration.

Art. 7. — Les percepteurs ne sont autorisés à payer que les arrérages afférents aux exercices en cours; les arrérages restant dus sur exercices clos, ainsi que sur les exercices périmés non frappés de déchéance ne sont payables par ces comptables que sur quittances visées par le trésorier général.

Art. 8. — Le présent arrêté sera déposé au bureau du contreseing pour être notifié à qui de droit. Il sera inséré au *Journal officiel*.

(1) Quant aux coupons de rentes mixtes et au porteur, une circulaire du ministre des finances du 25 mars 1865 a décidé qu'ils seraient payables par tous les percepteurs autres que ceux de la résidence des receveurs des finances.

13 FÉVRIER 1900. — *Arrêté autorisant les percepteurs à recevoir, à partir du 1er mai 1900, les dépôts de fonds pour achat de rentes sur l'État.*

Le ministre des finances,
Vu l'article 6 de l'ordonnance du 14 avril 1819 (1) ;
Vu l'article 21 de l'ordonnance du 8 décembre 1832,

Arrête :

ART. 1er. — A partir du 1er mai 1900, les percepteurs des contributions directes sont autorisés à recevoir, sous les conditions énoncées dans les articles suivants, des particuliers domiciliés dans le ressort de leur perception, les dépôts de fonds à fin d'achat de rentes sur l'État, ainsi que les dépôts de titres nominatifs ou mixtes de rentes sur l'État destinés à être vendus. Les achats et les ventes seront effectués par l'intermédiaire des receveurs des finances et dans les conditions prévues par l'article 1156 de l'instruction générale du 20 juin 1859 (2).

Les receveurs spéciaux des communes et des établissements publics peuvent, sous les mêmes conditions que les particuliers, demander l'intermédiaire des percepteurs pour lesdites opérations.

Les percepteurs sont tenus d'adresser au receveur des finances de leur arrondissement, le soir même du jour où ils ont reçu une demande d'achat ou de vente, la commission signée par l'intéressé, ainsi que les fonds ou les titres déposés à leur caisse (3).

ART. 2. — Les demandes d'achat ne doivent pas excéder la somme de 100 francs de rente ; une même personne ne peut, dans la même journée, remettre à un percepteur plusieurs commissions dépassant le chiffre total de 100 francs de rente.

Les titres que le déposant désire réunir au nouveau titre provenant de l'achat demandé doivent être nominatifs.

Les dépôts de titres nominatifs destinés à être vendus sont reçus par les percepteurs, quel que soit le montant de la rente représentée par ces titres.

ART. 3. — Les demandes d'achat ou de vente de rentes par l'intermédiaire d'un percepteur sont faites exclusivement à la résidence de ce comptable.

ART. 4. — Le règlement des achats de rentes nominatives ou mixtes est effectué par les percepteurs sur l'avis qui leur est donné par les receveurs des finances.

Pour le règlement des achats de rentes au porteur et pour celui des ventes de rentes nominatives ou mixtes, les intéressés doivent se présenter à la caisse du receveur des finances de l'arrondissement.

ART. 5. — Les conditions auxquelles les demandes d'achats de rentes sont reçues par les percepteurs sont portées à la connaissance du public par une affiche qui restera apposée d'une manière apparente dans le bureau de la perception et qui énoncera spécialement que ces opérations ne peuvent donner lieu à aucun recours en garantie contre le Trésor.

ART. 6. — Il est attribué aux percepteurs pour les achats de rentes effectués par

(1) V. M.
(2) V. M.
(3) V. Lettre du directeur du Mouvement des fonds, du 31 décembre 1897.

leur intermédiaire une remise sur le crédit ouvert au budget du ministère des finances pour le paiement des commissions variables sur achats de rente.

ART. 7. — Le présent arrêté sera déposé au bureau chargé du contreseing pour être notifié à qui de droit.

Il sera inséré au *Journal officiel*.

12 MARS 1900. — *Loi ayant pour objet de réprimer les abus commis en matière de vente à crédit des valeurs de Bourse.*

Le Sénat et la Chambre des députés ont adopté,

Le Président de la République promulgue la loi dont la teneur suit :

ARTICLE PREMIER. — Sera déclarée nulle, sur la demande de l'acheteur, sans préjudice de tous dommages-intérêts, même s'il y a eu commencement d'exécution, toute cession, quelque forme qu'elle emprunte, consentie par acte sous signatures privées, de valeurs ou parts de valeurs cotées à la Bourse moyennant un prix payable à terme, en totalité ou en partie, si elle contrevient à l'une des prescriptions des articles 2 et 3 ci-après.

ART. 2. — L'acte doit être fait en double original, et chacun des originaux en contenir la mention.

Chaque original doit indiquer clairement, en toutes lettres et d'une façon apparente : 1° l'un des cours cotés à la Bourse de Paris dans les quatre jours précédant la cession, et, à défaut, le dernier cours coté ; 2° le numéro de chacune des valeurs vendues ; 3° le prix total de vente de chacune des valeurs, y compris tous frais de timbre et de recouvrement par la poste ou autrement ; 4° le taux d'intérêt, les délais et conditions de remboursement.

ART. 3. — Les paiements fractionnés ne peuvent être échelonnés sur une durée de plus de deux ans.

ART. 4. — Le vendeur est tenu de conserver le titre vendu. Il ne peut ni s'en dessaisir ni le mettre en gage. Il doit le représenter à toute réquisition de l'acheteur.

Toute stipulation contraire est nulle.

Il en est de même de toute clause ou de toute mention dérogeant directement ou indirectement aux règles générales de la compétence.

ART. 5. — Le vendeur qui aura détourné, dissipé ou mis en gage, au préjudice de l'acheteur, le titre qu'il avait vendu, sera puni des peines portées en l'article 406 (1) du Code pénal. L'article 463 pourra être appliqué (2).

ART. 6. — Il est interdit aux établissements qui se livrent à la vente à crédit des valeurs de Bourse de faire entrer dans leur dénomination les mots « caisse d'épargne ». Leurs directeurs sont, en cas de contravention à cette défense, passibles d'une amende de 25 à 3,000 fr.

ART. 7. — Les dispositions de la présente loi ne sont pas applicables aux ordres de Bourse.

La présente loi, délibérée et adoptée par le Sénat et par la Chambre des députés, sera exécutée comme loi de l'Etat.

(1) Emprisonnement de deux mois au moins, de deux ans au plus et d'une amende.

(2) Il est relatif à l'admission des circonstances atténuantes.

7 Avril 1900. — *Loi sur le taux de l'intérêt légal de l'argent.*

Le Sénat et la Chambre des députés ont adopté,

Le Président de la République promulgue la loi dont la teneur suit :

Article premier. — L'intérêt légal sera en matière civile de quatre pour cent (4 p. 100) et en matière de commerce de cinq pour cent (5 p. 100) (1).

Art. 2. — Les articles suivants du Code civil sont modifiés et complétés ainsi qu'il suit :

« Art. 1153. — Dans les obligations qui se bornent au paiement d'une certaine somme, les dommages et intérêts résultant du retard dans l'exécution ne consistent jamais que dans la condamnation aux intérêts fixés par la loi, sauf les règles particulières au commerce et au cautionnement.

» Ces dommages et intérêts sont dus sans que le créancier soit tenu de justifier d'aucune perte.

» Ils ne sont dus que du jour de la sommation (2) de payer, excepté dans les cas où la loi les fait courir de plein droit.

» Le créancier auquel son débiteur en retard a causé, par sa mauvaise foi, un préjudice indépendant de ce retard, peut obtenir des dommages et intérêts distincts des intérêts moratoires de la créance (3).

» Art. 1904. — Si l'emprunteur ne rend pas les choses prêtées ou leur valeur au terme convenu, il en doit l'intérêt du jour de la sommation ou de la demande en justice (4). »

Art. 3. — Les dispositions contraires à la présente loi sont abrogées.

La présente loi, délibérée et adoptée par le Sénat et par la Chambre des députés, sera exécutée comme loi de l'État.

14 Mai 1900. — *Ordonnance de police portant fermeture de la Bourse des valeurs, à deux heures, les samedis 19 et 26 mai; 2, 9, 16, 23 juin; 7, 21, 28 juillet; 4, 11, 18, 25 août et 1er, 8, 22 et 29 septembre 1900.*

Nous, Préfet de police,

Vu : 1° Les arrêtés du 12 messidor an VIII, du 29 germinal an IX et du 27 prairial an X;

2° L'ordonnance de police du 29 mars 1862, modifiée par celle du 18 mai 1892;

3° L'ordonnance de police du 29 août 1899 (5);

(1) La loi du 3 septembre 1807 avait fixé le taux à 5 p. 100 en matière civile et à 6 p. 100 en matière de commerce.

(2) Ce délai ne partait que de la demande en justice.

(3) Cette disposition ne se trouvait pas dans l'ancien art. 1153.

(4) D'après l'ancien art. 1904, l'intérêt ne courait que du jour de la demande en justice.

(5) V. ci-dessus ladite ordonnance.

4° La dépêche de M. le Président du conseil, ministre de l'intérieur et des cultes, en date du 12 mai 1900;

Ordonnons ce qui suit :

Article premier. — La Bourse des valeurs sera fermée à deux heures les samedis 19 et 26 mai; 2, 9, 16, 23 juin; 7, 21, 28 juillet; 4, 11, 18, 25 août et 1er, 8, 22 et 29 septembre 1900.

Art. 2. — La présente ordonnance sera publiée et affichée.

Le commissaire de la Bourse, le directeur de la police municipale et les agents sous leurs ordres sont chargés, chacun en ce qui le concerne, d'en assurer l'exécution.

Le Préfet de police,

Lépine.

26 Juillet 1900. — *Décret créant de nouveaux types de timbres pour le timbrage gratuit, dans le cas où il y aura lieu, de titres de gouvernements étrangers remis en remplacement de titres identiques antérieurement timbrés.*

Le Président de la République française,

Sur le rapport du ministre des finances,

Vu l'article 1er de la loi du 25 mai 1872, qui fixe le droit de timbre à percevoir sur les titres de rente, emprunts et tous autres effets publics des gouvernements étrangers, savoir : à 75 centimes pour chaque titre de 500 fr. et au-dessous; à 1 fr. 50 pour chaque titre de 500 fr. jusqu'à 1,000 fr. : à 3 fr. pour chaque titre au-dessus de 1,000 fr. jusqu'à 2,000 fr., et ainsi de suite à raison de 1 fr.50 par 1,000 fr. ou fraction de 1,000 francs (1);

Vu l'article 3 de la loi du 28 décembre 1895 (2), fixant, à partir du 1er janvier 1896, à 0.50 p. 100 sans décimes le droit de timbre de ces mêmes titres, et l'article 13 de la loi du 13 avril 1898 (3) accordant jusqu'au 31 décembre de la même année pour faire timbrer lesdits titres au tarif de 0.50 p. 100 qu'elle porte à 1 p. 100 à partir du 1er janvier 1899 pour tous les titres qui n'auront pas bénéficié du délai accordé pour le paiement de l'impôt au taux de 0.50 p. 100.

Décrète :

Article 1er. — Dans les cas où il y aura lieu au timbrage gratuit de titres de gouvernements étrangers remis en remplacement de titres identiques antérieurement timbrés, il sera apposé sur les nouveaux titres des empreintes de timbre indiquant la situation des anciens au regard de la loi d'impôt.

Art. 2. — Pour l'apposition de ces empreintes, il est créé trois types de timbres destinés à être apposés par l'atelier général, à Paris, savoir :

L'un, pour les titres substitués à ceux qui étaient timbrés au droit de 75 centimes;

(1) V. M.

(2) V. cette loi ci-dessus.

(3) V. cette loi ci-dessus.

L'autre, pour les titres substitués à ceux qui étaient timbrés au tarif de 1.50 p. 1000,

Et le troisième, pour les titres substitués à ceux qui ont été timbrés à 0.50 p. 100 avant l'expiration du délai fixé par la loi du 13 avril 1898 ou à 1 p. 100, tarif établi par la même loi pour la période postérieure à l'expiration de ce délai.

Ces titres seront conformes aux modèles annexés au présent décret (1).

ART. 3. — L'administration de l'Enregistrement, des domaines et du timbre, fera déposer aux greffes des cours et tribunaux une empreinte de chaque type créé par l'article précédent.

Ce dépôt sera constaté par un procès-verbal dressé sans frais.

ART. 4. — Le ministre des finances est chargé de l'exécution du présent décret, qui sera publié au *Journal officiel* et inséré au *Bulletin des lois*.

13 AOUT 1900. — *Instruction de la Direction Générale de l'Enregistrement relative au timbrage gratuit à l'extraordinaire des titres de fonds d'États étrangers remis en remplacement de titres identiques antérieurement timbrés.*

Un décret du 26 juillet 1900 (2) porte (art 1er) que, dans les cas où il y aura lieu au timbrage gratuit de titres de gouvernements étrangers remis en remplacement de titres identiques antérieurement timbrés, il sera apposé sur les nouveaux titres des empreintes de timbre indiquant la situation des anciens au regard de la loi d'impôt.

A cet effet, l'article 2 du décret crée trois nouveaux types de timbre :

Le premier, pour les titres substitués à ceux qui étaient timbrés au droit de 0 fr. 75 en vertu de l'article 1er de la loi du 25 mai 1872 (3);

Le second, pour les titres substitués à ceux qui étaient timbrés au tarif de 1 fr 50 p. 100 en vertu du même article;

Le troisième, pour les titres substitués à ceux qui ont été timbrés à 0 fr. 50 p. 100 avant l'expiration du délai fixé par la loi du 13 avril 1898 ou à 1 p. 100, tarif établi par la même loi (4) pour la période postérieure à l'expiration de ce délai.

D'après la même disposition, l'apposition du timbre est obligatoire; elle ne peut être remplacée par la formalité du visa. Elle doit être effectuée à l'atelier général à Paris. Les agents du service départemental ne sont d'ailleurs pas autorisés par les règlements à prendre charge des titres pour les transmettre à l'atelier général.

Des feuilles contenant l'empreinte des nouveaux types seront prochainement adressées aux directeurs des départements par le directeur des Domaines, chef de l'atelier général du timbre, à Paris. Les directeurs feront déposer ces feuilles aux greffes des Cours et Tribunaux, et veilleront à ce que chaque dépôt fasse l'objet d'un procès-verbal dressé sans frais selon les prescriptions de l'art. 3 du décret.

Les agents trouveront ci-après, à la suite de la copie du décret, un spécimen des

(1) V. ci-après Inst. enr. 13 août 1900.
(2) V. ci-dessus.
(3) V. M.
(4) V. ci-dessus.

types qui viennent d'être créés. Dans le timbre, le fond est en noir et les mentions sont en blanc. Le mot « Paris » est encadré : à gauche, par le quantième ; à droite, par le numéro du mois ; au-dessous, par le millésime.

Le Conseiller d'État,
Directeur général de l'Enregistrement,
du Domaine et du Timbre,

FERNAND FAURE.

10 DÉCEMBRE 1900. — *Decision de la Chambre syndicale des agents de change de Paris relative au mode de cotation de l'argent* (1).

A partir du 2 janvier 1901, le cours de l'argent en barre à 1000/1000, qui se cotait en tant pour mille de perte sur la base de 218 fr. 89 le kilogramme, se cotera en francs, c'est-à-dire que la Cote officielle exprimera en francs et centimes le prix du kilogramme d'argent fin (2).

27 DÉCEMBRE 1900. — *Délibération du Conseil municipal de Paris relative à l'agrandissement et à la location du Palais de la Bourse.*

Le Conseil,

Vu la délibération, en date du 13 avril 1900, par laquelle le Conseil municipal a :

1° Emis un avis favorable à l'agrandissement du palais de la Bourse pratiqué de plain-pied, conformément aux dernières propositions de la Compagnie des agents de change, au moyen de la construction de deux ailes latérales avec colonnade continue dans le style du monument actuel; les travaux devant être exécutés aux frais de la Compagnie des agents de change sous la surveillance et le contrôle du service d'architecture ;

2° Invité l'Administration à préparer en conséquence un projet de bail dans les conditions et sous les réserves indiquées au rapport de M. Alpy (3) et à le soumettre

(1) V. M. L. D. et arr. des 20 et 28 vendémiaire et 15 pluviôse an IV. V. aussi le régl. du 7 octobre 1890 (M. Append.).

(2) Aucune modification n'avait été apportée à ce mode de cotation depuis la loi du 7-17 germinal an XI qui l'avait établi, pas plus qu'à la base de 218 fr. 89 résultant de la valeur du kilo d'argent fin, 222 fr. 22 diminué des frais de fabrication primitifs, 3 fr. 33. L'or fin continue à se coter à tant pour mille sur le pair de 3,437 fr. le kilo. V. Append. L. et arr. des 7-17 germinal et 10 prairial an XI.

(3) EXTRAITS DE CE RAPPORT RELATIFS A L'HISTORIQUE DE LA BOURSE. — Le palais de la Bourse fut créé, en vertu d'un décret impérial du 16 mars 1808, pour y établir, avec le Tribunal de commerce, le marché public des valeurs mobilières, qui avait erré depuis près d'un siècle en divers endroits de Paris, sans avoir encore trouvé une installation définitive.

Il s'était tenu, en effet, successivement : en 1719, rue Quincampoix; le 22 mars 1720, à la place Vendôme ; le 24 septembre 1724, rue Vivienne, à l'hôtel de Nevers, aujourd'hui la Bibliothèque nationale ; le 27 juin 1793, dans l'église des Petits-Pères ; puis, dans un des

au Conseil municipal avec les plans, devis et toutes les conventions annexes qu'il y aurait lieu d'établir;

Vu le mémoire, en date du 9 juillet 1900, par lequel M. le Préfet lui soumet :

1° Un projet de bail modifié;

2° Les nouveaux plans et devis dressés par le service d'architecture et acceptés par M. le Syndic, représentant la Compagnie des agents de change;

vestibules du Palais-Royal et enfin, dans un hangar provisoirement construit sur une partie du terrain provenant de l'ancien couvent des Filles-de-Saint-Thomas-d'Aquin, qui était devenu propriété nationale, après la suppression de cet ordre religieux, en 1790.

C'est précisément à ce même endroit, à l'extrémité de la rue dénommée encore aujourd'hui rue des Filles-Saint-Thomas, que le décret de Napoléon prescrivit la construction du futur palais de la Bourse, dont Brongniart, architecte distingué, posa la première pierre, le 24 mars 1808.

— Les travaux durèrent pendant de longues années, entravés qu'ils furent par les événements politiques et surtout par le manque d'argent. Ils étaient loin d'être achevés en 1813, quand l'architecte Brongniart mourut, âgé de 84 ans. — Son œuvre fut continuée par l'architecte Labarre, qui mena à fin cette grande entreprise, en suivant fidèlement les plans de son illustre prédécesseur.

Malheureusement, de 1815 à 1818, les charges qui pesèrent sur la France ne permirent pas à l'État de donner plus de 50,000 francs par an pour la continuation des travaux. Cette faible subvention allait même cesser en 1818, lorsque le Ministre de l'Intérieur résolut de s'adresser au commerce et à la ville de Paris pour aviser aux moyens d'achever l'édifice.

A cette époque, les dépenses faites par l'État s'élevaient à la somme de 3,789,336 francs.

La Chambre de commerce, consultée sur les moyens de se procurer les fonds nécessaires, proposa une imposition extraordinaire de 15 centimes additionnels sur les patentes de 500 francs jusqu'à celles de 40 francs inclusivement. La perception de cette taxe fut décidée par une loi du 15 juillet 1820, qui en fixa la durée à huit années et stipula que le produit en serait appliqué aux dépenses restant à faire pour l'achèvement des travaux de la Bourse.

Cette taxe produisit une somme de 1,935,420 fr. 66 c.

D'autre part, les agents de change et les courtiers de commerce, qui avaient été exonérés par la loi de l'imposition établie, « à raison des cotisations volontaires qu'ils avaient offert de réaliser », fournirent, pendant sept ans, une subvention annuelle de 24,000 francs pour les agents de change et 4,000 francs pour les courtiers de commerce, ce qui donna une somme totale de 196,000 francs.

Enfin, l'Administration municipale de la ville de Paris s'engagea à payer, pendant le même laps de temps, une subvention annuelle de 100,000 francs, soit, pour sept ans, 700,000 francs.

Moyennant ces sacrifices, la construction du palais de la Bourse put être terminée le 24 novembre 1825 et l'installation officielle des services de la Bourse et du Tribunal de commerce, précédemment établi dans le cloître Saint-Merry, y fut faite le 4 novembre 1826, par le comte de Chabrol, préfet de la Seine, assisté des membres du Conseil municipal de Paris.

Si l'on récapitule les sommes d'origines diverses, employées pour la construction de ce monument, on voit que, sur le total des dépenses de 8,479,192 francs, l'État avait payé 3,789,336 francs, le commerce parisien 2,131,421 francs et la ville de Paris 2,558,435 francs.

Le Tribunal de commerce occupait la partie de l'édifice située du côté de la rue Notre-Dame-des-Victoires. Au premier étage, se trouvait sa salle d'audience, magnifique pièce abandonnée aujourd'hui aux services télégraphiques, et aux étages supérieurs les services du Greffe.

Les choses restèrent en cet état jusqu'en 1865, époque où le Tribunal de commerce prit possession du palais construit pour lui dans la Cité, en face du Palais de justice.

. . . .

Vu le procès-verbal de la séance du 28 juin 1900, dans laquelle le Conseil d'architecture a émis un avis favorable au projet comportant l'agrandissement par l'adjonction de deux ailes latérales avec colonnade continue, donnant au monument l'aspect d'une croix;

Vu le rapport présenté par M. Armand Grébauval, au nom de la 2e Commission,

Délibère :

ARTICLE PREMIER. — Sont approuvés les plans et devis susvisés; les travaux, évalués à la somme de 4 millions au minimum, seront exécutés par la Compagnie des agents de change, à ses frais et sous la surveillance et le contrôle du service d'architecture (1).

ART. 2. — Les frais dudit contrat, évalués à 1 °/₀ du montant des travaux, seront à la charge de la Compagnie des agents de change et versés par elle à la Caisse municipale.

ART. 3. — Est également approuvé le projet de bail comportant la location principale à la Compagnie des agents de change du palais de la Bourse, modifié conformément au rapport susvisé de M. Grébauval.

30 DÉCEMBRE 1900. — *Loi de finances. Amortissement de 16,500,000 francs de rente 3 °/₀ par annulation de pareille somme cédée par la Caisse des dépôts et consignations* (2).

TITRE II

Dispositions spéciales.

ART. 6. — Est annulée au grand-livre de la dette publique, à partir du 1er janvier 1901, une rente perpétuelle 3 p. 100 de seize millions cinq cent mille francs (16,500,000 francs), représentant un capital nominal de 550 millions, cédée par la Caisse des dépôts et consignations sur le portefeuille des caisses d'épargne ordinaires.

En échange de cette cession et en représentation de la somme de quatre millions cent vingt-cinq mille francs (4,125,000 francs), montant des arrérages de ladite rente au 1er janvier 1901, il sera payé à la Caisse des dépôts et consignations quarante demi-annuités semestrielles de dix-huit millions sept cent quarante-six mille deux francs quatre-vingt-onze centimes (18,746,002 fr. 91) chacune, la première venant à échéance le 30 juin 1901 et la dernière le 31 décembre 1920. Ces annuités feront l'objet d'un chapitre spécial au budget du ministère des finances.

En cas de force majeure et dans le seul but de faire face aux remboursements demandés par les caisses d'épargne (3), le directeur général de la Caisse des dépôts

(1) V. ci-dessus l'arrêté du préfet du 14 janvier 1901.

(2) Dans le projet de loi portant fixation du budget général de l'exercice 1903, le ministre des finances propose d'abroger les dispositions de l'art. 6 de la loi de finances du 30 décembre 1900. La commission de surveillance de la Caisse des dépôts et consignations consultée a déclaré adhérer à la proposition d'annuler l'opération engagée en 1900 et qui n'a été appliquée que pour les exercices 1901 et 1902.

(3) V. L. du 20 juillet 1895.

et consignations pourra, sur l'invitation de la commission de surveillance, requérir la réinscription au compte des caisses d'épargne, pour tout ou partie, de la portion de rente qui correspondra au capital restant à amortir. En ce cas, la portion d'annuité correspondant à la rente perpétuelle réinscrite sera annulée, lesdites opérations étant faites sur les mêmes bases que la cession primitive.

Les réinscriptions prévues au paragraphe précédent seront autorisées par un décret en forme de règlement d'administration publique.

31 DÉCEMBRE 1900. — *Loi autorisant la Ville de Paris à établir, en remplacement des droits d'octroi sur les boissons hygiéniques, une taxe additionnelle au droit d'enregistrement sur les cessions d'offices ministériels.*

Le Sénat et la Chambre des députés ont adopté,

Le Président de la République promulgue la loi dont la teneur suit :

ARTICLE PREMIER. — En remplacement des droits d'octroi sur les boissons hygiéniques supprimés par application de la loi du 29 décembre 1897, la Ville de Paris est autorisée à établir, à partir du 1er janvier 1901 :

8° Une taxe additionnelle au droit d'enregistrement sur les cessions d'offices ministériels ayant leur siège à Paris, sur les ventes de fonds de commerce exploités également à Paris, et sur celles des marchandises neuves dépendant de ces fonds.

ART. 10. — Les taxes additionnelles aux droits d'enregistrement prévues aux paragraphes 7 et 8 de l'article 1er sont fixées :

2° A 1,25 p. 100 pour les transmissions à titre onéreux ou gratuit de tout office ou clientèle visé par l'article 91 de la loi du 28 avril 1816 (1) et établi sur le territoire de la commune de Paris.

14 JANVIER 1901. — *Arrêté de M. le Préfet de la Seine relatif à l'agrandissement et à la location du Palais de la Bourse.*

Vu la délibération en date du 27 décembre 1900 (2) par laquelle le conseil municipal a :

1° Approuvé les plans et devis dressés par le service d'architecture et acceptés par M. le Syndic représentant la Compagnie des agents de change pour l'agrandissement du Palais de la Bourse des valeurs, lesdits travaux évalués à la somme de 4 millions au minimum devant être exécutés par la Compagnie des agents de change à ses frais et sous la surveillance du contrôle du service d'architecture;

2° Décidé que les frais dudit contrôle, évalués à 1 p. 100 du montant des travaux, seront à la charge de la Compagnie des agents de change, et versés par elle à la caisse municipale ;

(1) V. M. Cette disposition s'applique aux offices d'agent de change.
(2) V. ci-dessus.

3° Approuvé le projet de bail comportant location principale à la Compagnie des agents de change du Palais de la Bourse, modifié conformément au rapport de M. Grébauval;

Vu la loi du 18 juillet 1837;

Arrête :

ARTICLE PREMIER. — La délibération susvisée du Conseil municipal est approuvée.

ART. 2. — Ampliation du présent arrêté sera adressée :

1° A la Direction administrative des services municipaux d'architecture en triple expédition;

2° A la Direction administrative de la voie publique;

3° A la Direction des affaires municipales.

Le Préfet de la Seine,
J. DE SELVES.

25 FÉVRIER 1901. — *Loi de finances. Déclaration des valeurs dépendant d'une succession.*

ART. 3. — Pour la liquidation et le paiement des droits de mutation par décès, seront déduites les dettes à la charge du défunt, dont l'existence, au jour de l'ouverture de la succession, sera dûment justifiée par des titres susceptibles de faire preuve en justice contre le défunt (1).

ART. 15. — L'article 25 de la loi du 8 juillet 1852 (2) est modifié ainsi qu'il suit :

Le transfert ou la mutation au grand-livre de la Dette publique d'une inscription de rentes provenant de titulaires décédés ou déclarés absents ne pourra être effectué que sur la présentation d'un certificat délivré sans frais par le receveur de l'Enregistrement, constatant l'acquittement du droit de mutation par décès.

Il en sera de même pour les transferts ou conversions de titres nominatifs des sociétés, départements, communes et établissements publics.

Les sociétés ou compagnies, agents de change, changeurs, banquiers, escompteurs, officiers publics ou ministériels ou agents d'affaires qui seraient dépositaires, détenteurs ou débiteurs de titres, sommes ou valeurs dépendant d'une succession qu'ils sauraient ouverte devront adresser, soit avant le paiement, la remise ou le transfert, soit dans la quinzaine qui suivra ces opérations, au directeur de l'Enregistrement du département de leur résidence, la liste de ces titres, sommes ou valeurs. Il en sera donné récépissé.

Ces listes seront établies sur des formules imprimées, délivrées sans frais par l'administration de l'Enregistrement.

Les Compagnies françaises d'assurances sur la vie et les succursales établies en France des Compagnies étrangères ne pourront se libérer des sommes, rentes ou

(1) Jusque-là les dettes n'étaient pas déduites. Dorénavant les droits ne seront plus perçus que sur l'actif réel sous réserve des justifications prescrites par la loi.

(2) V. M.

émoluments quelconques dus par elles à raison du décès de l'assuré à des bénéficiaires autres que le conjoint survivant ou les successibles en ligne directe, si ce n'est sur la présentation d'un certificat délivré sans frais par le receveur d'Enregistrement, dans la forme indiquée au premier alinéa du présent article, et constatant soit l'acquittement, soit la non-exigibilité de l'impôt de mutation par décès, à moins qu'elles ne préfèrent retenir, pour la garantie du Trésor, et conserver jusqu'à la présentation du certificat du receveur, une somme égale au montant de l'impôt calculé sur les sommes, rentes ou émoluments par elle dus.

L'article 6 de la loi du 21 juin 1875 n'est pas applicable lorsque l'assurance a été contractée à l'étranger, et que l'assuré n'avait en France, à l'époque de son décès, ni domicile de fait, ni domicile de droit.

Quiconque aura contrevenu aux dispositions du présent article sera personnellement tenu des droits et pénalités exigibles, sauf recours contre le redevable, et passible, en outre, d'une amende de 500 francs en principal.

25 Février 1901. — *Loi de finances. Taxe sur les lots élevée à 8 p. 100* (1).

Art. 20. — La taxe établie par l'article 5 de la loi du 21 juin 1875 sur les lots payés aux créanciers et aux porteurs d'obligations, effets publics et tous autres titres d'emprunt, est fixée à huit pour cent (8 p. 100).

Il n'est pas innové en ce qui concerne les droits applicables aux primes de remboursement.

. . . .

13 Avril 1901. — *Ordonnance de police portant fermeture de la Bourse des valeurs, à deux heures, les samedis, 4, 11, 18, 25 mai; 1er, 8, 22, 29 juin; 6, 13, 20, 27 juillet; 3, 10, 17, 24 août; 7, 14, 21 et 28 septembre 1901.*

Nous, Préfet de police,

Vu : 1° Les arrêtés du 12 messidor an VIII, du 29 germinal an IX et du 27 prairial an X;

2° L'ordonnance de police du 29 mars 1862, modifiée par celle du 18 mai 1892;

3° L'ordonnance de police du 14 mai 1900 (2);

4° La dépêche de M. le Président du Conseil, ministre de l'intérieur et des cultes, en date du 11 avril 1901;

Ordonnons ce qui suit :

Article premier. — La Bourse des valeurs sera fermée à deux heures, les

(1) La taxe établie sur les lots par la loi du 21 juin 1875 était de 3 p. 100. Elle avait été élevée à 4 p. 100 par la loi du 26 décembre 1890. V. ces lois au Manuel.

(2) V. ci-dessus ladite ordonnance.

samedis 4, 11, 18, 25 mai; 1er, 8, 22, 29 juin; 6, 13, 20, 27 juillet; 3, 10, 17, 24 août; 7, 14, 21 et 28 septembre 1901.

ART. 2. — La présente ordonnance sera publiée et affichée.

Le commissaire de la Bourse, le directeur de la police municipale, et les agents sous leurs ordres sont chargés, chacun en ce qui le concerne, d'en assurer l'exécution.

Le Préfet de police,
LÉPINE.

12 JUILLET 1901. — *Décret modifiant le décret du 29 juin 1898 : Rétablissement du minimum du courtage sur les petites valeurs à terme.*

LE PRÉSIDENT DE LA RÉPUBLIQUE FRANÇAISE,

Sur le rapport du ministre des finances,

Vu la proposition, en date du 13 février 1901, de la Chambre syndicale des agents de change près la Bourse de Paris;

Vu les avis du Tribunal de commerce de la Seine et de la Chambre de commerce de Paris;

Vu la loi du 13 avril 1898 (1);

Vu l'article 38 du décret du 7 octobre 1890 (2);

Vu le décret du 29 juin 1898 (3);

Le Conseil d'Etat entendu,

Décrète :

ARTICLE PREMIER. — Le tarif maximum du courtage qui peut être perçu par les agents de change près la Bourse de Paris est fixé conformément au tableau ci-après :

NATURE DES NÉGOCIATIONS	TARIF MAXIMUM DU COURTAGE
NÉGOCIATIONS EFFECTUÉES	
En vertu de pièces contentieuses...	0 fr. 25 p. 100 de la valeur négociée.
AUTRES NÉGOCIATIONS	
Opérations au comptant.	
Négociations dont le montant total est inférieur à 500 francs........	0 fr. 50.
Dans tous les autres cas...........	0 fr. 10 p. 100 du montant de la négociation.

(1) V. cette loi ci-dessus.
(2) V. M. appendice.
(3) V. ci-dessus.

NATURE DES NÉGOCIATIONS	TARIF MAXIMUM DU COURTAGE
Opérations à terme.	
Rente française..................	0 fr. 025 par 3 francs de rente 3 p. 100 perpétuelle ou amortissable et par 3 fr. 50 de rente 3 1/2 p. 100.
Rentes étrangères se négociant en capital ou en rente, lorsque le cours est inférieur à 50 francs ...	0 fr. 05 p. 100 du capital nominal.
Actions et obligations lorsque le cours est inférieur à 250 francs..	0 fr. 25 par action ou obligation.
Actions et obligations lorsque le cours est compris entre 250 francs et 500 francs...................	0 fr. 50 par action ou obligation.
Toutes autres valeurs.............	0 fr. 10 p. 100 du montant de la négociation.
Reports.	
Rente française..................	0 fr. 025 par 3 francs de rente 3 p. 100 perpétuelle ou amortissable et par 3 fr. 50 de rente 3 1/2 p. 100.
Autres valeurs..................	1 fr. 25 p. 100 l'an du montant de la valeur reportée calculée d'après le cours de compensation.

Pour les valeurs non entièrement libérées, les maxima indiqués ci-dessus sont réduits proportionnellement à la partie non versée.

Lorsque deux opérations en sens contraire ont été effectuées en vertu du même ordre et dans la même bourse, les maxima ci-dessus ne sont calculés que sur l'opération donnant lieu au courtage le plus élevé.

Le règlement de courtage établi par la Chambre syndicale, en vertu de l'article 38 du décret du 7 octobre 1890, détermine les cas et conditions d'application de la disposition qui précède aux ordres émanant des personnes visées à l'article 14 de la loi du 13 avril 1898 (1).

ART. 2. — Le décret du 29 juin 1898 est abrogé.

ART. 3. — Le ministre des finances est chargé de l'exécution du présent décret, qui sera publié au *Journal officiel* et inséré au *Bulletin des lois*.

6 DÉCEMBRE 1901. — *Loi ayant pour objet une émission de rentes 3 p. 100 perpétuelles et la régularisation des dépenses de l'expédition de Chine* (2).

Le Sénat et la Chambre des députés ont adopté,

Le Président de la République promulgue la loi dont la teneur suit :

ARTICLE PREMIER. — En vue du règlement des dépenses de l'expédition de Chine,

(1) V. ci-dessus.

(2) Le montant total des souscriptions pour l'emprunt de 265 millions s'est élevé à 196,539,900 francs de rente, c'est-à-dire que l'emprunt a été couvert vingt-quatre fois et trois

le ministre des finances est autorisé à émettre, au mieux des intérêts du Trésor, et à inscrire au grand-livre de la dette publique la somme de rente 3 p. 100 nécessaire pour produire un capital effectif de deux cent soixante-cinq millions de francs (265,000,000 francs).

Dans cette somme seront compris les dépenses matérielles et les frais quelconques de l'opération, lesquels ne pourront excéder un capital de deux millions de francs (2,000,000 francs).

Les conditions de l'émission de rente 3 p. 100 autorisée par le présent article seront fixées par décret (1).

Un état détaillé des dépenses dudit emprunt : remises diverses, commissions de banque, frais de publicité, avec les noms des parties prenantes, sera dressé et publié au *Journal officiel* dans le délai de trois mois.

Art. 2. — La loi du 1er juillet 1901 concernant les dépenses de l'expédition de Chine est modifiée comme suit :

Sur le produit de l'emprunt autorisé par l'article 1er de la présente loi, il sera prélevé :

1° Le capital nécessaire au paiement des indemnités, secours et pensions que la commission prévue à l'article 3 de la présente loi attribuera aux militaires et marins victimes de l'expédition de Chine et, en cas de mort, à leurs ascendants et descendants;

2° Au titre de chacun des exercices 1900 et suivants, lors du règlement de chacun de ces exercices, une somme égale au montant des dépenses acquittées pendant chacun de ces exercices sur les crédits spéciaux ouverts ou à ouvrir par suite des événements de Chine;

3° Une somme égale au montant des indemnités qui seront allouées, par la commission prévue à l'article 3 ci-après, aux victimes de ces mêmes événements.

Ladite somme sera, après la clôture des opérations de la commission, versée à la Caisse des dépôts et consignations pour être mise par cet établissement à la disposition des ayants-droit dans les conditions fixées par ladite commission.

Art. 3. — Toutes les indemnités qui seront réclamées par des victimes des événements de Chine seront fixées par une commission nommée par décret rendu en conseil des ministres et ainsi composée :

Deux membres du Sénat;

Deux membres de la Chambre des députés;

Trois membres du Conseil d'État;

Deux membres de la cour des comptes;

Deux représentants du ministère des affaires étrangères;

Deux représentants du ministère des finances.

quarts; le nombre des souscripteurs a été de 100,357. La réduction proportionnelle s'est trouvée fixée pour chacun des souscripteurs de 3,919 p. 100 de sa souscription. Toutefois, il a été alloué 3 francs de rente aux souscriptions réduites à moins de 3 francs par l'application du coefficient de réduction.

Le montant des rentes à inscrire au grand-livre de la Dette publique du fait de cet emprunt s'élevait à la somme de 7,950,000 francs.

(1) V. ci-dessous le décret et l'arrêté ministériel relatifs à cette émission.

Ladite commission fixera les justifications à produire pour constater que les sommes attribuées ont reçu l'affectation indiquée dans ses décisions.

Elle déterminera le montant des retenues à opérer jusqu'à ce que ces justifications aient été fournies.

Art. 4. — Le ministre des finances rendra compte des opérations effectuées en exécution de la présente loi au moyen d'un rapport adressé au Président de la République et distribué au Sénat et à la Chambre des députés.

La présente loi, délibérée et adoptée par le Sénat et par la Chambre des députés, sera exécutée comme loi de l'État.

8 Décembre 1901. — *Décret et arrêté autorisant le ministre des finances à aliéner la somme de rentes 3 p. 100 perpétuelles nécessaire pour réaliser un emprunt de 265 millions et fixant la date de la souscription et le taux de l'émission de cet emprunt.*

Le Président de la République française,

Vu la loi du 6 décembre 1901 (1),

Sur le rapport du ministre des finances,

Décrète :

Art. 1er. — Le ministre des finances est autorisé à procéder, par voie de souscription publique, à l'aliénation de la somme de rentes 3 p. 100 perpétuelles nécessaire pour réaliser, en exécution de l'article 1er de la loi du 6 décembre 1901, un capital de 265 millions.

Art. 2. — Lesdites rentes 3 p. 100 seront émises au taux de cent francs par trois francs (3 fr.) de rente.

Art. 3. — Le ministre des finances est chargé de l'exécution du présent décret, qui sera publié au *Journal officiel* et inséré au *Bulletin des lois*.

Le ministre des finances,

Vu le décret du Président de la République en date de ce jour,

Arrête ce qui suit :

Art. 1er. — Une souscription publique sera ouverte le 21 décembre 1901 au matin et close le soir même, pour la réalisation d'une somme de 265 millions de francs en rentes 3 p. 100 perpétuelles.

Il ne sera admis aucune liste de souscriptions.

Art. 2. — Les souscriptions seront reçues :

1° A Paris et dans le département de la Seine :

A la caisse centrale du Trésor, rue de Rivoli ;

A la Caisse des dépôts et consignations, rue de Lille, n° 60 ;

(1) V. cette loi ci-dessus.

A la Banque de France, rue des Petits-Champs, et à ses succursales et bureaux auxiliaires de la banlieue ;

A la Banque de l'Algérie, boulevard Saint-Germain, 217.

A la recette centrale de la Seine, place Vendôme, 16 ;

A la caisse des receveurs-percepteurs de Paris ;

A la caisse des percepteurs des arrondissements de Saint-Denis et de Sceaux qui auront été désignés par le ministre des finances ;

A la recette municipale de la ville de Paris (à l'Hôtel de Ville) ; aux mairies des vingt arrondissements de Paris ;

2° Dans les autres départements :

A la caisse des trésoriers-payeurs généraux et des receveurs particuliers des finances ;

A la caisse des percepteurs qui auront été désignés par le ministre des finances ;

Aux succursales et bureaux auxiliaires de la Banque de France ;

3° En Algérie :

A la caisse des trésoriers-payeurs ;

A la caisse des payeurs particuliers qui auront été désignés par le ministre des finances ;

Aux succursales de la Banque de l'Algérie ;

4° A Tunis : à la caisse de l'agent comptable du Trésor français.

Les bureaux destinés à recevoir les souscriptions seront ouverts de neuf heures du matin à quatre heures du soir, sans interruption.

Art. 3. — Les rentes seront émises au prix de 100 fr. par 3 fr. de rente. Jusqu'à la libération complète, les versements porteront intérêt dans les conditions déterminées par l'article 9 ci-après.

Art. 4. — Il ne sera pas admis de souscription inférieure à 3 fr. de rente.

Au-dessus de cette somme, les souscriptions seront reçues pour 10 fr. de rente et les multiples de 10 fr.

Toutefois, les souscriptions supérieures à 1,500 fr. de rente ne seront reçues que pour les multiples de 100 fr. de rente.

Les souscriptions devront être faites sans condition et le ministre des finances restera seul juge de leur validité.

Art. 5. — Les souscripteurs seront tenus de garantir leur souscription par le versement immédiat d'une somme de 15 fr. par 3 fr. de rente, effectué en numéraire ou en billets de la Banque de France ou, en Algérie, en billets de la Banque de l'Algérie.

Art. 6. — Ce versement en numéraire pourra être provisoirement remplacé par le dépôt d'obligations à court terme ou de bons du Trésor, qui seront reçus en garantie pour leur valeur en capital, sans tenir compte des intérêts courus.

Les valeurs au porteur et les valeurs nominatives dont les titulaires ont la libre disposition seront seules admises ; le dépôt devra être accompagné d'une déclaration affectant les titres présentés à la garantie de la souscription.

Le dépôt des valeurs reçues en garantie pourra être effectué :

A la caisse centrale du Trésor, à Paris ; à la caisse des trésoriers-payeurs généraux dans les départements ; à la caisse des trésoriers-payeurs de l'Algérie, le 19 décembre, de neuf heures du matin à quatre heures du soir.

Il sera délivré aux déposants une reconnaissance de dépôt au porteur visée : à

Paris et dans le département de la Seine, par un délégué du contrôleur central du Trésor public; dans les autres départements et en Algérie, par un délégué de la préfecture ou de la sous-préfecture; à Tunis, par un délégué de la résidence générale.

Les souscriptions garanties par un dépôt préalable de titres, comme il vient d'être dit, ne seront admises qu'à la caisse à laquelle aura été effectué le dépôt et au vu de la reconnaissance ci-dessus mentionnée.

Elles seront constatées au moyen d'un certificat de souscription également visé au contrôle.

ART. 7. — Les souscriptions accompagnées d'un versement en numéraire seront constatées au moyen de la délivrance d'un récépissé au porteur, visé au contrôle.

ART. 8. — Le versement du prix des rentes attribuées sera effectué comme il suit :

Le jour de la souscription (1er terme)	15 fr.
A la répartition (2e terme)	24 fr.
Le 16 février 1902 (3e terme)	30 fr.
Le 16 mai 1902 (4e terme)	31 fr.
Total	100 fr.

ART. 9. — Les intérêts courus sur les versements effectués avant la libération complète des titres seront déduits des versements successivement exigibles.

Le montant desdits intérêts est fixé ainsi qu'il suit par 3 fr. de rente :

Au 16 février 1902	0.25
Au 16 mai 1902	0.50
Total	0.75

ART. 10. — Le versement de la somme exigible à la répartition sera effectué au moment de l'échange du récépissé de souscription contre un certificat provisoire de rente 3 p. 100; il devra avoir lieu dans un délai de quinze jours à compter de la date fixée pour cet échange.

Le versement des termes exigibles les 16 février et 16 mai 1902 pourra être effectué dans un délai de quinze jours, soit au plus tard les 2 mars et 30 mai 1902.

Le paiement de chacun des termes exigibles ne pourra être effectué qu'en un seul versement. Ce versement sera constaté sur le certificat provisoire par une mention signée du receveur des finances et visée au contrôle. En cas de retard, le débiteur sera passible de plein droit d'intérêts envers le Trésor, à raison de 4 p. 100 l'an, à courir de l'échéance effective de chacun des termes, c'est-à-dire, en ce qui concerne le terme dû à la répartition, à compter de la date fixée pour l'échange des récépissés provisoires et, pour les autres termes, à compter des 16 février et 16 mai inclusivement.

En outre, le ministre pourra déclarer le porteur déchu de ses droits et faire effectuer, sans mise en demeure préalable, la vente des rentes représentées par le certificat pour couvrir le Trésor des sommes qui lui seraient dues.

ART. 11. — Si le montant des souscriptions dépasse la somme de rente à aliéner, toutes les souscriptions, quel qu'en soit le chiffre, seront soumises à une réduction proportionnelle.

Toutefois, le ministre des finances se réserve le droit de statuer en ce qui concerne les souscriptions qui se trouveraient réduites à 3 fr. de rente ou au-dessous.

Au-dessus de cette somme, il ne sera attribué en rente que 5 fr. ou des multiples de 5 fr.; il ne sera pas tenu compte des fractions qui donneraient droit à moins de 2 fr. 50 de rente; les fractions de 2 fr. 50 et au-dessus seront comptées pour 5 fr. de rente.

Un avis inséré au *Journal officiel* fera connaître le résultat de la souscription et le taux de la réduction s'il y a lieu (1).

ART. 12. — A partir du jour qui sera indiqué par un avis inséré au *Journal officiel*, les récépissés de souscription seront échangés contre des certificats provisoires de rente 3 p. 100. Ces certificats seront au porteur et munis de talons de versement. Les excédents de versements seront remboursés aux souscripteurs sous déduction du terme exigible à la répartition.

Toutefois, pour les souscripteurs de 1,500 fr. de rente et au-dessus, un remboursement partiel pourra être autorisé avant la délivrance du certificat provisoire.

ART. 13. — Les valeurs reçues en garantie de souscriptions seront restituées à la date fixée pour la liquidation des souscriptions et contre versement de la somme de 39 fr. par 3 fr. de rente attribuée.

A défaut de ce versement dans le délai de quinze jours qui suivra la date fixée pour l'échange des récépissés provisoires, les intérêts à 4 p. 100 comptés du 21 décembre 1901 sur la somme de 15 fr. pour 3 fr. de rente et du jour fixé pour l'échange des récépissés sur la somme de 24 fr. courront de plein droit et sans mise en demeure en faveur du Trésor.

ART. 14. — Les souscripteurs auront, au cours de la période fixée pour la répartition, la faculté de verser par anticipation, sous déduction d'un escompte calculé au taux de 3 p. 100, les termes échéant les 16 février et 16 mai 1902; dans ce cas, ils recevront un titre portant jouissance du 1er janvier 1902.

Le ministre des finances se réserve, en outre, la faculté d'autoriser, en dehors de la période de répartition, le versement anticipé des termes aux 16 février et 16 mai 1902.

ART. 15. — Aussitôt après leur libération intégrale, les certificats provisoires seront échangés, au choix des parties, contre des inscriptions de rentes nominatives, mixtes ou au porteur.

Ces inscriptions porteront jouissance courante.

8 FÉVRIER 1902. — *Loi modifiant la loi du 15 juin 1872 relative aux oppositions sur les titres au porteur* (2).

ARTICLE PREMIER. — Le propriétaire de titres au porteur, qui en est dépossédé par quelque événement que ce soit, peut se faire restituer contre cette perte dans la mesure et sous les conditions déterminées dans la présente loi.

ART. 2. — Le propriétaire dépossédé fera notifier par huissier, au Syndicat des

(1) V. note 1 sous la loi du 6 décembre 1901.
(2) V. M. L. du 15 juin 1872 et D. du 10 avril 1873.

agents de change de Paris, un acte d'opposition indiquant le nombre, la nature, la valeur nominale, le numéro et, s'il y a lieu, la série des titres, avec réquisition, sous la condition de paiement du coût, de publier, dans la forme qui sera ci-après déterminée, les numéros des titres dont il a été dépossédé.

Il devra aussi, autant que possible, énoncer :

1° L'époque et le lieu où il est devenu propriétaire, ainsi que le mode de son acquisition;

2° L'époque et le lieu où il a reçu les derniers intérêts ou dividendes;

3° Les circonstances qui ont accompagné sa dépossession.

Cet acte contiendra une élection de domicile à Paris (1).

Notification sera également faite par huissier, au nom du propriétaire dépossédé, à l'Établissement débiteur.

L'acte contiendra les indications ci-dessus requises pour l'exploit notifié au Syndicat des agents de change, et, de plus, à peine de nullité, une copie certifiée par l'huissier instrumentaire de la quittance délivrée par le Syndicat, du coût de la publication prévue par l'article 11 ci-après. Cette quittance, soumise au seul droit de timbre de dix centimes (0 fr. 10), s'il y échet, sera dispensée d'enregistrement. Il sera fait dans l'acte élection de domicile dans la commune du siège de l'Etablissement débiteur (2).

La notification ainsi faite emportera opposition au paiement tant du capital que des intérêts ou dividendes échus ou à échoir, jusqu'à ce que mainlevée en ait été donnée par l'opposant ou ordonnée par justice, ou jusqu'à ce que déclaration ait été faite, par le Syndicat des agents de change, à l'Établissement débiteur, de la radiation de l'opposition.

S'il s'agit de coupons détachés du titre, il n'y aura pas lieu à la notification au Syndicat des agents de change, ni à l'insertion au Bulletin quotidien. Le porteur dépossédé ne sera tenu que de l'opposition à l'Établissement débiteur.

Art. 3. — Lorsqu'il se sera écoulé une année depuis l'opposition sans qu'elle ait été formellement contredite par un tiers se prétendant propriétaire du titre frappé d'opposition, et que, dans cet intervalle, deux termes au moins d'intérêts ou de dividendes auront été mis en distribution, l'opposant pourra se pourvoir auprès du président du tribunal civil du lieu de son domicile, ou, s'il habite hors de France, auprès du président du tribunal civil du siège de l'Établissement débiteur, afin d'obtenir l'autorisation de toucher les intérêts ou dividendes échus ou même le capital des titres frappés d'opposition, dans le cas où ledit capital serait ou deviendrait exigible.

Le même droit appartiendra au porteur dépossédé de titres ne donnant pas droit à des intérêts ou dividendes, ou à l'égard desquels il y a eu cessation des distribu-

(1) Cette élection de domicile, à Paris, n'était pas exigée par la loi de 1872.

(2) Cette disposition et celles contenues dans les art. 3, 13, 17 et 18 de la présente loi sont les innovations les plus considérables apportées à la loi du 15 juin 1872.

En résumé, les dispositions nouvelles ont pour effet :

1° D'établir une relation étroite entre les oppositions mises au Syndicat et celles notifiées aux établissements débiteurs, en subordonnant notamment les deuxièmes aux premières.

2° De fixer définitivement la date à partir de laquelle l'opposition devient tardive.

3° D'accélérer et de simplifier la procédure de mainlevée.

tions périodiques. Mais, en ce cas, il ne pourra être exercé que lorsqu'il se sera écoulé trois ans depuis l'opposition sans qu'elle ait été contredite dans les termes indiqués ci-dessus.

Art. 4. — Si le président accorde l'autorisation, l'opposant devra, pour toucher les intérêts ou dividendes, fournir une caution solvable dont l'engagement s'étendra au montant des annuités exigibles, et, de plus, à une valeur double de la dernière annuité échue.

Après deux ans écoulés depuis l'autorisation, sans que l'opposition ait été contredite dans les termes de l'article 3, la caution sera de plein droit déchargée.

Si l'opposant ne veut ou ne peut fournir la caution requise, il pourra, sur le vu de l'autorisation, exiger de la Compagnie le dépôt à la Caisse des Dépôts et Consignations des intérêts ou dividendes échus ou de ceux à échoir, au fur et à mesure de leur exigibilité.

Après deux ans écoulés depuis l'autorisation sans que l'opposition ait été contredite dans les termes de l'article 3, l'opposant pourra retirer de la Caisse des Dépôts et Consignations les sommes déposées, et percevoir librement les intérêts ou dividendes à échoir, au fur et à mesure de leur exigibilité.

Art. 5. — Si le capital des titres frappés d'opposition est devenu exigible, l'opposant qui aura obtenu l'autorisation ci-dessus pourra en toucher le montant à charge de fournir caution. Il pourra, s'il le préfère, exiger de la Compagnie que le montant dudit capital soit déposé à la Caisse des Dépôts et Consignations.

Lorsqu'il se sera écoulé dix ans depuis l'époque de l'exigibilité et cinq ans au moins à partir de l'autorisation sans que l'opposition ait été contredite dans les termes de l'article 3, la caution sera déchargée, et, s'il y a eu dépôt, l'opposant pourra retirer de la Caisse des Dépôts et Consignations les sommes en faisant l'objet.

Art. 6. — La solvabilité de la caution à fournir, en vertu des dispositions des articles précédents sera appréciée comme en matière commerciale. S'il s'élève des difficultés, il sera statué en référé par le président du tribunal du domicile de l'Établissement débiteur.

Il sera loisible à l'opposant de fournir un nantissement aux lieu et place d'une caution. Ce nantissement pourra être constitué en titres de rentes sur l'État. Il sera restitué à l'expiration des délais fixés pour la libération de la caution.

Art. 7. — En cas de refus de l'autorisation dont il est parlé en l'article 3, l'opposant pourra saisir, par voie de requête, le tribunal civil de son domicile, ou, s'il habite hors de France, le tribunal civil du siège de l'Établissement débiteur, lequel statuera après avoir entendu le ministère public. Le jugement obtenu dudit tribunal produira les effets attachés à l'ordonnance d'autorisation.

Art. 8. — Quand il s'agira de coupons au porteur détachés du titre, si l'opposition n'a pas été contredite, l'opposant pourra, après trois années à compter de l'échéance et de l'opposition, réclamer le montant desdits coupons de l'Établissement débiteur, sans être tenu de se pourvoir d'autorisation.

Art. 9. — Les paiements faits à l'opposant, suivant les règles ci-dessus posées, libèrent l'Établissement débiteur envers tout tiers porteur qui se présenterait ultérieurement. Le tiers porteur au préjudice duquel lesdits paiements auraient été faits conserve seulement une action personnelle contre l'opposant qui aurait formé son opposition sans cause.

Art. 10. — Si, avant que la libération de l'Établissement débiteur ne soit accomplie, il se présente un tiers porteur des titres frappés d'opposition, ledit Etablissement doit provisoirement retenir ces titres contre un récépissé remis au tiers porteur; il doit, de plus, avertir l'opposant, par lettre chargée, de la présentation du titre en lui faisant connaître le nom et l'adresse du tiers porteur. Les effets de l'opposition restent alors suspendus jusqu'à ce que la justice ait prononcé entre l'opposant et le tiers porteur.

ART. 11. — Sur le vu de l'exploit mentionné en l'article 2 et de la réquisition y contenue, le Syndicat des agents de change de Paris sera tenu de publier les numéros des titres dont la dépossession lui est notifiée.

Cette publication, qui aura pour effet de prévenir la négociation ou la transmission desdits titres, sera faite le surlendemain, au plus tard (1), par les soins et sous la responsabilité du Syndicat des agents de change de Paris, dans un Bulletin quotidien, établi et publié dans les formes et sous les conditions déterminées par un règlement d'administration publique.

Le même règlement fixera le coût de la rétribution annuelle due par l'opposant pour frais de publicité. Cette rétribution annuelle sera payée d'avance à la caisse du Syndicat, faute de quoi la dénonciation de l'opposition ne sera pas reçue ou la publication ne sera pas continuée à l'expiration de l'année pour laquelle la rétribution aura été payée.

Un mois après l'échéance de la publication non renouvelée, le Syndicat fera parvenir à l'Etablissement débiteur la liste des titres qui n'auront pas été maintenus au *Bulletin des Oppositions*; avis lui sera donné (2), en même temps, que cette notification lui tient lieu de mainlevée pour tous paiements de coupons, remboursement de capital, conversions, transferts, etc., et lui donne pleine et entière décharge, à condition que les numéros signalés comme rayés du Bulletin concordent bien avec ceux inscrits sur les registres de la Compagnie comme frappés d'opposition.

ART. 12. — Toute négociation ou transmission postérieure au jour où le Bulletin est parvenu ou aurait pu parvenir, par la voie de la poste, dans le lieu où elle a été faite, sera sans effet vis-à-vis de l'opposant, sauf le recours du tiers porteur contre son vendeur et contre l'agent de change par l'intermédiaire duquel la négociation aura eu lieu. Le tiers porteur pourra également, au cas prévu par le présent article, contester l'opposition faite irrégulièrement ou sans droit.

Sauf le cas où la mauvaise foi serait démontrée, les agents de change ne seront responsables des négociations faites par leur entremise qu'autant que les oppositions leur auront été signifiées personnellement ou qu'elles auront été publiées dans le Bulletin par les soins du Syndicat.

ART. 13. — Les agents de change doivent inscrire sur leurs livres les numéros des titres qu'ils achètent ou qu'ils vendent (3).

Ils mentionneront sur les bordereaux d'achat les numéros livrés. Un règlement d'administration publique déterminera le taux de la rémunération qui sera allouée à l'agent de change pour cette inscription des numéros.

La négociation qui rend sans effet toute publication postérieure de l'opposition sera réputée accomplie dès le moment où aura été opérée sur les livres des agents

(1) La loi de 1872 portait : *un jour franc au plus tard*. En fait, il n'y a aucun changement.
(2) V. pour les formes et les conditions de cet avis le décret du 8 mai 1902, art. 1er.
(3) V. pour les prescriptions relatives à ces livres le décret du 8 mai 1902, art. 2.

de change l'inscription des numéros des titres vendus pour compte du donneur d'ordre et livrés par lui.

Si la publication, bien que postérieure à cette inscription, survient avant la livraison ou l'attribution au donneur d'ordre, ou à l'agent de change acheteur, l'opposant pourra, sur la demande de mainlevée formulée par l'agent de change ou par tout autre ayant-droit, réclamer les titres contre remboursement du prix, par application de l'article 2280 du Code civil.

ART. 14. — A l'égard des négociations ou transmissions de titres antérieures à la publication de l'opposition, il n'est pas dérogé aux dispositions des articles 2279 et 2280 du Code civil.

ART. 15. — Lorsqu'il se sera écoulé dix ans depuis l'autorisation obtenue par l'opposant, conformément à l'article 3, et que, pendant ce laps de temps, l'opposition aura été publiée sans être contredite dans les termes dudit article, l'opposant pourra exiger de l'Établissement débiteur qu'il lui soit remis un titre semblable et subrogé au premier. Ce titre devra porter le même numéro que le titre originaire, avec la mention qu'il est délivré par duplicata.

Le titre délivré en duplicata confèrera les mêmes droits que le titre primitif et sera négociable dans les mêmes conditions.

Dans le cas du présent article, le titre primitif sera frappé de déchéance, et le tiers qui le représentera après la remise du nouveau titre à l'opposant n'aura qu'une action personnelle contre celui-ci au cas où l'opposition aurait été faite sans droit.

L'opposant qui réclamera de l'Établissement un duplicata paiera les frais qu'il occasionnera.

Il devra, de plus, payer à l'avance la publication faite au Bulletin, à la rubrique des titres frappés de déchéance, pour le nombre d'années représenté par la feuille des coupons attachés au titre, sans que cette publication puisse, en aucun cas, être limitée à une durée inférieure à dix ans.

Un règlement d'administration publique fixera le coût de la somme à payer au Syndicat pour la publication supplémentaire au delà de dix ans (1).

Pour les titres qui ne portent aucun coupon, l'opposant devra verser au Syndicat, à l'avance, le prix de la publication pendant dix ans à la rubrique des titres frappés de déchéance.

ART. 16. — Les dispositions de la présente loi sont applicables aux titres au porteur émis par les départements, les communes et les Établissements publics, mais elles ne sont pas applicables aux billets de la Banque de France, ni aux billets de même nature émis par des Établissements légalement autorisés, ni aux Rentes et autres titres au porteur émis par l'État, lesquels continueront à être régis par les lois, décrets et règlements en vigueur.

Toutefois, les cautionnements exigés par l'administration des finances pour la délivrance des duplicata de titres perdus, volés ou détruits, seront restitués si, dans les vingt ans qui auront suivi, il n'a été formé aucune demande de la part des tiers porteurs, soit pour les arrérages, soit pour le capital. Le Trésor sera définitivement libéré envers le porteur des titres primitifs, sauf l'action personnelle de celui-ci contre la personne qui aura obtenu le duplicata.

(1) V. ci-dessous ce règlement, en date du 8 mai 1902, fixant le coût de la publication à 0.25 c. par numéro et par an.

ART. 17. — Le porteur d'un titre frappé d'opposition peut poursuivre la mainlevée de cette opposition de la manière suivante (1) :

Il fera sommation à l'opposant d'avoir à introduire, dans le mois, une demande en revendication, qui sera portée devant le tribunal civil du domicile du porteur actuel du titre.

Cette sommation sera signifiée au domicile de l'opposant et, si celui-ci n'a pas de domicile connu en France, au domicile élu dans l'opposition notifiée au Syndicat des agents de change de Paris.

Elle indiquera, autant que possible, l'origine et la cause de la détention du titre, ainsi que la date à partir de laquelle le porteur est à même d'en justifier ; en cas d'acquisition par achat, elle indiquera le montant du prix d'achat et contiendra aussi copie d'un certificat délivré par le Syndicat des agents de change, mentionnant la date à laquelle les titres ont paru pour la première fois au Bulletin, ledit certificat non soumis au droit d'enregistrement.

Si la sommation est faite à la requête d'un agent de change dans les conditions prévues au paragraphe 4 de l'article 13, elle devra contenir un extrait certifié conforme des livres de l'agent de change constatant l'inscription des numéros des titres sur ses livres avant leur publication au Bulletin.

Cette sommation contiendra, en outre, assignation à l'opposant à comparaître, dans un délai qui ne pourra pas être moindre d'un mois, à l'audience des référés, devant le président du tribunal du domicile du porteur, pour y entendre, dans les cas qui vont être ci-après spécifiés, prononcer la mainlevée de l'opposition.

ART. 18. — Si au jour de l'audience fixée par l'assignation pour la comparution en référé, l'opposant ne justifie pas avoir introduit une demande en revendication, le juge des référés devra prononcer la mainlevée immédiate.

Il en sera de même, quoique l'opposant ait introduit sa demande en revendication, si le porteur justifie par un bordereau d'agent de change ou par d'autres actes probants et non suspects, antérieurs à l'opposition, qu'il est propriétaire des valeurs revendiquées depuis une date antérieure à celle de la publication de l'opposition, et si l'opposant n'offre pas le remboursement du prix d'achat dans les conditions prévues par l'article 2280 du Code civil.

Le juge des référés pourra prononcer la mainlevée, même en dehors de toute justification de propriété de la part du porteur, si l'opposant n'allègue à l'appui de sa demande en revendication aucun fait, ou ne produit aucune pièce de nature à rendre vraisemblable le bien fondé de sa prétention.

Dans tous les cas où la mainlevée sera prononcée, le juge des référés aura le droit de statuer sur les dépens.

Sur la signification de l'ordonnance à l'Établissement débiteur et au Syndicat accompagnée d'un certificat de non-appel, délivré conformément aux dispositions de l'article 548 du Code de procédure civile, l'Établissement débiteur et le Syndicat devront considérer l'opposition comme nulle et non avenue.

Ils seront quittes et déchargés, sans pouvoir exiger d'autres pièces ou justifications.

(1) Les art. 17 et 18 instituent une procédure beaucoup plus rapide que celle imposée par la loi du 15 juin 1872.

Art. 19. — Un décret en forme de règlement d'administration publique déterminera :

1° Les formes et les conditions de l'avis à donner en vertu du dernier paragraphe de l'article 11 ;

2° Les formes et les conditions dans lesquelles seront tenus les livres visés par l'article 13 et destinés à l'inscription des titres vendus et livrés par les donneurs d'ordre, ainsi que le contrôle auquel ils seront soumis (1).

8 Mars 1902. — *Lettre du directeur général de l'Enregistrement et du Timbre. Solution de l'Enregistrement. Fonds étrangers négociés à l'étranger. Application du timbre en cas de reçus ou de décharges établis en France* (2).

Monsieur le Syndic,

Une solution de l'Administration, en date du 11 mars 1896 (3), a reconnu que si la négociation de titres étrangers sur une place étrangère ne donne pas ouverture à l'impôt du timbre sur ces titres, cet impôt devient exigible lorsque les titres, objet de cette négociation, sont relatés dans la décharge ou le récépissé échangé, en France, entre l'intermédiaire et son client.

Par une lettre du 17 février dernier, vous avez appelé mon attention sur cette dernière disposition que vous estimez excessive en droit et de nature à entraver les achats et les ventes hors de France.

En droit, vous pensez que la décharge ou le récépissé ne constitue qu'un « document comptable d'ordre intérieur destiné à régulariser, dans un but purement » matériel, une opération effectuée à l'étranger ». A vos yeux, la création de ces pièces ne constitue pas un fait générateur de l'impôt, puisqu'elle ne touche à aucune question de propriété, celle-ci se trouvant définitivement réglée par la réalisation de la négociation.

En fait, l'application stricte de la règle posée par la solution précitée aurait pour résultat, dans la pratique, de frapper les opérations d'achats et de ventes faites à l'étranger et d'établir une situation différente entre les personnes, selon que l'envoi des titres est direct ou qu'il a lieu par un intermédiaire amené à délivrer un récépissé ou à exiger une décharge.

Vous demandez, en conséquence, qu'il soit fait une application plus libérale des textes sur la matière.

J'ai le regret de ne pouvoir vous donner satisfaction.

Considérée au point de vue de l'exécution des lois fiscales, la solution de 1896 est, de tous points, conforme aux principes qui dominent cette législation.

Tout d'abord, il ne vous aura pas échappé que la solution envisage deux ordres de faits essentiellement distincts : l'un (la négociation) se produit à l'étranger et, dès lors, échappe à l'action des lois françaises ; l'autre (l'énonciation dans un écrit) se manifeste en France et, par suite, est réglé par la législation de ce pays.

(1) V. ce décret en date du 8 mai 1902.

(2) V. ci-après Lettre du Directeur de l'Enregistrement du 21 mars 1902.

(3) V. ci-dessus Lettre du Directeur de l'Enregistrement du 11 mars 1896.

Or, les lois du 30 mars 1872 et 28 décembre 1895 disposent expressément que les titres de gouvernements étrangers ou de sociétés étrangères, non abonnés, doivent être timbrés préalablement, notamment à leur énonciation dans les actes, c'est-à-dire dans les écrits de nature à faire titre (1).

Telle est la nature des décharges ou récépissés visés dans la solution de 1896.

En fait, comme en droit, ces écrits ne sont échangés que pour permettre aux parties intéressées d'établir, si besoin est, leurs situations respectives. En cas de difficultés, de contestations, ce sont ces écrits qui seront produits à l'appui des prétentions respectives.

C'est ainsi qu'une décision ministérielle du 31 janvier 1851 a reconnu, en thèse générale, que « les pièces remises par les parties aux agents de change pour » reçus et décharges » doivent être timbrées conformément aux prescriptions de l'article 12 de la loi du 13 brumaire an VII, qui assujettit à cette contribution « tous » actes et écritures pouvant faire titre ou être produits pour obligation, décharge, » justification, demande en défense » (2).

Par application de cette décision, l'un de mes prédécesseurs, dans une lettre du 9 janvier 1893, adressée au Syndic de votre Compagnie, a été amené à reconnaître, que les décharges de titres ou les quittances de sommes intervenues entre les agents de change et leurs clients doivent être timbrées (au droit spécial de 0 fr. 10, sous l'empire de la loi du 23 août 1871, art. 18) (3), même lorsque ces mentions libératoires sont renfermées dans le contexte des bordereaux déjà frappés, il est vrai, de l'impôt, mais d'un impôt qui atteint exclusivement la négociation des titres.

A fortiori, doit-on considérer comme des actes dans le sens déjà indiqué les récépissés et les décharges se rattachant à des opérations à l'étranger et au sujet desquelles il n'est pas créé de bordereaux.

Dans ces conditions, vous voudrez bien reconnaître, sans doute, que l'Administration, malgré son désir de conciliation, ne peut considérer les écrits en question comme de simples documents d'ordre intérieur. Admettre une pareille interprétation serait se mettre en contradiction avec les faits et avec les principes les plus formels de la loi d'impôt.

D'un autre côté, la simple énonciation de titres étrangers — non abonnés — dans un acte constitue une cause d'exigibilité du droit de timbre sur ces titres, alors même que l'énonciation n'emporte aucun usage des titres et n'implique même pas leur circulation ou leur possession. C'est ce qui a été décidé, *in terminis*, par un arrêt de la Cour de cassation du 31 mars 1886 (D. 86, I, 539).

L'impôt, à plus forte raison, est dû à raison de la mention dans les décharges et récépissés de titres négociés ou à négocier, puisque, dans ce cas, on ne saurait contester qu'il est fait un usage très caractéristique de ces titres.

Sans doute, il est admis que l'énonciation des titres étrangers, même non abonnés, dans les actes destinés à constater leur dépôt et leur retrait, ne tombe pas sous l'application de la loi du 30 mars 1872. Mais, ainsi qu'il a été précisé lors de la discussion de cette loi, cette mesure toute de tolérance ne doit s'appliquer qu'aux dépôts faits uniquement pour assurer la conservation des titres et les soustraire aux

(1) V. M. L. du 30 mars 1872 et ci-dessus L. du 28 décembre 1895.
(2) V. M.
(3) V. M.

risques de perte, de vol et d'incendie (Rapports de M. Mathieu Bodet sur le projet de la loi du 25 mai 1872 *(J. O. du 28 et du 29 mai 1872, n° 1179)*; à rapprocher Décision ministérielle du 8 septembre 1882 *(Répertoire périodique de l'Enregistrement, n° 6029)*.

L'Administration a toujours maintenu à cette exemption son caractère exceptionnel ; tout récemment encore, il a été reconnu qu'elle ne peut être étendue aux actes de dépôt dans une banque, en France, en vue d'une assemblée générale d'actionnaires tenue à l'étranger, de titres d'une société étrangère non abonnée.

En résumé, la solution du 11 mars 1896 n'a pas créé une exemption au profit des négociations à l'étranger, tout en annulant le bénéfice de cette exemption par des restrictions dans le cas d'énonciation dans les récépissés ou les décharges. Elle s'est bornée à reconnaître, conformément aux règles du droit commun, que, dans le premier cas, l'impôt manque de base, mais qu'il en est autrement dans le deuxième cas, puisqu'on se trouve, au contraire, en présence d'actes de nature à faire titre, établis en France, et tombant, par leur nature, sous l'application des textes éminemment compréhensifs des lois du 30 mars 1872 et du 28 décembre 1895.

Je reconnais que la solution de 1896 crée une situation différente selon que la négociation est directe ou indirecte et s'opère ou non par un intermédiaire. Mais cette situation tient aux conditions mêmes dans lesquelles les opérations ont lieu. Encore est-il nécessaire de ne pas perdre de vue que si un tiers français donnait directement à un mandataire étranger l'ordre d'acheter, sur la place près de laquelle il est accrédité, des titres étrangers spécialement désignés, ce tiers ne pourrait régulièrement établir, en France, pour être adressée à son mandataire, une décharge énonçant les titres par lui reçus qu'en rappelant dans cette décharge la date et le lieu du paiement du droit de timbre exigible sur ces titres et le montant de ce droit. La loi est, en effet, aussi formelle que générale ; elle vise tous les actes ou écrits, publics ou privés, constatant la négociation, le prêt, le nantissement ou l'usage juridique des titres.

Dans ces conditions, vous reconnaîtrez sans doute que la règle de perception établie en 1896 ne peut qu'être maintenue.

Le Directeur général,

M. FOURNIER.

21 MARS 1902. — *Lettre du directeur général de l'Enregistrement et du Timbre. Titres étrangers. Négociations à l'étranger. Récépissés et décharges en France.*

MONSIEUR LE SYNDIC,

Par une lettre du 8 mars courant (1), je vous ai fait connaître que l'énonciation de titres étrangers non abonnés dans les décharges et reçus échangés entre le client et l'intermédiaire chargé de la négociation de ces valeurs à l'étranger, donne ouverture au droit de timbre sur les titres.

J'ajoutais qu'en raison de la nature des opérations auxquelles se rattachent les

(1) V. cette lettre ci-dessus.

actes dont il s'agit, la désignation qui peut y être faite de titres étrangers ne saurait bénéficier de l'immunité d'impôt admise au profit des mentions dans les récépissés de dépôt pour mise en garde.

Revenant sur cette dernière interprétation, vous demandez par une lettre du 12 de ce mois si l'on ne peut considérer que, jusqu'à la réalisation de l'opération — vente ou achat — les titres sont *en dépôt* chez l'agent de change pour le compte du client, et vous me soumettez, à cet effet, deux formules, l'une de reçu et l'autre de décharge ainsi libellées :

1ᵉʳ CAS. « Reçu de M. X... (client), à titre de *dépôt provisoire* et pour en opérer la » vente (énumération des titres).

» Date.

» Signature de l'intermédiaire.

» NOTA. — Le présent reçu devra être restitué lors du règlement du prix de » vente. »

2ᵉ CAS. « Reçu de M. X... (intermédiaire) (énumération des titres), achetés à la » Bourse de....., lesquels titres étaient conservés en dépôt dans ses caisses pour » mon compte.

» Date et signature. »

J'estime que l'énumération des titres dans ces actes tombe sous l'application des lois de 1872 et 1895 (1) avec toutes leurs conséquences : timbrage préalable des titres, mention de ce timbrage dans les reçus ou décharges.

Vous me permettrez, tout d'abord, d'insister à nouveau sur cette considération générale que la dispense d'impôt ne profite pas à tous les actes de dépôt, mais exclusivement à c ux ayant pour objet la mise en garde, la conservation des titres en vue de les soustraire aux chances de perte ou de destruction. Cette immunité est même d'un caractère si restrictif que tous les textes sur la matière (Rapport sur le projet de loi du 25 mai 1872; décision ministérielle du 8 septembre 1882) n'envisagent que les dépôts de l'espèce faits à la Banque de France, dans les caisses des Sociétés financières ou des maisons spéciales, à l'exclusion de ceux effectués chez les particuliers.

Or, en ce qui concerne le reçu de l'intermédiaire, il est bien constant que du moment où les titres sont déposés *pour être vendus* (2), il ne peut être question de dépôt en garde; on se trouve en présence d'un acte constatant une prise en charge de titres à négocier.

De même, les valeurs énumérées dans la décharge donnée par le client n'ont jamais été déposées; elles se trouvent entre les mains de l'intermédiaire acheteur par suite de l'opération d'acquisition à l'étranger. Cette décharge n'est pas, dès lors, le titre d'un retrait de dépôt, mais une décharge des valeurs achetées.

L'une et l'autre pièces demeurent donc soumises à la règle d'exigibilité du timbre sur les valeurs étrangères énoncées dans des actes de nature à faire titre.

(1) V. M. la loi de 1892, et ci-dessus celle de 1895.

(2) V. Lettre de l'Enregistrement du 11 mars 1896.

Tout en comprenant le désir de votre Compagnie d'éviter à ses clients le paiement des droits sur les titres négociés à l'étranger, je ne puis que maintenir l'exigibilité de l'impôt dans les cas prévus par la loi.

Le Directeur général,
M. FOURNIER.

29 MARS 1902. — *Loi de finances, article 57. Modification à l'intitulé et aux articles 1er et 3 de la loi du 11 juillet 1885* (1).

ART. 57. — L'intitulé et les articles 1er et 3 de la loi du 11 juillet 1885 sont modifiés ainsi qu'il suit :

« *Loi portant interdiction de fabriquer, vendre, colporter ou distribuer tous imprimés ou formules, simulant les billets de banque et autres valeurs fiduciaires et toutes les imitations des monnaies françaises et étrangères.*

» ARTICLE PREMIER. — . . . .

» Indépendamment des contrefaçons ou altérations prévues et punies par les articles 132 et 133 du Code pénal (2), sont également interdits la fabrication, la vente, le colportage et la distribution de toutes les imitations des monnaies ayant cours légal en France et des monnaies étrangères.

» ART. 3. — Les imprimés ou formules, les monnaies imitées, ainsi que les planches, matrices et autres instruments ayant servi à la confection seront saisis et confisqués. »

9 AVRIL 1902. — *Ordonnance de police concernant la tenue de la Bourse des valeurs pendant l'été de 1902.*

Nous, Préfet de police,

Vu : 1° Les arrêtés du 12 messidor an VIII, du 29 germinal an IX et du 27 prairial an X ;

2° L'ordonnance de police du 29 mars 1862, modifiée par celle du 18 mai 1892 ;

3° La dépêche de M. le Président du conseil, ministre de l'intérieur et des cultes, en date du 8 avril 1902 ;

Ordonnons ce qui suit :

ARTICLE PREMIER. — La Bourse des valeurs sera *fermée complètement* le samedi 16 août.

Elle sera fermée *à 2 heures* les 3, 10, 17, 24 mai ; 7, 14, 21, 28 juin ; 5, 12, 19,

(1) V. Append.

(2) Ces articles punissent les contrefaçons ou altérations des monnaies d'or ou d'argent des travaux forcés à perpétuité, et celles des monnaies de billon ou de cuivre des travaux forcés à temps. S'exposent aux mêmes peines ceux qui participent à l'émission, exposition ou introduction en France desdites monnaies contrefaites ou altérées.

26 juillet; *tout le mois d'août, à l'exception* du 18 août, jour de liquidation, et les 6, 13, 20 et 27 septembre 1902 (1).

ART. 2. — La présente ordonnance sera publiée et affichée.

Le commissaire de police près le palais de la Bourse, le directeur de la police municipale et les agents sous leurs ordres sont chargés, chacun en ce qui le concerne, d'en assurer l'exécution.

Le Préfet de police,
LÉPINE.

8 MAI 1902. — *Règlement d'administration publique rendu en exécution de l'art. 15, § 6, de la loi du 15 juin 1872, modifié par l'art. 1er de la loi du 8 février 1902* (2).

LE PRÉSIDENT DE LA RÉPUBLIQUE FRANÇAISE,

Sur le rapport du garde des sceaux, ministre de la justice,

Vu l'article 15, paragraphe 6, de la loi du 15 juin 1872, modifié par l'article 1er de la loi du 8 février 1902, ainsi conçu :

« ART. 15, § 6. — Un règlement d'administration publique fixera le coût de la somme à payer au syndicat pour la publication supplémentaire au delà de 10 ans. »

Vu le décret du 10 avril 1873 ;

Le Conseil d'État entendu,

Décrète :

ART. 1er. — Le coût de la publication supplémentaire, après l'expiration de la deuxième période de dix ans prévue à l'article 15, paragraphe 5, de la loi susvisée, pour les titres frappés de déchéance, est de 25 centimes par numéro de valeur et par an.

ART. 2. — Le garde des sceaux, ministre de la justice, est chargé de l'exécution du présent décret, qui sera publié au *Journal officiel* et inséré au *Bulletin des lois*.

8 MAI 1902. — *Décret rendu en exécution des art. 11, 13 et 19 de la loi du 15 juin 1872, modifiée par la loi du 8 février 1902* (3).

LE PRÉSIDENT DE LA RÉPUBLIQUE FRANÇAISE,

Sur le rapport du garde des sceaux, ministre de la justice,

Vu l'article 19 de la loi du 15 juin 1872, modifiée par l'article 1er de la loi du 8 février 1902, ainsi conçu :

« ART. 19. — Un décret en forme de règlement d'administration publique déterminera :

(1) Cette mesure a été prise, pour la première fois, le 29 août 1899, mais la fermeture avait lieu cette année-là à 1 h. 1/2.

(2) V. ci-dessus.

(3) V. ci-dessus.

» 1° Les formes et les conditions de l'avis à donner, en vertu du dernier paragraphe de l'article 11 ;

» 2° Les formes et les conditions dans lesquelles seront tenus les livres visés par l'article 13 et destinés à l'inscription des titres vendus et livrés par les donneurs d'ordre, ainsi que le contrôle auquel ils seront soumis » ;

Vu le décret du 10 avril 1873 ;

Le Conseil d'État entendu,

Décrète :

Art. 1er. — L'avis notifié par le syndicat des agents de change de Paris à l'établissement débiteur, conformément au paragraphe 4 de l'article 11 de la loi du 15 juin 1872, modifiée par celle du 8 février 1902, est extrait d'un registre à souches et contient les énonciations ci-après :

1° Date de l'exploit d'opposition et indication des noms de l'huissier et de l'opposant ;

2° Date de l'échéance de la publication non renouvelée ;

3° Date de la radiation au bulletin ;

4° Désignation, par nature et par numéro, des titres radiés.

Ces énonciations figureront également sur la souche.

L'avis mentionne que, conformément au paragraphe 4 de l'article 11 précité, la notification à l'établissement débiteur lui tient lieu de mainlevée pour tous paiements de coupons, remboursement de capital, conversions, transferts, etc., et lui donne pleine et entière décharge, à condition que les numéros signalés comme rayés du bulletin concordent bien avec ceux inscrits sur les registres de la Compagnie comme frappés d'opposition.

L'avis, daté du jour de sa délivrance et signé, est envoyé par lettre recommandée.

Art. 2. — Les livres tenus par les agents de change, conformément aux prescriptions de l'article 13 de la loi susvisée, sont cotés et paraphés par le président du Tribunal de commerce ou par le juge qui le remplace ; ils doivent contenir dans des colonnes distinctes :

Les noms des donneurs d'ordre vendeurs ;

La nature des titres vendus et leurs numéros, qui sont inscrits les uns à la suite des autres, sans aucun blanc ni interligne ;

La date de la livraison par le vendeur et celle de la vente.

Ils sont arrêtés chaque jour, de manière à ne laisser subsister aucun blanc ni interligne, par l'agent de change ou l'un de ses fondés de pouvoir, accrédité auprès de la Chambre syndicale des agents de change et agréé spécialement par elle à cet effet.

Ces livres seront soumis au contrôle permanent de la Chambre syndicale des agents de change.

Art. 3. — Le garde des sceaux, ministre de la justice, est chargé de l'exécution du présent décret, qui sera publié au *Journal officiel* et inséré au *Bulletin des lois*.

. . . . . .

21 Juin 1902. — *Arrêté ministériel instituant une commission chargée de rechercher les modifications à introduire dans les lois des 24 juillet 1867 et 1er août 1893 relatives aux sociétés par actions* (1).

Nous, garde des sceaux, ministre de la justice,

Considérant que des crises économiques et des désastres financiers ont fait constater, à diverses reprises, l'insuffisance et les lacunes de la législation sur les sociétés par actions; que des vœux tendant à l'amélioration de cette législation ont été formulés par les congrès internationaux, et que plusieurs propositions de loi visant certaines réformes de la loi du 24 juillet 1867 ont été soumises au Parlement; que l'étude de ces réformes non encore sanctionnées par une loi apparaît aujourd'hui comme particulièrement urgente,

Avons arrêté et arrêtons ce qui suit :

Article premier. — Une commission est instituée au ministère de la justice à l'effet d'examiner les modifications à introduire dans les lois du 24 juillet 1867 et du 1er août 1893 relatives aux sociétés par actions, d'étudier spécialement les mesures de nature à protéger l'épargne populaire et de préparer, dans le plus bref délai possible, un projet de loi ayant pour objet de réaliser dans cette partie de la législation les réformes reconnues nécessaires.

Art. 2. — Sont nommés membres de cette commission :

MM.

Lyon-Caen, membre de l'Institut, professeur à la Faculté de droit de l'Université de Paris.

Poirrier, vice-président du Sénat.

Théodore Girard, sénateur.

Chastenet, député.

Cruppi, député.

Jeanneney, député.

La Borde, conseiller à la cour de cassation.

Marcel Fournier, directeur général de l'Enregistrement, des domaines et du timbre.

Cousin, directeur du commerce et de l'industrie au ministère du commerce.

Victor Mercier, directeur des affaires civiles et du sceau au ministère de la justice.

Vaury, président du tribunal de commerce de la Seine.

Fumouze, président de la chambre de commerce de Paris.

Donon, président de la chambre des notaires de Paris.

De Verneuil, syndic de la compagnie des agents de change de Paris.

Richardière, président de la compagnie des agréés près le tribunal de commerce de la Seine.

Henry Defert, avocat au conseil d'Etat et à la cour de cassation.

Rodolphe Rousseau, avocat à la cour d'appel de Paris.

(1) V. M. ces deux lois, la dernière à la date du 2 août 1893.

MM.

Dorizon, directeur de la Société générale pour favoriser le développement du commerce et de l'industrie en France.

Raphaël-Georges Lévy, publiciste.

Alfred Neymark, publiciste.

Navarre, président de la chambre des administrateurs de sociétés au tribunal de commerce de la Seine.

Louis Manteau, liquidateur de sociétés (1).

ART. 3. — La commission se réunira au ministère de la justice, à Paris. Elle sera présidée par M. Lyon-Caen.

ART. 4. — M. Cormeray, chef du 1er bureau de la direction des affaires civiles et du sceau au ministère de la justice, remplira les fonctions de secrétaire de cette commission.

M. Mayet, rédacteur au ministère de la justice, sera attaché à la commission en qualité de secrétaire adjoint.

28 JUIN 1902. — *Arrêté ministériel complétant celui du 21 juin 1902* (2).

Nous, garde des sceaux, ministre de la justice,

Vu notre arrêté, en date du 21 juin 1902, instituant au ministère de la justice une commission à l'effet d'examiner les modifications à introduire dans les lois relatives aux sociétés par actions et désignant les membres de cette commission.

Avons arrêté et arrêtons ce qui suit :

Article unique. — L'article 2 de l'arrêté du 21 juin 1902, désignant les membres de la commission instituée au ministère de la justice à l'effet d'examiner les modifications à introduire dans les lois relatives aux sociétés par actions, est complété de la façon suivante :

Sont nommés, en outre, membres de cette commission :

MM.

Bénac, directeur du mouvement général des fonds au ministère des finances;

Paisant (Alfred), président du tribunal civil de Versailles;

Mercet, président du conseil d'administration du Comptoir national d'Escompte de Paris;

Gaut, président des administrateurs de sociétés près le tribunal de commerce de la Seine.

9 JUILLET 1902. — *Loi tendant à compléter l'article 34 du Code de Commerce et l'article 3 de la loi du 24 juillet 1867 en ce qui concerne les actions de priorité et les actions d'apport.*

Le Sénat et la Chambre des députés ont adopté,

Le Président de la République promulgue la loi dont la teneur suit :

(1) Cette liste a été complétée par l'arrêté ministériel ci-dessous du 28 juin 1902.
(2) V. ci-dessus.

ARTICLE PREMIER. — L'article 34 du Code de commerce est ainsi complété :

« Le capital social de la société anonyme se divise en actions et même en coupons d'actions d'une valeur nominale égale.

» Sauf les dispositions contraires des statuts, la société peut créer des actions de priorité, investies du droit de participer avant les autres actions à la répartition des bénéfices ou au partage de l'actif social (1).

» Sauf dispositions contraires des statuts, les actions de priorité et les autres actions ont, dans les assemblées, un droit de vote égal.

» Dans le cas où la décision de l'assemblée générale comporterait une modification dans les droits respectifs des actions des différentes catégories, il faut, en dehors de l'assemblée générale, convoquer une assemblée spéciale des actionnaires dont les droits ont été modifiés. Cette assemblée spéciale doit délibérer, eu égard au capital représenté par les actions dont il s'agit, dans les conditions de l'article 31 de la loi du 24 juillet 1867 en tant que les statuts ne contiendraient pas d'autres prescriptions. »

ART. 2. — Le paragraphe 3 de l'article 3 de la loi du 24 juillet 1867, modifié par la loi du 1er août 1893 (2), est ainsi complété :

« Ces prescriptions et ces prohibitions ne sont pas applicables au cas de fusion de sociétés anonymes ayant plus de deux ans d'existence, soit par absorption de ces sociétés par l'une d'entre elles, soit par la création d'une société anonyme nouvelle englobant les sociétés préexistantes » (3).

La présente loi, délibérée et adoptée par le Sénat et par la Chambre des députés, sera exécutée comme loi de l'État.

9 JUILLET 1902.— *Loi portant autorisation de rembourser ou de convertir en Rentes 3 p. 100 les Rentes 3 1/2 p. 100 inscrites au grand-livre de la dette publique.*

Le Sénat et la Chambre des députés ont adopté,

Le Président de la République promulgue la loi dont la teneur suit :

ARTICLE PREMIER. — Le ministre des finances est autorisé à rembourser les rentes 3 1/2 p. 100 inscrites au grand-livre de la dette publique, à raison de 100 fr. par 3 fr. 50 de rente, ou à les convertir en rentes 3 p. 100 du type actuellement existant, à raison de 3 fr. de rente pour 3 fr. 50 de rente.

ART. 2. — L'exercice du droit de remboursement de l'État est suspendu pendant un délai de huit années, à courir du 1er janvier 1903, aussi bien pour les rentes 3 p. 100 à provenir de la conversion des rentes 3 1/2 p. 100 que pour celles existant actuellement au grand-livre de la dette publique.

ART. 3. — Le fonds 3 p. 100 comprenant les anciennes et les nouvelles rentes

(1) La question de la légalité de la création d'actions de priorité était contestée. Elles étaient depuis assez longtemps d'usage courant en Angleterre et en Belgique, où elles sont ordinairement réservées aux souscripteurs en numéraire, les apports en nature étant représentés par les actions ordinaires.

(2) V. M. ces deux lois, la dernière à la date du 2 août 1893.

(3) Les actions de la nouvelle société sont donc immédiatement négociables.

pourra être divisé en séries. Les arrérages en sont payables par trimestre, les 1er janvier, 1er avril, 1er juillet et 1er octobre ; le minimum de rente inscriptible est fixé pour ledit fonds à 2 fr.

Tous les privilèges et immunités attachés aux rentes sur l'État sont assurés aux nouvelles rentes 3 p. 100.

Ces rentes sont insaisissables, conformément aux dispositions des lois des 8 nivôse et 22 floréal an VII, et peuvent être affectées aux remplois et placements spécifiés par l'article 29 de la loi du 16 septembre 1871 (1).

Art. 4. — Tout propriétaire de rente 3 1/2 p. 100 qui, dans un délai de six jours à courir de l'époque qui sera fixée par décret du Président de la République, n'aura pas demandé le remboursement, sera considéré comme ayant accepté la conversion (2).

Art. 5. — Les remboursements demandés pourront être opérés par séries, et les rentes non converties continueront à porter intérêt à 3 1/2 p. 100 jusqu'à la date fixée pour le remboursement, qui pourra avoir lieu à compter du 16 août 1902.

Art. 6. — Les rentes converties jouiront des intérêts à 3 1/2 p. 100 jusqu'au 16 novembre 1902. Elles recevront à cette date une bonification calculée sur le pied de 1 fr. pour chaque somme de 3 fr. 50 de rente 3 1/2 p. 100 présentée à la conversion et, par anticipation, les intérêts à courir au taux de 3 p. 100 du 16 novembre 1902 jusqu'au 1er janvier 1903.

Les rentes 3 p. 100 délivrées en échange des rentes 3 1/2 p. 100 porteront jouissance du 1er janvier 1903.

Art. 7. — En ce qui concerne les propriétaires de rentes qui n'ont pas la libre et complète administration de leurs biens, l'acceptation de la conversion sera assimilée à un acte de simple administration et sera dispensée d'autorisation spéciale ainsi que de toute autre formalité judiciaire.

Les tuteurs, curateurs et administrateurs pourront, nonobstant toute disposition contraire, et notamment par dérogation à l'article 5 de la loi du 27 février 1880 (3), recevoir et aliéner ultérieurement, sans autorisation, les promesses de rentes au porteur représentatives des fractions de franc non inscriptibles résultant de la conversion des rentes appartenant aux incapables qu'ils représentent.

Art. 8. — Pour les rentes grevées d'usufruit, la demande de remboursement devra être faite par le nu-propriétaire et l'usufruitier conjointement. Si elle est faite par l'un d'eux seulement, le Trésor sera valablement libéré en déposant à la Caisse des Dépôts et Consignations le capital de la rente.

Si le dépôt résulte du fait de l'usufruitier, celui-ci n'aura droit, jusqu'à l'emploi, qu'aux intérêts que la Caisse est dans l'usage de servir. S'il résulte du fait du nu-propriétaire, ce dernier sera tenu de bonifier à l'usufruitier la différence entre le taux des intérêts payés et celui de 3 p. 100. Toutefois, il n'est porté aucune atteinte aux stipulations particulières qui règlent les droits du nu-propriétaire et de l'usufruitier.

Art. 9. — Le ministre des finances est autorisé à pourvoir aux demandes de remboursement qui seront faites ainsi qu'au paiement de la bonification visée par

(1) V. M.

(2) V. M. D. du 14 mars 1852, note 4.

(3) V. note 3 sous l'art. 7 de la loi du 17 janvier 1894.

l'article 6 de la présente loi au moyen de l'émission, au mieux des intérêts du Trésor, de nouvelles rentes 3 p. 100, jusqu'à due concurrence.

Art. 10. — Il pourra être provisoirement pourvu aux remboursements demandés, ainsi qu'au paiement de la bonification prévue à l'article 6 de la présente loi au moyen de l'émission de bons ou d'obligations du Trésor à court terme ou d'une avance de la Banque de France.

Il en sera de même pour le paiement des intérêts visés à l'article 6 ci-dessus. Toutefois, le Trésor sera remboursé de cette dernière avance sur les crédits budgétaires de l'exercice 1903.

Le maximum des bons du Trésor en circulation, fixé à 400 millions de francs par l'article 87 de la loi de finances du 30 mars 1902, est porté, pour l'exercice 1902, à 500 millions de francs.

Art. 11. — Les conditions dans lesquelles s'effectueront le remboursement et la conversion des rentes 3 1/2 p. 100, l'émission des nouvelles rentes 3 p. 100, la division en séries prévue à l'article 3, la délivrance aux ayants-droit de promesses de rentes au porteur pour les fractions de rentes non inscriptibles et, s'il y a lieu, le remboursement de ces promesses, seront déterminées par décret du Président de la République (1).

Art. 12. — Tous titres ou expéditions à produire pour le remboursement ou la conversion des rentes 3 1/2 p. 100, pourvu que cette destination y soit exprimée et en tant qu'ils serviront uniquement aux opérations nécessitées par la présente loi, seront visés pour timbre et enregistrés gratis.

Art. 13. — Il est ouvert au ministre des finances, sur les ressources générales du budget de 1902, un crédit de trois millions huit cent cinquante mille francs (3,850,000 fr.) destiné à couvrir les frais, autres que ceux de trésorerie, nécessités par le remboursement ou la conversion des rentes 3 1/2 p. 100.

Dans le cas où il serait procédé à une émission de rente 3 p. 100, conformément aux termes de l'article 9 de la présente loi, les dépenses matérielles et les frais de toute nature seraient prélevés sur le produit de l'opération.

Art. 14. — Un état détaillé des frais de la conversion des rentes 3 1/2 p. 100 : remises diverses, commissions de banque, frais de publicité, avec les noms des parties prenantes, sera dressé et publié au *Journal officiel* dans le délai de trois mois.

Art. 15. — Le ministre des finances rendra compte des opérations autorisées par la présente loi au moyen d'un rapport adressé au Président de la République et distribué au Sénat et à la Chambre des députés.

La présente loi, délibérée et adoptée par le Sénat et par la Chambre des députés, sera exécutée comme loi de l'État.

9 Juillet 1902. — *Décret relatif au remboursement ou à la conversion en Rentes 3 p. 100 des rentes 3 1/2 p. 100 inscrites au grand-livre de la dette publique.*

Le Président de la République française,

Vu la loi du 9 juillet 1902 (2), portant autorisation de rembourser ou de convertir

(1) V. ce décret ci-après.
(2) V. cette loi ci-dessus.

en rentes 3 p. 100 les rentes 3 1/2 p. 100 inscrites au grand-livre de la dette publique;

Sur le rapport du ministre des finances,

Décrète :

ARTICLE PREMIER. — Les propriétaires de rente 3 1/2 p. 100 qui voudront être remboursés devront en faire la demande et effectuer en même temps le dépôt de leurs titres dans les délais ci-après fixés :

1° En France (la Corse exceptée), du mardi 15 juillet au matin jusqu'au dimanche 20 juillet inclusivement;

2° En Corse, du jeudi 17 juillet au matin jusqu'au mardi 22 juillet inclusivement;

3° En Algérie, du vendredi 18 juillet au matin jusqu'au mercredi 23 juillet inclusivement;

4° Dans les colonies, pendant six jours consécutifs, à courir du lendemain de la promulgation du présent décret.

ART. 2. — Les demandes sont reçues, savoir :

1° A Paris, à la caisse centrale du Trésor, rue de Rivoli;

2° Dans les départements, y compris la Corse. — A la caisse des trésoriers-payeurs généraux et des receveurs particuliers des finances;

3° En Algérie. — A la caisse des trésoriers-payeurs et des payeurs particuliers;

4° Dans les colonies. — A la caisse des trésoriers-payeurs.

Les caisses ci-dessus désignées seront ouvertes de neuf heures du matin à cinq heures du soir, y compris les dimanches, et le dernier jour jusqu'à huit heures du soir.

ART. 3. — Il sera délivré aux déposants un récépissé des titres déposés.

Ce récépissé sera visé : à Paris, par un délégué du contrôleur central du Trésor public; dans les départements et en Algérie, par un délégué de la préfecture ou de la sous-préfecture.

ART. 4. — Les arrérages à échoir le 16 août 1902 sur les rentes dont le remboursement sera demandé seront payés à leur échéance, savoir :

Pour les titres nominatifs. — Sur quittance spéciale remise aux déposants au moment de la demande de remboursement des rentes inscrites à leur nom. Pour le paiement des arrérages au 16 août 1902, cette quittance tiendra lieu du titre.

Pour les titres mixtes et au porteur. — Sur la présentation du coupon au 16 août, préalablement détaché des titres avant leur dépôt.

Le montant de tous autres coupons au porteur à échoir, qui ne pourraient être représentés, sera déduit du capital à rembourser.

ART. 5. — Les demandes devront être établies en double expédition sur des bordereaux spéciaux mis à la disposition des propriétaires de rentes aux caisses des comptables autorisés à recevoir des dépôts.

Ces bordereaux seront revêtus de la signature du déposant ou des ayants-droit, qui devront, s'il s'agit de titres nominatifs ou de titres mixtes, faire certifier leur signature, sur l'une des deux expéditions, par un notaire ou un agent de change dont la signature, dans les départements autres que celui de la Seine, devra être légalisée.

ART. 6. — Les demandes de remboursement seront centralisées dans les bureaux de la direction de la dette inscrite, à Paris, où elles seront enregistrées et réparties, s'il y a lieu, par séries.

Un décret publié au *Journal officiel* et inséré au *Bulletin des lois* fera connaître le mode et la date des remboursements (1).

ART. 7. — Les titres dont le remboursement n'aura pas été demandé dans les délais fixés par l'article 1er cesseront de porter intérêt à 3 1/2 p. 100 à partir du 16 novembre 1902; les porteurs recevront, en même temps que le trimestre échéant à cette date : 1° la bonification calculée à raison de 1 franc pour chaque somme de 3 fr. 50 de rente 3 1/2 p. 100 convertie; 2° le montant, par anticipation, des intérêts au taux de 3 p. 100 à courir du 16 novembre 1902 au 1er janvier 1903 sur les nouvelles rentes 3 p. 100. Les titres 3 1/2 p. 100 seront, à raison de 3 francs par 3 fr. 50 de rente 3 1/2 p. 100, convertis en titres du fonds 3 p. 100 portant jouissance du 1er janvier 1903.

Les fractions de rentes non inscriptibles donneront lieu à la délivrance de promesses de rente au porteur qui seront échangées, après réunion du minimum inscriptible de 2 francs de rente, contre des rentes 3 p. 100.

Un arrêté du ministre des finances déterminera l'époque et les conditions matérielles de l'échange des titres convertis (2).

ART. 8. — Le ministre des finances est chargé de l'exécution du présent décret, qui sera publié au *Journal officiel* et inséré au *Bulletin des lois*.

26 JUILLET 1902. — *Décret relatif au remboursement du capital des Rentes 3 1/2 °/₀ non converties.*

LE PRÉSIDENT DE LA RÉPUBLIQUE FRANÇAISE,

Vu l'article 11 de la loi du 9 juillet 1902 (3), aux termes duquel un décret du Président de la République déterminera les conditions dans lesquelles s'effectuera le remboursement des rentes 3 1/2 °/₀ non converties ;

Vu le décret du même jour;

Sur le rapport du ministre des finances,

Décrète :

ARTICLE PREMIER. — Le remboursement du capital des rentes 3 1/2 °/₀ non converties aura lieu, à partir du samedi 16 août 1902, en France (y compris la Corse) et en Algérie, à la caisse des comptables du Trésor qui ont reçu les dépôts de titres.

Ce remboursement sera justifié, pour les rentes au porteur, par la production du récépissé de dépôt dûment quittancé; pour les rentes nominatives, le récépissé de dépôt dûment quittancé par les ayants-droit devra être appuyé des pièces de règle.

ART. 2. — Dans chaque colonie, l'époque du remboursement sera fixée par un arrêté du Gouverneur. Les ayants-droit recevront, en même temps que le capital, l'intérêt à 3 1/2 °/₀ dudit capital, calculé pour le nombre de jours courus depuis le 16 août 1902 jusqu'à la date fixée par l'arrêté du Gouverneur.

(1) V. le décret du 26 juillet 1902.
(2) V. l'arrêté du 11 octobre 1902.
(3) V. cette loi ci-dessus.

Art. 3. — Les remboursements seront centralisés pour ordre dans les écritures du caissier-payeur central du Trésor public.

Art. 4. — Le ministre des finances est chargé de l'exécution du présent décret qui sera publié au *Journal Officiel* et inséré au *Bulletin des lois.*

9 Octobre 1902. — *Décret relatif à la conversion de la Rente 3 1/2 p. 100* (1).

Le Président de la République française,

Vu l'article 3 de la loi du 9 juillet 1902 portant que le fonds 3 p. 100 comprenant les anciennes et les nouvelles rentes pourra être divisé en séries ;

Vu l'article 11 de ladite loi ainsi conçu :

« Les conditions dans lesquelles s'effectueront le remboursement et la conversion des rentes 3 1/2 p. 100, l'émission des nouvelles rentes 3 p. 100, la division en séries prévue à l'article 3, la délivrance aux ayants-droit de promesses de rentes au porteur pour les fractions de rentes non inscriptibles et, s'il y a lieu, le remboursement de ces promesses, seront déterminées par décrets du Président de la République ; »

Sur le rapport du ministre des finances,

Décrète :

Article premier. — Le livre des rentes 3 1/2 p. 100 sera fermé le 3 novembre 1902 au soir.

Les rentes 3 1/2 p. 100 nominatives seront comprises d'office, à raison de 3 fr. par 3.50 de rente 3 1/2 p. 100 et avec jouissance du 1er janvier 1903, dans le grand-livre des rentes 3 p. 100.

Les rentes 3 p. 100 résultant des mutations et transferts journaliers opérés sur des rentes 3 1/2 p. 100 seront, à compter du 4 novembre 1902, inscrites, après conversion d'office, sur le grand-livre des rentes 3 p. 100.

Art. 2. — Les extraits d'inscription des nouvelles rentes 3 p. 100, à provenir de la conversion des rentes 3 1/2 nominatives, seront établis par l'agent comptable du grand-livre. Ils seront vérifiés par l'agent comptable des reconversions et renouvellements et visés au contrôle.

Art. 3. — Ces nouveaux titres nominatifs seront remis en échange des anciens par les soins des comptables sur la caisse desquels les arrérages en sont ordonnancés.

Aucune justification ne sera exigée des intéressés pour cet échange. Néanmoins, la nouvelle inscription sera revêtue de la mention « à régulariser » lorsque, par suite d'un décès ou d'un changement de qualité signalé au Trésor, la rente sera devenue susceptible de mutation.

Art. 4. — Les inscriptions mixtes et au porteur seront expédiées après dépôt des titres 3 1/2 p. 100 à échanger. Les certificats de réexpédition de ces inscriptions seront établis par l'agent comptable des reconversions et renouvellements.

(1) V. ci-dessus la loi et les décrets relatifs à cette conversion.

ART. 5. — Le dépôt des inscriptions mixtes et au porteur donnera lieu à la délivrance de récépissés à talon visés au contrôle conformément aux dispositions de la loi du 21 décembre 1896.

ART. 6. — Les fractions non inscriptibles détachées des rentes converties seront représentées par des promesses au porteur délivrées avec jouissance du 1er janvier 1903, ces promesses étant exprimées en septièmes de franc et en millimes.

Aucun paiement d'arrérages ne peut être fait sur les promesses d'inscription. Tout porteur de ces valeurs qui en présentera pour une somme de rente inscriptible (au minimum 2 fr.) obtiendra un titre définitif dans la forme nominative mixte ou au porteur.

ART. 7. — Le nombre des séries du fonds 3 p. 100 sera déterminé par un arrêté du ministre des finances la veille du jour où, à partir du 1er janvier 1911 et pour l'exécution d'une loi votée par le Parlement, il y aura lieu de procéder au tirage au sort de l'une des séries à rembourser ou à convertir.

Chaque série comprendra une portion approximativement égale du montant en rentes des inscriptions de toute nature existant au grand-livre de la dette publique.

L'arrêté du ministre fera connaître les numéros des titres nominatifs, mixtes et au porteur composant chaque série; il sera porté à la connaissance des rentiers par la voie du *Journal officiel* le jour même où devra s'effectuer le tirage de la série appelée au remboursement ou à la conversion.

Seront comprises d'office dans chacune des séries et pour une portion corrélative du nombre de ces séries, les rentes inscrites au grand-livre sous la forme de comptes courants

ART. 8. — Un arrêté ministériel fera connaître (1) :

1° A quelle date aura lieu l'échange des titres nominatifs ;

2° A partir de quelle date et entre les mains de quels comptables s'effectueront les dépôts de titres mixtes et au porteur.

ART. 9. — Le ministre des finances déterminera le taux, l'époque et les conditions d'aliénation de la somme de rente 3 p. 100 nécessaire pour procurer au Trésor le capital correspondant au remboursement des rentes non converties ainsi qu'au paiement de la bonification allouée aux rentes converties.

ART. 10. — Le ministre des finances est chargé de l'exécution du présent décret, qui sera inséré au *Journal officiel* et au *Bulletin des lois*.

11 OCTOBRE 1902. — *Arrêté ministériel relatif à la conversion des Rentes 3 1/2 °/o.*

Le ministre des finances,

Vu la loi du 9 juillet 1902, portant conversion des rentes 3 1/2 p. 100 en rente 3 p. 100 ;

Vu l'article 7 du décret du même jour et l'article 8 du décret du 9 octobre suivant (2),

(1) V. ci-dessous.
(2) V. ci-dessus la loi et les décrets.

Arrête ce qui suit :

Article premier. — *Les dépôts des inscriptions mixtes et au porteur 3 1/2 p. 100, dont le remboursement n'a pas été demandé, seront reçus, savoir :*

A partir du 26 novembre 1902 :

A Paris, par l'agent comptable des reconversions et renouvellements.

A partir du 16 novembre 1902 :

Dans les départements, par les trésoriers-payeurs généraux, les receveurs particuliers des finances;

En Algérie, par le trésorier général, les payeurs principaux et les payeurs particuliers;

En Tunisie, par le payeur principal du Trésor français.

A partir de la date fixée par le Gouverneur :

Dans les colonies, par les trésoriers-payeurs et les trésoriers particuliers.

Art. 2. — *Les inscriptions nominatives 3 1/2 p. 100 seront échangées contre de nouveaux titres 3 p. 100 à partir du 1er avril 1903 par les soins des comptables sur la caisse desquels les arrérages des rentes 3 1/2 p. 100 sont assignés payables au 16 novembre 1902.*

Les rentiers qui, après cette dernière date, viendraient à changer de résidence et ceux qui voudraient retirer les nouveaux titres 3 p. 100 dans un département autre que celui où le paiement en serait assigné d'office devront en prévenir le ministre des finances (direction de la Dette inscrite) au plus tard le 15 février 1903.

Art. 3. — Le présent arrêté sera inséré au *Journal officiel* (1).

16 Novembre 1902. — *Décret étendant la faculté accordée à la Banque de France de faire des avances sur certaines valeurs, aux obligations émises ou à émettre par le gouvernement général de l'Algérie et le gouvernement tunisien.*

Le Président de la République française,

Sur le rapport du ministre des finances,

Vu la loi du 22 avril 1806, le décret organique du 16 janvier 1808, la loi du

(1) Voici les résultats, au 15 décembre 1902, de la conversion du 3 1/2 p. 100 1894 en 3 p. 100. — Le montant des rentes 3 1/2 p. 100 1894 s'élevait à 237,638,226 francs de rentes.

Les demandes de remboursement, au nombre de 260, ont porté sur un capital de 1 million 724,971 francs, soit 60,374 francs de rentes.

Le montant des rentes 3 1/2 p. 100 à convertir s'est trouvé ainsi fixé à 237,577,852 francs, correspondant à 203,638,159 francs de rentes nouvelles 3 p. 100.

A ce dernier chiffre, il faut ajouter les rentes 3 p. 100 à émettre en représentation :

1° Du montant des rentes 3 1/2 p. 100 pour lesquelles le remboursement a été demandé;

2° De la bonification de 1 franc pour 3 fr. 50 de rentes accordée aux porteurs de 3 1/2 p. 100.

Soit, en capital, une somme d'ensemble 69 1/2 millions environ.

En résumé, lorsque les opérations de la conversion seront complètement terminées, le mon-

17 mai 1834, l'ordonnance du 15 juin de la même année, la loi du 30 juin 1840, l'ordonnance du 25 mars 1841, les décrets des 3 et 28 mars 1852, la loi du 9 juin 1857 et les décrets des 20 juillet 1857, 13 janvier 1869, 28 février 1880 (1) et 22 février 1899 (2);

Vu, en date du 30 octobre 1902, la lettre par laquelle le gouverneur de la Banque de France fait connaître que, dans sa séance du 28 août 1902, le conseil général de la Banque de France a délibéré qu'il y avait lieu d'admettre au « bénéfice des avances » les obligations du gouvernement général de l'Algérie, dont l'émission a été autorisée par la loi du 7 avril 1902, et celles du gouvernement tunisien, dont l'émission a été autorisée par la loi du 30 avril 1902;

Le Conseil d'État entendu,

Décrète :

ARTICLE PREMIER. — La faculté accordée à la Banque de France de faire des avances sur effets publics français, sur actions et obligations de chemins de fer français, sur obligations de la ville de Paris, sur obligations du Crédit foncier de France, sur obligations de la Société générale algérienne et sur obligations créées ou à créer des villes françaises, des départements français et du gouvernement général de l'Indo-Chine est étendue aux obligations émises ou à émettre par le gouvernement général de l'Algérie, en vertu de la loi du 7 avril 1902, et par le gouvernement tunisien, en vertu de la loi du 30 avril 1902.

Le conseil général de la Banque de France déterminera la proportion dans laquelle les avances pourront être consenties sur ces obligations.

Les dispositions de l'ordonnance réglementaire du 15 juin 1834 sont applicables aux avances faites sur ces obligations.

13 DÉCEMBRE 1902. — *Loi portant approbation de la convention monétaire additionnelle conclue à Paris, le 15 novembre 1902, entre la France, la Belgique, la Grèce, l'Italie et la Suisse.*

Article unique. — Le Président de la République française est autorisé à ratifier et, s'il y a lieu, à faire exécuter la convention monétaire additionnelle conclue à Paris, le 15 novembre 1902, entre la France, la Belgique, la Grèce, l'Italie et la Suisse.

Une copie authentique de ce document demeurera annexée à la présente loi (3).

tant total des rentes 3 p. 100 perpétuel s'élèvera, en chiffres ronds, à 665 millions de francs de rentes pour 22 milliards de francs de capital (décembre 1902).

(1) V. ces lois et décrets au MANUEL.

(2) V. ci-dessus.

(3) Voir le texte de la convention à l'Appendice.

17 Décembre 1902. — *Décret relatif à la fixation du taux de l'intérêt de la Caisse nationale des retraites pour la vieillesse pendant l'année 1903* (1).

Le Président de la République française,

Sur la proposition du ministre des finances,

Vu les articles 9, 12 et 22 de la loi du 20 juillet 1886 relative à la Caisse nationale des retraites pour la vieillesse ;

Vu l'avis exprimé dans sa séance du 3 décembre 1902 par la commission supérieure visée à l'article 3 de la loi précitée,

Décrète :

Article premier. — Le taux de l'intérêt composé du capital dont il est tenu compte dans les tarifs d'après lesquels est calculé le montant de la rente viagère à servir aux déposants de la Caisse nationale des retraites pour la vieillesse, est fixé à 3 fr. 50 p. 100 pour les versements, abandons de capitaux et ajournements de jouissance effectués pendant l'année 1903.

Art. 2. — Le ministre des finances est chargé de l'exécution du présent décret, qui sera inséré au *Bulletin des lois* et publié au *Journal officiel* de la République française.

19 Décembre 1902. — *Circulaire du ministre de la justice adressée aux procureurs généraux près les Cours d'appel au sujet de la désignation, par les tribunaux, de l'officier public chargé de procéder à la vente aux enchères de valeurs mobilières cotées* (2).

Monsieur le Procureur général,

Mon attention a été appelée, à diverses reprises, sur la pratique suivie par les tribunaux de désigner les notaires pour procéder à la vente aux enchères des va-

(1) Cette Caisse fait fructifier les fonds déposés et les restitue sous forme de rentes viagères augmentées par l'accumulation des intérêts et en tenant compte des chances de mortalité. Elle est régie par les lois des 18 juin 1850 et 20 juillet 1886, et par le décret du 28 décembre 1886. C'est la Caisse des dépôts et consignations qui la gère, sous la garantie de l'État et le contrôle d'une commission supérieure, et pourvoit à tous les frais de personnel et de matériel. Les fonds sont employés en rentes sur l'État, en valeurs du Trésor ou garanties par le Trésor, et en obligations départementales et communales garanties par des centimes extraordinaires spécialement votés à cet effet.

Les tarifs des rentes viagères sont calculés d'après l'intérêt composé du capital versé, les chances de mortalité du déposant et les conditions dans lesquelles il a effectué ses versements. Un décret fixe, au mois de décembre, le tarif qui sera appliqué pendant l'année suivante. — V. Append. L. du 20 juillet 1886.

(2) Cette circulaire met fin aux nombreuses controverses qui s'étaient élevées, depuis plus d'un demi-siècle, entre la corporation des notaires et celle des agents de change au sujet de la question des ventes aux enchères de valeurs mobilières cotées. S'il paraît admis que les tribu-

leurs mobilières susceptibles d'être cotées, sur les inconvénients qui peuvent en résulter, et sur les avantages que présenterait, pour la vente de ces valeurs, la désignation exclusive des agents de change On a même invoqué, en s'appuyant sur le texte des articles 76 du Code de commerce, 3 de la loi du 27 février 1880 (1), et 70 du décret du 7 octobre 1890 (2), l'existence d'un véritable privilège en faveur de ces officiers publics qui, seuls, auraient le droit d'y procéder.

Cette dernière opinion ne me paraît pas suffisamment fondée. L'article 76 du Code de commerce déclare, à la vérité, « que les agents de change ont seuls le droit de » faire les négociations des effets publics et autres susceptibles d'être cotés ». Mais cette disposition, d'après la jurisprudence de la Cour de cassation (arrêt du 7 décembre 1853), ne doit pas être entendue en ce sens que les agents de change ont seuls, et à l'exclusion des notaires, le droit de vendre des actions industrielles susceptibles d'être cotées à la Bourse. Ils n'ont ce droit exclusif qu'autant que la vente doit avoir lieu à la Bourse par voie de négociation, d'agent de change à agent de change. Si donc il s'agit de valeurs dont la vente, d'après le Code de procédure civile, doit être ordonnée par justice pour être faite publiquement aux enchères et par le ministère d'un officier public, il est loisible aux tribunaux de renvoyer une telle vente devant un notaire désigné. Il paraît, d'autre part, excessif de considérer que la loi du 27 février 1880 (art. 3) et le décret du 7 octobre 1890 (art. 70) ont résolu la question et reconnu aux agents de change, à l'exclusion de tous autres officiers publics, un privilège pour la vente aux enchères des valeurs mobilières susceptibles d'être cotées, privilège qui ne saurait résulter que d'un texte de loi explicite et formel.

Le principe est donc que les notaires ont qualité pour procéder, soit en vertu d'une désignation de justice, soit sur la réquisition amiable des parties, à la vente aux enchères de valeurs mobilières, même susceptibles d'être cotées.

Il convient, toutefois, de signaler les inconvénients très réels que peut présenter, en ce qui concerne ces sortes de ventes, pour l'ordre et l'intérêt publics, la désignation des notaires.

Elle peut d'abord avoir pour résultat de créer une dualité de marchés, de constituer à côté du marché officiel un autre marché public, de nuire ainsi à la régularité et à la sincérité du marché officiel et d'y produire une certaine perturbation de nature à fausser les cours au préjudice soit du vendeur, soit de l'acheteur.

D'autre part, il n'est pas inutile de rappeler que les frais des adjudications par devant notaires peuvent s'élever jusqu'à 4 %, tandis que, sur le marché officiel, les frais de ventes dépassent à peine 1/4 % du montant de la négociation et peuvent même être très inférieurs à ce taux. Le ministère des agents de change offre donc le double avantage d'être moins onéreux et de maintenir l'unité du marché.

L'intérêt du public exige, en conséquence, que l'on y ait recours toutes les fois

naux ont le droit de désigner l'officier public qui peut être chargé de procéder à ces ventes aux enchères, il leur est néanmoins recommandé de les réserver de préférence aux agents de change, dans le but d'exonérer les parties de frais souvent considérables, et de les faire bénéficier, en outre, des avantages que peut seul présenter le marché de la Bourse au point de vue de la concurrence et de la publicité.

(1) V. M.

(2) V. M. Append. V. également M. Append. Règlement particulier, art. 69.

qu'il s'agira de valeurs cotées à la Bourse, y ayant un marché régulier, et susceptibles d'y être négociées dans toutes les conditions de sincérité et de sécurité désirables.

Au contraire, il sera loisible aux tribunaux de renvoyer devant un notaire désigné la vente publique et aux enchères de valeurs mobilières qui n'ont pas un marché régulier, et dont la négociation en Bourse sans publicité préalable, ou même opérée dans les conditions prescrites par l'article 70 du décret du 7 octobre 1890, ne serait pas de nature à sauvegarder d'une manière suffisante les intérêts des parties en cause.

En portant à la connaissance de vos Substituts la présente circulaire, je vous prie, Monsieur le Procureur général, de les inviter à signaler, le cas échéant, les considérations qui précèdent aux tribunaux de votre ressort, afin de les mettre à même de désigner en parfaite connaissance de cause le mode d'aliénation et les officiers publics dont le ministère leur paraîtra le plus favorable aux intérêts des parties.

Recevez, Monsieur le Procureur général, l'assurance de ma considération très distinguée.

Le Garde des sceaux, ministre de la justice,

VALLÉ.

APPENDICE

APPENDICE

N° 1

LISTE

DES

SYNDICS DE LA COMPAGNIE DES AGENTS DE CHANGE

De 1892 à 1902

HERBAULT . . .	21 décembre 1891 au 15 octobre 1895.
BACOT.	15 octobre 1895 au 29 octobre 1895.
DE VERNEUIL. .	29 octobre 1895 à ce jour.

N. B. — La liste des Syndics de la Compagnie, antérieure à 1892, se trouve dans le MANUEL DES AGENTS DE CHANGE, p. 688.

N° 2. TARIF DU DROIT DE COURTAGE

ÉTABLI PAR LA CHAMBRE SYNDICALE

EN EXÉCUTION DE L'ARTICLE 38 DU DÉCRET DU 7 OCTOBRE 1890
ET DE L'ARTICLE 1er DU DÉCRET DU 12 JUILLET 1901

ART. 76 DU CODE DE COMMERCE. — Les Agents de change, constitués de la manière prescrite par la loi, ont seuls le droit de faire les négociations des effets publics et autres susceptibles d'être cotés; de faire pour le compte d'autrui les négociations des lettres de change ou billets et de tous papiers commerçables, et d'en constater le cours.

(Toute réduction sur les droits indiqués dans le tarif ci-dessous rendrait l'Agent de change passible de pénalités très sévères de la part de la Chambre syndicale.)

NÉGOCIATIONS effectuées en vertu de pièces contentieuses.	0.25 °/₀ du montant de la négociation.
NÉGOCIATIONS AU COMPTANT sur toutes valeurs y compris la Rente française.	0.10 °/₀ du montant de la négociation avec minimum de 0.50 c. par bordereau.
NÉGOCIATIONS A TERME	
Rente française	12 fr. 50 par 1,500 fr. de rente 3 °/₀ perpétuelle ou amort. et par 1,750 fr. de rente 3 1/2 °/₀.
Fonds d'États étrangers. se négociant en capital ou en rentes. . .	25 fr. pour la plus petite coupure négociable à terme et successivement dans la même proportion.
Actions et Obligations.	
Pour les actions et obligations lorsque le cours est inférieur à 250 fr.	0.25 c. par action ou obligation.
Pour les actions et obligations lorsque le cours est compris entre 250 et 500 fr. .	0.50 c. par action ou obligation.
Pour les actions et obligations dont le cours dépasse 500 fr.	0.10 °/₀ du montant de la négociation.
OPÉRATIONS DE REPORTS	
Rente française	12 fr. 50 par 1,500 fr. de rente 3 °/₀ perpétuelle ou amort. et par 1,750 fr. de rente 3 1/2 °/₀.
Sur toutes autres valeurs.	
Pour les valeurs soumises à la double liquidation	1/20me °/₀ du montant de la négociation.
Pour les valeurs soumises à la liquidation mensuelle	1/12me °/₀ du montant de la négociation.
A titre exceptionnel, sur les Fonds d'États étrangers dont le cours est supérieur à 60 fr.	15 fr. pour la plus petite coupure négociable à terme et successivement dans la même proportion.

DISPOSITIONS SPÉCIALES

Les tarifs ci-dessus sont applicables à toutes les certifications de signatures données par les Agents de change lorsqu'elles ne se rapportent ni à un achat ni à une vente (Décret du 7 octobre 1890).

Pour les valeurs non entièrement libérées, les maxima indiqués ci-dessus sont réduits proportionnellement à la partie non versée.

Lorsque deux opérations en sens contraire ont été effectuées en vertu du même ordre et dans la même bourse, les maxima ci-dessus ne sont calculés que sur l'opération donnant lieu au courtage le plus élevé.

En vertu d'une décision de la Chambre Syndicale, la disposition qui précède est applicable à tous les donneurs d'ordre.

22 Juillet 1901. *Le Syndic,* **M. DE VERNEUIL.**

N° 3. TARIF DU DROIT DE TIMBRE

PERÇU AU PROFIT DE L'ÉTAT

SUR LES OPÉRATIONS DE BOURSE

(Lois des 28 Avril 1893 et 28 Décembre 1895)

Sur toute opération d'achat ou de vente au comptant ou à terme :	
Pour la Rente française.............	**0,0125** °/₀₀ ou fraction de mille francs du montant de la négociation.
Pour toutes les autres valeurs (françaises ou étrangères)..............	**0,05** °/₀₀ ou fraction de mille francs du montant de la négociation.
Sur les opérations de report :	
Pour la Rente française.............	**0,00625** °/₀₀ ou fraction de mille francs sur le montant de l'achat ou de la vente du côté le plus élevé.
Pour toutes les autres valeurs (françaises ou étrangères).............	**0,025** °/₀₀ ou fraction de mille francs sur le montant de l'achat ou de la vente du côté le plus élevé.
Sur les opérations faites à l'étranger.	**0,10** °/₀₀ ou fraction de mille francs sur le montant de l'achat ou de la vente.

DISPOSITIONS DIVERSES

Le droit étant établi par 1,000 francs ou fraction de 1,000 francs, le montant de la perception ne peut être inférieur au taux même du droit ou à ses multiples.

Toute fraction de centime dans la liquidation du droit donne lieu à la perception du centime entier.

Pour les valeurs non libérées, le droit est calculé sur le montant de la négociation, déduction faite du non versé.

Pour les opérations à primes, le droit n'est perçu, en cas d'abandon du marché, que sur le montant de la prime abandonnée.

Les opérations d'escompte ou de compensation ne donnent lieu à la perception d'aucun droit.

N° 4.

TABLEAU DES PLUS HAUTS ET PLUS BAS COURS DES RENTES FRANÇAISES

PAR ANNÉE, DE 1893 A 1902 (1)

ANNÉES	PLUS HAUT		PLUS BAS		ANNÉES	PLUS HAUT		PLUS BAS	
4 1/2 °/₀ (1883)									
1893	26 avril	**107 20**	2 nov.	**103 45**	1894	3 janv.	**105 90**	16 janv.	**104 »**
3 1/2 °/₀ (1894)									
1894	5 sept.	**109 40**	1er fév.	**103 50**	1899	24 janv.	**104 75**	2 nov.	**101 25**
1895	16 avril	**108 65**	2 nov.	**104 80**	1900	31 janv.	**103 60**	2 mai	**101 40**
1896	31 janv.	**107 40**	1er juin	**104 20**	1901	30 janv.	**103 75**	5 nov.	**100 65**
1897	31 juill.	**108 35**	15 fév.	**104 97**	1902	31 janv.	**102 80**	25 oct.	**100 50**
1898	27 janv.	**107 70**	2 nov.	**103 90**					
3 °/₀ (1825)									
1893	1er déc.	**99 60**	9 janv.	**93 60**	1898	5 mars	**104 30**	2 nov.	**101 35**
1894	13 sept.	**104 50**	25 janv.	**96 80**	1899	18 fév.	**103 05**	27 déc.	**98 75**
1895	7 mars	**103 75**	2 nov.	**99 60**	1900	13 déc.	**102 30**	2 janv.	**99 15**
1896	3 déc.	**103 25**	17 juin	**100 60**	1901	14 fév.	**102 45**	17 juin	**99 85**
1897	10 août	**105 25**	15 fév.	**101 60**	1902	7 juin	**102 »**	17 déc.	**98 45**
3 °/₀ amortissable (1878)									
1893	4 sept.	**99 50**	4 janv.	**95 »**	1898	5 mars	**103 25**	20 avril	**100 »**
1894	13 sept.	**102 50**	26 janv.	**96 75**	1899	2 mars	**101 70**	27 déc.	**98 90**
1895	16 mars	**102 »**	2 nov.	**99 65**	1900	12 déc.	**100 90**	5 juil.	**97 80**
1896	11 déc.	**101 75**	1er juin	**100 »**	1901	5 mars	**100 75**	1er juil.	**99 10**
1897	10 août	**105 10**	15 fév.	**100 25**	1902	20 juin	**101 45**	24 nov.	**98 50**

(1) Les cours soulignés sont les plus hauts et plus bas cotés sur chaque espèce de rentes.

NOTA. — Les cours des années antérieures se trouvent indiqués dans le MANUEL (V. Append.).

Voici les cours extrêmes cotés depuis l'origine jusqu'à ce jour sur les diverses rentes :

	PLUS HAUT.	PLUS BAS.
4 1/2 °/₀ 1883	**110 90** le 26 juillet 1886,	**103 30** le 27 novembre 1888.
3 1/2 °/₀ 1894	**109 40** le 5 septbre 1894,	**100 50** le 25 octobre 1902.
3 °/₀ 1825	**105 25** le 10 août 1897,	**32 50** le 5 avril 1848.
3 °/₀ amortissable	**105 10** le 10 août 1897,	**76 27** le 4 mars 1884.

N° 5.

VARIATIONS DU TAUX DE L'ESCOMPTE

De la Banque de France, de 1892 à 1902

DATES	TAUX POUR CENT	DATES	TAUX POUR CENT
1892 19 Mai	2 1/2	1900 11 Janvier	4
1895 14 Mars	2	» 25 Janvier	3 1/2
1898 20 Octobre	3	» 25 Mai	3
1899 7 Décembre	3 1/2	Jusqu'à ce jour.	
» 21 Décembre	4 1/2		

(1) Pour les variations du taux de l'escompte antérieures V. M. Append.

Les variations du taux de l'escompte, à la Banque d'Angleterre, beaucoup plus fréquentes qu'à la Banque de France, ont été les suivantes de 1892 à octobre 1902 :

1892 Janvier 21 — 3 p. 100	1896 Septemb. 10 — 2 1/2 p. 100	1899 Octobre 5 — 5 p. 100
— Avril 7 — 2 1/2 —	— Septembre 24 — 3 —	— Novembre 30 — 6 —
— Avril 28 — 2 —	— Octobre 22 — 4 —	1900 Janvier 11 — 5 —
— Octobre 20 — 3 —	1897 Janvier 21 — 3 1/2 —	— Janvier 18 — 4 1/2 —
1893 Janvier 26 — 2 1/2 —	— Février 4 — 3 —	— Janvier 25 — 4 —
— Mai 4 — 3 —	— Avril 8 — 2 1/2 —	— Mai 24 — 3 1/2 —
— Mai 11 — 3 1/2 —	— Mai 13 — 2 —	— Juin 14 — 3 —
— Mai 18 — 4 —	— Septemb. 23 — 2 1/2 —	— Juillet 19 — 4 —
— Juin 8 — 3 —	— Octobre 14 — 3 —	1901 Janvier 3 — 5 —
— Juin 15 — 2 1/2 —	1898 Avril 7 — 4 —	— Février 7 — 4 1/2 —
— Août 3 — 3 —	— Mai 26 — 3 1/2 —	— Février 21 — 4 —
— Août 10 — 4 —	— Juin 2 — 3 —	— Juin 6 — 3 1/2 —
— Août 24 — 5 —	— Juin 30 — 2 1/2 —	— Juin 13 — 3 —
— Septembre 14 — 4 —	— Septembre 22 — 3 —	— Octobre 31 — 4 —
— Septemb. 21 — 3 1/2 —	— Octobre 13 — 4 —	1902 Janvier 23 — 3 1/2 —
— Octobre 5 — 3 —	1899 Janvier 19 — 3 1/2 —	— Février 6 — 3 —
1894 Février 1er — 2 1/2 —	— Février 2 — 3 —	— Octobre 2 — 4 —
— Février 22 — 2 —	— Juillet 13 — 3 1/2 —	
1895 Pas de changt — 2 —	— Octobre 3 — 4 1/2 —	

N° 6. AGENTS DE CHANGE PRÈS LES BOURSES POURVUES D'UN PARQUET

Ressortissant au Ministère des Finances.

RÉSIDENCES	NOMBRE	QUALITÉS	CAUTIONNEMENT
			fr.
Paris	70	Agents de change	250.000
Lyon	27	Id	40.000
Bordeaux	18	Id	30.000
Marseille	16	Id	30.500
Nantes	10	Id	10.000
Toulouse	7	Id	12.000
Lille	6	Id	12.000

N° 7. AGENTS DE CHANGE PRÈS LES BOURSES NON POURVUES D'UN PARQUET

Ressortissant au Ministère du Commerce.

DÉPARTEMENTS	RÉSIDENCES	NOMBRE	QUALITÉS	CAUTIONNEMENT
				fr.
LOT-ET-GARONNE	Agen	2	Agents de change	6.000
MAINE-ET-LOIRE	Angers	1	Id	6.000
DOUBS	Besançon	1	Id	6.000
HÉRAULT	Cette	3	Agents de change cumulant avec les fonctions de courtiers d'assurances.	6.000
PUY-DE-DOME	Clermont-Ferrand	2	Agents de change	6.000
SEINE-INFÉRIEURE	Dieppe	1	Id	6.000
NORD	Dunkerque	11	Agents de change cumulant avec les fonctions de courtiers d'assurances, interprètes et conducteurs de navires	12.000
SEINE-INFÉRIEURE	Le Havre	3	Agents de change	10.000
ALPES-MARITIMES	Nice	1	Id	6.000
DEUX-SÈVRES	Niort	1	Id	6.000
LOIRET	Orléans	2	Id	6.000
VIENNE	Poitiers	2	Id	6.000
MARNE	Reims	3	Id	6.000
CHARENTE-INF.	La Rochelle	2	Agents de change cumulant avec les fonctions de courtiers d'assurances.	8.000
AVEYRON	Rodez	1	Agent de change	6.000
SEINE-INFÉRIEURE	Rouen	2	Id	15.000
AVEYRON	Saint-Geniez	1	Id	6.000
VAR	Toulon	2	Agents de change cumulant avec les fonctions de courtiers, interprètes et conducteurs de navires	6.000
AUBE	Troyes	2	Agents de change	8.000
SEINE-ET-OISE	Versailles	2	Id	6.000

N° 8.

TABLEAU DES SUCCURSALES DE LA BANQUE DE FRANCE (1)

Mâcon	9 avril 1898.	Narbonne	27 juin 1898.
Mézières-Charleville	— d° —	Saint-Denis	— d° —
Pau	— d° —	Saint-Omer	— d° —
Aix	27 juin 1898.	Sens	— d° —
Béziers	— d° —	Verdun	— d° —
Cherbourg	— d° —	Alençon	16 août 1899.
Cognac	— d° —	Laon	— d° —
Compiègne	27 juin 1898.	Vannes	— d° —
Elbeuf	— d° —	Ajaccio	6 novembre 1899.
Fougères	— d° —	Guéret	— d° —
Libourne	— d° —	Quimper	— d° —
Lisieux	— d° —	Albi	18 décembre 1899.
Maubeuge	27 juin 1898.	Châlons-sur-Marne	— d° —
Mazamet	— d° —	Draguignan	— d° —
Millau	— d° —	Melun	— d° —
Montluçon	— d° —	Privas	— d° —

(1) Pour le tableau des succursales créées antérieurement au 9 avril 1898 V. M. Append.
Le nombre des places bancables est actuellement de 400 :

1 Banque centrale.
126 Succursales.
49 Bureaux auxiliaires.
224 Villes rattachées.

N° 9.

7-17 GERMINAL AN XI (28 MARS 1803). — *Loi sur la fabrication et la vérification des monnaies* (1).

Dispositions générales.

Cinq grammes d'argent, au titre de neuf dixièmes de fin constitue l'unité monétaire, qui conserve le nom de franc.

TITRE Ier. — DE LA FABRICATION DES MONNAIES

ARTICLE PREMIER. — Les pièces de monnaie d'argent seront d'un quart de franc, d'un demi-franc, de trois quarts de franc, d'un franc, de deux francs et de cinq francs.

ART. 2. — Leur titre est fixé à neuf dixièmes de fin et un dixième d'alliage.

ART. 3. — Le poids de la pièce d'un quart de franc sera d'un gramme vingt-cinq centigrammes;

Celui de la pièce d'un demi-franc, de deux grammes cinq décigrammes;

Celui de la pièce de trois quarts de franc, de trois grammes soixante-quinze centigrammes;

Celui de la pièce d'un franc, de cinq grammes;

Celui de la pièce de deux francs, de dix grammes;

Et celui de la pièce de cinq francs, de vingt-cinq grammes.

ART. 4. — La tolérance du titre sera, pour la monnaie d'argent, de trois millièmes en dehors, autant en dedans.

ART. 5. — La tolérance de poids sera, pour les pièces d'un quart de franc, de dix millièmes en dehors, autant en dedans; pour les pièces d'un demi-franc et de trois quarts de franc, de sept millièmes en dehors, autant en dedans; pour les pièces d'un franc et de deux francs, de cinq millièmes en dehors, autant en dedans; et pour les pièces de cinq francs, de trois millièmes en dehors, autant en dedans.

ART. 6. — Il sera fabriqué des pièces d'or de vingt francs et de quarante francs.

ART. 7. — Leur titre est fixé à neuf dixièmes de fin et un dixième d'alliage.

ART. 8. — Les pièces de vingt francs seront à la taille de cent cinquante-cinq pièces au kilogramme, et les pièces de quarante francs à celle de soixante-dix-sept et demie.

ART. 9. — La tolérance du titre de la monnaie d'or est fixée à deux millièmes en dehors, autant en dedans.

ART. 10. — La tolérance de poids est fixée à deux millièmes en dehors, autant en dedans.

ART. 11. — Il ne pourra être exigé de ceux qui porteront les matières d'or ou d'argent à la monnaie, que les frais de fabrication.

Ces frais sont fixés à neuf francs par kilogramme d'or et trois francs par kilogramme d'argent.

ART. 12. — Lorsque les matières seront au-dessous du titre monétaire, elles supporteront les frais d'affinage ou de départ.

Le montant de ces frais sera calculé sur la portion desdites matières qui doit être purifiée, pour élever la totalité au titre monétaire (2).

ART. 13. — Il sera fabriqué des pièces de cuivre pur, de deux centièmes, de trois centièmes et de cinq centièmes de franc.

(1) V. loi du 8 Frimaire an IV; décret du 7 Messidor an XII.

(2) V. Arrêté du 26 Prairial an XI.

ART. 14. — Le poids des pièces de deux centièmes sera de quatre grammes;

Celui des pièces de trois centièmes, de six grammes;

Et celui des pièces de cinq centièmes, de dix grammes.

ART. 15. — La tolérance de poids sera, pour les pièces de cuivre, d'un cinquième en dehors.

ART. 16. — Le type des pièces de monnaie est réglé comme il suit :

Sur une des surfaces des pièces d'or, d'argent et de cuivre, la tête du premier Consul, avec la légende : Bonaparte, premier Consul;

Sur le revers, deux branches d'olivier, au milieu desquelles on placera la valeur de la pièce, et en dehors, la légende : République française, avec l'année de la fabrication;

Sur les pièces d'or et de cuivre, la tête regardera la gauche du spectateur; et sur les pièces d'argent, elle regardera la droite.

La tranche des pièces de cinq francs portera cette légende : Dieu protège la France.

ART. 17. — Le diamètre de chaque pièce sera déterminé par un règlement d'administration publique.

TITRE II. — DE LA VÉRIFICATION DES MONNAIES

ART. 18. — Les monnaies fabriquées aux termes de la présente ne seront mises en circulation qu'après vérification de leur titre et de leur poids : cette vérification se fera sous les yeux de l'administration des monnaies, immédiatement après l'arrivée des échantillons.

ART. 19. — Les directeurs de fabrication pourront assister en personne aux vérifications, ou se faire représenter par un fondé de pouvoir.

ART 20. — L'administration dressera procès-verbal des opérations relatives à la vérification du monnayage; elle enverra ce procès-verbal au ministre des finances et du Trésor public, avec sa décision.

ART. 21. — Les pièces qui auront servi à constater l'état de la fabrication resteront déposées aux archives de l'administration des monnaies pendant cinq ans; elles seront ensuite passées en recette au caissier, qui les enverra à la refonte.

ART. 22. — En cas de fraude dans le choix des échantillons, les auteurs, fauteurs et complices de ce délit seront punis comme faux monnayeurs.

N° 10.

10 PRAIRIAL AN XI (30 MAI 1803). — *Arrêté portant règlement sur l'administration des monnaies* (1).

TITRE Ier. — DE L'ADMINISTRATION CENTRALE

ARTICLE PREMIER. — L'administration des monnaies sera composée de trois membres nommés par le premier Consul.

ART. 2. — Elle est chargée de diriger la fabrication des monnaies, d'en juger le poids et le titre, de surveiller les fonctionnaires, directeurs, caissiers et autres employés; de vérifier la comptabilité des ateliers monétaires et le titre des espèces étrangères; de proposer la rectification des tarifs qui règlent leur admission au change; de statuer sur les difficultés qui pourraient s'élever entre les porteurs de matières et les caissiers; de surveiller la fabrication des poinçons, matrices et carrés, et leur emploi; de l'épreuve des carrés nécessaires aux monnaies

(1) V. Loi du 22 Vendémiaire an IV et l'arrêté du 10 Thermidor an XI.

avant d'en faire l'envoi aux commissaires, et généralement de maintenir l'exécution des lois sur les monnaies et la garantie des matières d'or et d'argent.

Art. 3. — L'administration des monnaies est comprise dans les attributions du ministre des finances.

Art. 4. — Les fonctionnaires attachés à l'administration des monnaies sont : 1° un inspecteur général des monnaies ; 2° un inspecteur des essais, un vérificateur des essais et deux essayeurs ; 3° un graveur ; 4° un secrétaire général, garde des archives et dépôts.

Art. 5. — L'inspecteur général des monnaies et le secrétaire général de l'administration sont nommés par le premier Consul, sur la présentation du ministre des finances.

L'inspecteur des essais et le graveur sont également nommés par le premier Consul, d'après un concours dont le ministre des finances choisira les juges, sur la proposition de l'administration des monnaies.

Art. 6. — Le même concours aura lieu pour les places de vérificateurs et d'essayeurs. Ces fonctionnaires sont nommés par le ministre des finances.

TITRE II. — Des ateliers monétaires

Art. 7. — Il y aura, pendant trois ans, seize ateliers monétaires, savoir : à Paris, Perpignan, Bayonne, Bordeaux, Toulouse, Limoges, La Rochelle, Nantes, Rouen, Lille, Bruxelles, Strasbourg, Lyon, Genève, Marseille et Turin. A l'expiration de ce terme, le ministre des finances proposera la conservation de ceux qui auront le plus d'avantages, et qui seront jugés nécessaires.

Art. 8. — Les fonctionnaires de chaque atelier monétaire sont : un commissaire, un directeur de la fabrication, un contrôleur du monnayage, un caissier.

Art. 9. — Les directeurs, caissiers et commissaires seront nommés par le premier Consul, sur la proposition du ministre des finances.

Le contrôleur du monnayage sera nommé par le ministre des finances, sur la présentation de l'administration des monnaies.

TITRE III. — Des fonctionnaires attachés a l'administration centrale

§ Ier. — *De l'inspecteur général des monnaies.*

Art. 10. — L'inspecteur général des monnaies est chargé de remplir les missions et d'exécuter les opérations qui lui seront prescrites par l'administration des monnaies.

§ II. — *De l'inspecteur des essais.*

Art. 11. — L'inspecteur des essais surveillera les travaux des essayeurs pour la vérification du titre des matières et des espèces ; il dressera procès-verbal de leurs opérations, qui sera signé des essayeurs et du vérificateur, s'il y a lieu ; et il les remettra, avec son avis motivé, à l'administration des monnaies.

Il sera admis et aura voix délibérative dans les séances de l'administration, toutes les fois qu'il y sera question d'objets concernant les essais.

Il procédera, tous les trois mois, et plus souvent si l'administration des monnaies le juge convenable, à la vérification des poids et balances d'essai.

§ III. — *Du vérificateur des essais et des essayeurs.*

Art. 12. — Le vérificateur des essais vérifiera le titre des matières et espèces qui aura été indiqué par les essayeurs, et celui de l'or et de l'argent fin provenant des affinages. Cette vérification se fera en présence de l'inspecteur des essais.

Il choisira un poinçon qu'il fera insculper sur une planche de cuivre déposée au secrétariat de l'administration.

Art. 13. — Les essayeurs de la monnaie indiqueront le titre des espèces fabriquées; ils y procéderont conformément aux instructions arrêtées par l'administration.

Ils choisiront un poinçon qu'ils feront insculper sur une planche de cuivre qui sera déposée au secrétariat de l'administration.

Art. 14. — Les essayeurs et vérificateur des essais ne pourront procéder à l'essai d'aucune matière, que d'après les ordres de l'administration centrale.

Il leur est expressément défendu de faire aucune opération pour le compte des particuliers.

Ils tiendront registre de toutes leurs opérations, dont l'administration des monnaies pourra prendre communication quand elle le jugera convenable; et ils en déposeront un double, tous les ans, au secrétariat général de ladite administration.

Ils ne pourront employer que les agents d'essai qui leur auront été remis par l'administration près de laquelle il en sera établi un dépôt, où tous les directeurs seront aussi tenus de s'approvisionner.

La quantité de ces agents sera vérifiée en présence des membres composant l'administration centrale, par trois chimistes choisis par l'administration.

§ IV. — *Du graveur.*

Art. 15. — Le graveur sera chargé de la fabrication des poinçons, matrices et carrés nécessaires à la fabrication des espèces : les prix de ces carrés seront réglés par le ministre des finances, sur la proposition de l'administration des monnaies; ils seront payés, après l'épreuve, sur les ordonnances du ministre des finances.

L'épreuve des carrés sera faite en présence d'un membre de l'administration, du commissaire et du contrôleur du monnayage; il en sera dressé procès-verbal qui sera déposé au secrétariat de l'administration.

Le graveur mettra sur les carrés qu'il fabriquera le signe particulier ou différent dont il sera convenu avec l'administration; il le fera insculper sur une planche de cuivre qui sera déposée au secrétariat de l'administration.

§ V. — *Du secrétaire général garde des archives et dépôts.*

Art. 16. — Le secrétaire général garde des archives et dépôts de l'administration centrale des monnaies à Paris est chargé des registres et papiers qui la concernent, ainsi que des minutes des procès-verbaux, jugements et décisions relatifs à la fabrication, dont il délivrera les expéditions requises et nécessaires, sans rétribution.

Il est pareillement chargé du dépôt des échantillons qui auront servi au jugement des fabrications, lesquels seront renfermés, pendant le temps prescrit par l'article 21 de la loi du 7 germinal, dans une armoire fermant à trois clefs, dont l'une sera entre les mains de l'administrateur, l'autre entre celles du commissaire et la troisième entre celles du secrétaire général.

Il est pareillement chargé de la recette des carrés fournis par le graveur général, et de leur livraison ou envoi aux commissaires établis près chacun des hôtels des monnaies; il sera tenu registre des entrées et sorties desdits carrés, qui seront aussi renfermés dans une armoire fermant à trois clefs, déposées ainsi qu'il est dit en l'article précédent.

TITRE IV. — Des fonctionnaires des ateliers monétaires

§ Ier. — *Des commissaires.*

Art. 17. — Les commissaires exercent la police dans les ateliers monétaires.

Ils veillent principalement à ce que les règlements qui concernent la fabrication des espèces soient exactement observés par toutes les personnes chargées de quelques fonctions relatives à cette manipulation.

Ils sont sous les ordres immédiats de l'administration des monnaies et responsables de l'exécution des ordres et instructions qu'ils en auront reçus.

ART. 18. — Ils vérifient et arrêtent à la fin de chaque mois, et plus souvent s'ils le jugent convenable, les registres du directeur, du contrôleur du monnayage et du caissier; et ils envoient, à la même époque, au ministre des finances, à celui du Trésor public, et à l'administration des monnaies, un bordereau de situation de la caisse, tant en matières qu'en espèces.

Ils procèdent tous les trois mois, et plus souvent s'ils le jugent convenable, à la vérification des poids et balances autres que ceux d'essais.

ART. 19. — Le commissaire de la monnaie de Paris fera difformer tous les trois mois, en présence d'un administrateur, du contrôleur du monnayage, du directeur et du graveur, les poinçons, carrés et matrices hors d'usage.

Dans les autres ateliers monétaires, le commissaire fera difformer les carrés hors d'usage, en présence du contrôleur du monnayage et du directeur.

Il sera dressé procès-verbal de cette opération, et il sera envoyé expédition à l'administration et au ministre des finances. Les carrés difformés seront renvoyés par le commissaire à l'administration des monnaies à Paris.

ART. 20. — Les commissaires feront constater les réparations et entretien en tout genre à la charge du Trésor public; ils en rendront compte à l'administration des monnaies, qui prendra l'autorisation du ministre des finances pour y faire procéder.

§ II. — *Du directeur de la fabrication.*

ART. 21. — Le directeur recevra du caissier les matières destinées à être converties en espèces nationales, et en donnera récépissé.

Il inscrira sur un registre le titre et le poids de ces matières; il en comptera d'après le poids et le titre auxquels il les aura reçues.

Il est maître de ses fontes et alliages, et fait exécuter, sous sa responsabilité, toutes les opérations relatives à la fabrication des monnaies; il est néanmoins soumis à l'inspection du commissaire et du contrôleur du monnayage, et obligé de se conformer aux ordres et instructions de l'administration.

Les espèces qu'il fabriquera auront le signe particulier, ou différent, dont il sera convenu avec l'administration; il le fera insculper sur une planche de cuivre, qui sera déposé au secrétariat général de l'administration.

Les sommes qui lui seront attribuées pour la fabrication, lui tiendront lieu de traitement, de tous frais de bureau quelconques, ainsi que ceux de fonte, fabrication, déchets et tous autres.

ART. 22. — Il sera tenu d'employer les carrés qui ont été fabriqués à Paris par le graveur attaché à l'administration, d'après les poinçons et matrices qui auront été adoptés au concours.

Ces carrés porteront le signe de reconnaissance déterminé pour chaque monnaie par l'administration, et dont le type sera déposé dans ses archives.

ART. 23. — Les carrés seront remis par le commissaire au contrôleur du monnayage, et rendus au commissaire chaque fois que le travail sera interrompu ou terminé. Les carrés seront repolis aux frais du directeur.

Il sera tenu registre de ses mouvements de carrés.

§ III. — *Du contrôleur du monnayage.*

ART. 24. — Le contrôleur du monnayage surveillera spécialement les opérations de la fabrication, il veillera à ce que les lois et règlements soient ponctuellement exécutés, il est sous la direction particulière du commissaire.

§ IV. — *Du caissier.*

ART. 25. — Le caissier est chargé de la recette au change et responsable de toutes ses opérations, tant pour le titre et le poids des espèces et matières, que pour tous autres faits de comptabilité.

ART. 26. — Il inscrira sur un registre particulier, par ordre de dates et numéros de versements, le poids, le titre et la valeur des matières reçues au change, et le nom du propriétaire.

ART. 27. — Il remettra de suite au directeur le double de l'inscription au registre, pour être par lui visé et remis au porteur de matières, auquel il tiendra lieu de récépissé.

ART. 28. — Le directeur transcrira sur un registre pareil à celui du caissier, les récépissés qu'il aura visés.

ART. 29. — Les caissiers et directeurs sont tenus de se conformer aux dispositions des articles précédents, même dans le cas où les matières auraient été payées à présentation.

ART. 30. — Les récépissés délivrés au porteur de matières et dûment acquittés, seront représentés par le caissier à l'appui de ses comptes.

ART. 31. — Les espèces étrangères et les espèces nationales hors de cours seront payées au change, conformément aux tarifs qui auront été publiés dans les formes prescrites par les lois; cependant le caissier ne sera tenu de recevoir les espèces qui ne seraient pas énoncées dans les tarifs, et les matières qui ne seraient pas marquées du poinçon d'un essayeur des monnaies, qu'après qu'elles auront été essayées; et, dans ce cas, il paiera seulement au porteur les trois quarts de la valeur.

Il est autorisé à retenir et à se faire payer sur le produit des espèces et matières qu'il recevra, dont le titre serait inférieur à celui des espèces nationales, les frais d'affinage seulement nécessaires pour les élever à ce titre, conformément à ce qui sera réglé à cet égard.

Les tarifs seront affichés à la porte et dans l'intérieur du bureau du change.

Les propriétaires des espèces ou matières pourront exiger qu'on leur en fournisse des bordereaux.

ART. 32. — Les espèces et matières apportées au change seront pesées avec la plus grande exactitude; en conséquence, les caissiers seront tenus de se pourvoir d'une série de balances propres à peser depuis vingt mille grammes jusqu'à la plus petite portion de poids.

ART. 33. — Le commissaire surveillera scrupuleusement l'exécution des dispositions ci-dessus.

ART. 34. — Le caissier livrera au directeur, sur récépissé qui sera inscrit sur un registre à ce destiné, les matières nécessaires à la fabrication.

Cette remise sera faite en présence du commissaire et du contrôleur du monnayage; il en sera dressé procès-verbal signé par ces quatre fonctionnaires.

Il se chargera en recette des espèces fabriquées, à mesure qu'elles lui seront délivrées par le commissaire; et il enverra, tous les quinze jours, au ministre des finances et à celui du Trésor public, le bordereau de sa caisse, tant en matières qu'en espèces, certifié par le commissaire.

ART. 35. — Il acquittera les dépenses de l'hôtel des Monnaies, sur les ordonnances du ministre des finances.

TITRE V

§ Ier. — *De la fabrication et délivrance des espèces monnayées.*

ART. 36. — Le commissaire est chargé d'inspecter et faire surveiller par le contrôleur du monnayage toutes les opérations relatives à la fabrication. Le travail en sera fait immédiatement après la remise des matières.

ART. 37. — La fabrication terminée, le commissaire et le contrôleur prendront chacun trois pièces sur toutes les autres, au hasard et sans choix; ces six pièces seront mises dans un paquet, sans être pesées, sous les cachets du commissaire, du directeur et du contrôleur; ce paquet sera adressé sans délai à l'administration par le commissaire.

ART. 38. — La masse restante des espèces sera pesée en présence du commissaire, du contrôleur, du directeur et du caissier. Il en sera dressé procès-verbal en triple expédition, signé par eux, et contenant le nombre, la valeur et le poids desdites espèces, qui seront remises dans le local destiné à servir de dépôt, jusques après la réception du jugement de l'administration; ce dépôt fermera à trois clefs, qui resteront entre les mains du commissaire, du directeur et du contrôleur.

Une expédition du procès-verbal sera envoyée à l'administration, les deux autres resteront entre les mains du commissaire et du directeur.

ART. 39. — Aussitôt après la réception du jugement, le commissaire vérifiera le poids et l'empreinte de chaque pièce : il séparera celles qui seront défectueuses ou faibles de poids, pour être refondues en sa présence et celle du contrôleur du monnayage; le surplus sera remis au caissier, qui s'en chargera en recette.

Si la fabrication est jugée mauvaise, les espèces ne sortiront du dépôt que pour être refondues en présence des mêmes fonctionnaires.

§ II. — *Des jugements du titre des espèces monnayées.*

ART. 40. — L'administration des monnaies procèdera au jugement des espèces, aussitôt qu'elles lui seront parvenues.

Les cachets reconnus sains, l'administration ouvrira le paquet et vérifiera le poids des pièces envoyées pour échantillons, et en dressera procès-verbal.

Si le poids des échantillons est au-dessous du remède, elle ordonnera la refonte sans vérification du titre.

Si le poids est dans les remèdes, il en sera remis trois à l'inspecteur des essais, qui les fera laminer pour les difformer, et y apposera un poinçon de marque, après les avoir pesés séparément.

Il en remettra une à chacun des deux essayeurs, et gardera la troisième pour la remettre au vérificateur des essais, s'il y a lieu.

Les essayeurs opèreront chacun séparément dans le laboratoire de l'inspecteur des essais; ils donneront leurs résultats dans le jour, et par écrit.

Le poids d'essai sera d'un gramme pour l'argent, et d'un demi-gramme pour l'or.

Si les rapports des deux essayeurs sont d'accord, le titre sera jugé d'après ces rapports.

Si les rapports des deux essayeurs ne sont pas d'accord, le vérificateur procèdera, en présence de l'inspecteur des essais, à la vérification du titre.

Si le rapport du vérificateur est d'accord avec celui d'un des essayeurs, le titre sera jugé d'après ce rapport.

Si le titre annoncé par le vérificateur est entre ceux déterminés par les essayeurs, le jugement sera fait d'après le titre moyen des trois essais.

Si le titre annoncé par le vérificateur n'est pas compris entre ceux déterminés par les essayeurs, il sera fait un nouvel essai par le vérificateur, sous les yeux de l'inspecteur des essais, de la manière suivante :

Il sera pris partie égale de chacune sur trois pièces, pour faire un nouvel essai; le résultat déterminera le jugement du titre, s'il n'en est pas autrement ordonné par l'inspecteur des essais.

Les essayeurs et le vérificateur remettront à l'inspecteur des essais le restant des échantillons ainsi que les boutons, cornets et résidus d'essai, pour faire les expériences qu'il jugera convenables.

Si l'inspecteur des essais reconnaissait qu'il y eût lieu à une nouvelle vérification, ou si elle était réclamée par le directeur présent, ou représenté par un fondé de pouvoirs, il y ferait procéder, sous ses yeux, par le vérificateur des essais. Ce dernier résultat déterminera le jugement du titre.

ART. 41. — Il sera dressé procès-verbal de ces opérations, signé de l'inspecteur, du vérificateur des essais, et des essayeurs; il en sera remis expédition à l'administration qui prononcera le jugement.

ART. 42. — L'administration enverra le jugement au commissaire, qui l'inscrira sur son registre, et en donnera copie certifiée au directeur et au caissier.

ART. 43. — Les échantillons qui auront servi au jugement de la délivrance, et les pièces de la même délivrance qui auront été conservées entières, seront renfermés dans un paquet sous les cachets de l'administration et de l'inspecteur des essais; ce paquet sera remis dans le dépôt confié à la garde du secrétaire général. Il en sera dressé procès-verbal, qui fera mention de la date de la fabrication, du jour du jugement, du titre rapporté et du nom de l'atelier monétaire : pareille mention sera faite sur le paquet.

TITRE VI. — Du traitement des administrateurs et fonctionnaires des monnaies.

ART. 44. — Le traitement de chacun des administrateurs des Monnaies est fixé à	12.000 fr.
Celui de l'inspecteur des essais, à	8.000
Celui du vérificateur des essais, à	7.000
Celui de chacun des deux essayeurs, à	6.000
Celui de l'inspecteur général des Monnaies, à	10.000
Il recevra, en outre, les indemnités de ses frais de voyage.	
Celui du secrétaire général, garde des archives et dépôts, à	8.000
Celui du commissaire près la Monnaie de Paris, à	8.000
Celui des commissaires près les autres Monnaies, à	5.000
Celui du contrôleur du monnayage près la Monnaie de Paris, à	3.000
Celui des contrôleurs près les autres Monnaies, à	2.400
Celui des caissiers des Monnaies, à	5.000

ART. 45. — Les frais des bureaux de l'administration des Monnaies seront réglés par le Gouvernement, d'après l'état qui en sera remis au ministre des finances par l'administration des Monnaies.

Le ministre des finances est chargé de l'exécution du présent arrêté.

N° 11.

24 AVRIL-7 MAI 1833. — *Loi relative aux formes et au contrôle des recepissés et autres titres qui engagent le Trésor public.*

ARTICLE PREMIER. — Tout versement en numéraire ou autres valeurs, fait aux caisses du caissier central du Trésor public, à Paris, et à celles des receveurs généraux et particuliers des finances, pour un service public, donnera lieu à la délivrance immédiate d'un récépissé à talon.

Ce récépissé sera libératoire et formera titre envers le Trésor public, à la charge toutefois, par la partie versante, de le faire viser et séparer de son talon, à Paris immédiatement, et dans les départements, dans les 24 heures de sa date, par les fonctionnaires et agents administratifs chargés de ce contrôle.

ART. 2. — Les bons royaux, traites et valeurs de toute nature émis par le caissier central n'engageront le Trésor qu'autant qu'ils seront délivrés sur des formules à talon et revêtus du visa du contrôle. Cette disposition est applicable aux mandats délivrés par le payeur des dépenses à Paris.

Les acceptations, par le caissier central, des effets et traites émis sur sa caisse, n'obligeront également le Trésor qu'autant qu'elles seront revêtues du visa du contrôle.

ART. 3. — Ne seront pas soumis aux formalités prescrites par les articles précédents les versements faits chez les receveurs généraux et particuliers des finances, pour cause d'achat et de vente de rentes, ces sortes de versements ne donnant lieu à aucun recours en garantie contre le Trésor (1).

N° 12.

31 JANVIER 1851. — *Arrêté ministériel relatif aux bordereaux assujettis au timbre par la loi du 5 juin 1850.*

Le ministre des finances a décidé :

. . . .

En ce qui concerne les bordereaux et arrêtés des agents de change et des courtiers, que le droit de timbre de dimension est exigible soit d'après l'art. 13 de la loi du 5 juin 1850, soit d'après l'art. 12 de la loi du 13 brumaire an VII :

1° Sur les bordereaux et arrêtés signés, soit par les agents de change ou les courtiers et par les parties, soit par les agents de change ou les courtiers seulement;

2° Sur tous les bordereaux ou arrêtés délivrés dans le cours de la même négociation, en quelque nombre qu'ils soient, même sur ceux remis aux parties qui les rendent ensuite, et sur ceux appelés comptes de liquidation;

3° Sur les pièces connues sous les dénominations de cartes, notes, bulletins, extraits, copies, imprimés, spécimen, memento, etc., qui seraient remises aux parties et qui seraient revêtues de la signature des agents de change ou courtiers seulement, faites, soit à la main, soit au moyen d'une griffe, soit par le procédé de l'imprimerie ou de la lithographie, ainsi que sur celles de ces mêmes pièces qui seraient signées par l'une des parties contractantes, et non par l'officier public;

4° Sur les pièces remises par les parties aux agents de change et courtiers à titre de reçus ou de décharges;

Que les exceptions, quant à l'affranchissement du timbre, peuvent porter uniquement sur les notes ou bulletins échangés entre les agents de change ou courtiers, lorsqu'ils les conservent, et sur les notes, cartes, bulletins, etc., dépourvus de signatures réelles ou figurées, et qui restent à l'état de pièces informes, ne pouvant jamais faire titre aux parties.

La loi du 5 juin n'a pas assujetti au timbre toutes les écritures de chaque agent de change ou du courtier, mais bien les bordereaux et arrêtés qui les constatent. Chaque bordereau ou compte de liquidation, qu'il soit délivré en double ou triple, est donc passible du droit. Si le législateur avait eu l'intention de modifier sur ce point la jurisprudence en vigueur, il l'aurait dit expressément comme il l'a fait dans l'art. 10 pour les duplicata de lettres de change.

(1) Le motif de cette exception, c'est que le receveur général n'agit point alors pour le compte du Trésor.

N° 13.

23 Mars 1885. — *Instruction de la Direction générale de l'Enregistrement relative au Timbre.*

FONDS D'ÉTATS ÉTRANGERS. — RENOUVELLEMENT DE TITRES. — EXIGIBILITÉ DE L'IMPOT. — MODE DE TIMBRAGE.

1° La question s'est élevée de savoir si le renouvellement des titres de fonds d'États étrangers donne lieu à la perception d'un nouveau droit de timbre indépendant de celui qui a été appliqué aux titres renouvelés.

L'Administration a plusieurs fois reconnu que le timbrage des nouveaux titres peut avoir lieu sans paiement de droit de timbre quand le changement du titre n'apporte aucune modification relativement au chiffre du capital, au taux des intérêts et aux époques d'échéances.

Le ministre ayant consulté le Conseil d'État sur la question (loi du 24 mai 1872, art. 8), la section des finances a donné, le 11 janvier 1883, un avis ainsi motivé :

Considérant que le Gouvernement espagnol a demandé au Gouvernement français l'exemption des droits de timbre proportionnel pour les titres de la Dette espagnole convertie ;

Considérant que, par suite de la conversion de cette dette, tout porteur d'une inscription de 100 francs de capital produisant un intérêt effectif de 1 fr. 25 doit recevoir un capital de 43 fr. 75 correspondant à une rente de 1 fr. 75 ; qu'ainsi, tant au point de vue du capital qu'au point de vue des intérêts, les titres nouveaux ne sauraient être regardés comme délivrés en renouvellement des titres anciens ;

Considérant que les dispositions de l'article 17 de la loi du 5 juin 1850, qui autorisent à timbrer gratuitement les titres d'actions remis par suite de renouvellement, ne pourraient même pas être étendues par analogie aux titres de la Dette espagnole, puisqu'ils ne constituent pas un renouvellement pur et simple ; qu'en l'état actuel de la législation, lesdits titres doivent être assujettis aux droits de timbre ;

Considérant, en fait, qu'il résulte de l'instruction que la faculté du timbrage gratuit n'a pas été accordée : 1° lors du renouvellement des titres de la Dette italienne, en 1871, à 309 coupures de 1,000 francs de rente chacune destinées à remplacer 25,922 coupures variant de 5 francs à 500 francs de rente ; 2° aux titres de la Dette belge 4 p. 100 provenant de la conversion du 4 1/2 p. 100 effectuée en 1879 ; 3° aux nouvelles obligations Tunisiennes 5 p. 100 de 500 francs en capital créées le 23 mars 1870 en remplacement des anciennes obligations 7 p. 100 au même capital nominal ; 4° aux titres de la Dette espagnole 3 p. 100 Intérieur provenant de la réunion effectuée en 1880 pour une série de ces titres de 4 coupures de 250 pesetas en une coupure de 1,000 pesetas ; que, dans ces divers cas, les droits de timbre proportionnel ont été perçus sur les titres nouveaux, par le motif qu'ils ne reproduisaient les titres anciens qu'avec des modifications portant sur un ou plusieurs de leurs éléments essentiels, capital, intérêts ou époques d'échéances ;

Considérant, d'ailleurs, que des titres de la Dette espagnole convertie ont été présentés aux bureaux du Timbre et y ont été revêtus de la formalité du visa après l'acquittement des taxes prévues par les lois des 13 mai 1863, 8 juin 1864 et 25 mai 1872 ; que ces taxes ont été légalement perçues ; que, dès lors, il ne saurait appartenir au ministre des finances d'en prononcer la remise et d'en ordonnancer le montant sur le crédit des remboursements qui est ouvert au budget pour pourvoir aux répétitions des droits de timbre indûment perçus ; qu'une décision portant restitution serait illégale et engagerait la responsabilité du ministre ;

Est d'avis qu'il y a lieu de répondre dans le sens des observations qui précèdent à la communication ordonnée par le ministre des finances.

Le 20 janvier 1883, le ministre a rendu une décision conforme à l'avis du Conseil d'État.

2° Une loi du 29 juin 1881 porte que « le visa pour timbre pourra être remplacé, sur les titres étrangers de toute nature, par l'application du timbre extraordinaire à l'atelier général » *(Instr. n° 2653).*

Un décret du 11 août 1881 *(même instr.)* a créé, en exécution de cette loi et pour le timbrage des effets publics étrangers, trois titres dont la quotité est ainsi fixée : 75 centimes pour les titres de 500 francs et au dessous, 1 fr. 50 pour les titres de 500 à 1,000 francs, et 1 fr. 50 p. 1,000 pour les titres au dessus de 1,000 francs.

En ce qui concerne les titres multiples, formés de la réunion en un seul de plusieurs titres d'unités portant des numéros distincts, la rapidité avec laquelle les opérations de timbrage doivent être le plus souvent conduites permet rarement d'apposer autant d'empreintes que ces titres renferment d'unités. Il est impossible, d'autre part, de créer des titres indiquant le total des droits de timbre correspondant aux divers groupes d'unités, en raison des nombreuses combinaisons adoptées pour les réunions de titres.

L'Administration consent, en pareil cas, à ce que le type à apposer soit celui de 75 centimes applicable à l'unité de titre et qui est suffisant pour faire connaître la nature du droit et la quotité du tarif.

Ce mode de timbrage a été adopté lors de la conversion des titres de l'Emprunt turc. Les titres multiples de 5 et de 25 unités ont été revêtus d'une empreinte de timbre uniforme de 75 centimes.

Les dispositions nécessaires ont été prises afin de sauvegarder entièrement les droits du Trésor et de rendre toute fraude impossible.

Le Directeur général de l'Enregistrement,
des Domaines et du Timbre.

E. Boulanger.

N° 14.

11 Juillet 1885. — *Loi qui interdit de fabriquer, vendre, colporter ou distribuer tous imprimés ou formules simulant les billets de banque et autres valeurs fiduciaires.*

Le Sénat et la Chambre des députés ont adopté,

Le Président de la République promulgue la loi dont la teneur suit :

Article premier. — Sont interdits la fabrication, la vente, le colportage et la distribution de tous imprimés ou formules obtenus par un procédé quelconque qui, par leur forme extérieure, présenteraient avec les billets de banque, les titres de rente, vignettes et timbres du service des postes et télégraphes ou des régies de l'Etat, actions, obligations, parts d'intérêts, coupons de dividende ou intérêts y afférents, et généralement avec les valeurs fiduciaires émises par l'État, les départements, les communes et établissements publics, ainsi que par des sociétés, compagnies ou entreprises privées, une ressemblance de nature à faciliter l'acceptation desdits imprimés ou formules, aux lieu et place des valeurs imitées.

Art. 2. — Toute infraction à l'article qui précède sera punie d'un emprisonnement de cinq jours à six mois, et d'une amende de seize francs à deux mille francs (16 francs à 2,000 francs).

L'article 463 du Code pénal, sur les circonstances atténuantes, pourra être appliqué.

Art. 3. — Les imprimés ou formules, ainsi que les planches ou matrices ayant servi à leur confection, seront confisqués.

La présente loi, délibérée et adoptée par le Sénat et par la Chambre des députés, sera exécutée comme loi de l'Etat.

N° 15.

30 DÉCEMBRE 1885. — *Décret qui prescrit la promulgation de la convention monétaire, avec arrangement et déclaration annexes, conclue à Paris, le 6 novembre 1885, entre la France, la Grèce, l'Italie et la Suisse, ainsi que de l'acte additionnel à ladite convention, signé à Paris, le 12 décembre 1885, entre la France, la Belgique, la Grèce, l'Italie et la Suisse.*

LE PRÉSIDENT DE LA RÉPUBLIQUE FRANÇAISE,

Sur la proposition du ministre des affaires étrangères,

Décrète :

ARTICLE PREMIER. — Le Sénat et la Chambre des députés ayant approuvé la convention monétaire, avec arrangement et déclaration annexes, conclue à Paris, le 6 novembre 1885, entre la France, la Grèce, l'Italie et la Suisse, ainsi que l'acte additionnel à ladite convention, signé à Paris, le 12 décembre 1885, entre la France, la Belgique, la Grèce, l'Italie et la Suisse, et les ratifications de ces actes ayant été échangées à Paris, le 30 décembre 1885, ladite convention et ledit acte additionnel, dont la teneur suit recevront leur pleine et entière exécution.

CONVENTION

Le Président de la République française, Sa Majesté le roi des Hellènes, Sa Majesté le roi d'Italie et le Conseil fédéral de la Confédération suisse,

Désirant maintenir l'union monétaire établie entre les quatre Etats (1) et reconnaissant la nécessité de modifier et de compléter sur certains points la convention du 5 novembre 1878, ont résolu de conclure à cet effet une nouvelle convention, et ont nommé pour leurs plénipotentiaires, savoir :

Le Président de la République française :

M. C. de Freycinet, membre de l'Institut, sénateur, ministre des affaires étrangères, etc., etc.

M. Sadi Carnot, député, ministre des finances, etc., etc., etc.,

M. Duclerc, sénateur, ancien président du conseil des ministres, etc., etc., etc.,

Et M. Magnin, vice-président du Sénat, gouverneur de la Banque de France, etc., etc., etc.;

Sa Majesté le roi des Hellènes :

M. Constantin A. Criésis, chargé d'affaires de Grèce à Paris, etc., etc., etc.,

Et M. Antoine D. Vlasto, etc., etc., etc.;

Sa Majesté le roi d'Italie :

M. Luigi Luzzatti, député, etc., etc., etc.,

M. Ranieri Simonelli, député, etc., etc., etc.,

Et M. Vittorio Ellena, conseiller d'État, etc., etc., etc.;

Le Conseil fédéral de la Confédération suisse :

M. Charles-Edouard Lardy, son envoyé extraordinaire et ministre plénipotentiaire à Paris, etc., etc., etc.,

Et M. Conrad Cramer-Frey, membre du conseil national suisse, etc., etc., etc.;

Lesquels, après s'être communiqué leurs pleins pouvoirs, trouvés en bonne et due forme, sont convenus des articles suivants :

(1) L'Union monétaire avait été formée par une convention du 23 novembre 1865; mais une communauté de fait existait antérieurement entre la France, la Belgique, l'Italie et la Suisse, ayant pour base le système de la loi de Germinal an XI.

Art. 1er. — La France, la Grèce, l'Italie et la Suisse demeurent constituées à l'état d'union pour ce qui regarde le titre, le poids, le diamètre et le cours de leurs espèces monnayées d'or et d'argent.

Art. 2. — Les types des monnaies d'or frappées à l'empreinte des hautes parties contractantes sont ceux des pièces de 100 francs, de 50 francs, de 20 francs, de 10 francs et de 5 francs, déterminés, quant au titre, au poids, à la tolérance et au diamètre, ainsi qu'il suit :

NATURE DES PIÈCES		TITRE		POIDS		DIAMÈTRE
		Titre droit.	Tolérance du titre tant en dehors qu'en dedans.	Poids droit.	Tolérance du poids tant en dehors qu'en dedans.	
	Francs.	Millièmes.	Millièmes.	Grammes.	Millièmes.	Millimes.
Or	100.........			32.258 06	1	35
	50.........			16.129 03		28
	20.........	900	1	6.451 61	2	21
	10.........			3.225 80		19
	5.........			1.612 90	3	17

Les gouvernements contractants admettront sans distinction dans leurs caisses publiques les pièces d'or fabriquées, sous les conditions qui précèdent, dans l'un ou l'autre des quatre États, sous réserve, toutefois, d'exclure les pièces dont le poids aurait été réduit par le frai de 1/2 p. 100 au-dessous des tolérances indiquées plus haut, ou dont les empreintes auraient disparu.

Art. 3. — Le type des pièces d'argent de 5 francs, frappées à l'empreinte des hautes parties contractantes, est déterminé, quant au titre, au poids, à la tolérance et au diamètre, ainsi qu'il suit :

TITRE		POIDS		DIAMÈTRE
Titre droit.	Tolérance du titre tant en dehors qu'en dedans.	Poids droit.	Tolérance du poids tant en dehors qu'en dedans.	
millièmes.	millièmes.	grammes.	millièmes.	millimètres.
900	2	25	3	37

Les gouvernements contractants recevront réciproquement dans leurs caisses publiques lesdites pièces d'argent de 5 francs.

Chacun des États contractants s'engage à reprendre des caisses publiques des autres États les pièces d'argent de 5 francs dont le poids aurait été réduit par le frai de 1 p 100 au-dessous de la tolérance légale, pourvu qu'elles n'aient pas été frauduleusement altérées ou que les empreintes n'aient pas disparu.

En France, les pièces d'argent de 5 francs seront reçues dans les caisses de la Banque de France, pour le compte du Trésor, ainsi qu'il résulte des lettres échangées entre le Gouvernement français et la Banque de France à la date des 31 octobre et 2 novembre 1885 et annexées à la présente convention.

Cet engagement est pris pour la durée de la convention, telle qu'elle a été fixée par le paragraphe 1er de l'article 13, et sans que la Banque soit liée au delà de ce terme par l'application de la clause de tacite reconduction prévue au paragraphe 2 du même article.

Dans le cas où les dispositions concernant le cours légal des pièces d'argent de 5 francs frappées par les autres États de l'Union seraient supprimées, soit par la Grèce, soit par l'Italie, soit par la Suisse, pendant la durée de l'engagement pris par la Banque de France, la puissance ou les puissances qui auront rapporté ces dispositions prennent l'engagement que leurs banques d'émission recevront les pièces d'argent de 5 francs des autres États de l'Union dans des conditions identiques à celles où elles reçoivent les pièces d'argent de 5 francs frappées à l'effigie nationale.

Deux mois avant l'échéance du terme assigné pour la dénonciation de la convention, le Gouvernement français devra faire connaître aux États de l'Union si la Banque de France est dans l'intention de continuer ou de cesser d'exécuter l'engagement ci-dessus relaté. A défaut de cette communication, l'engagement de la Banque de France sera soumis à la clause de tacite reconduction.

Art. 4. — Les hautes parties contractantes s'engagent à ne fabriquer des pièces d'argent de 2 francs, de 1 franc, de 50 centimes et de 20 centimes que dans les conditions de titre, de poids, de tolérance et de diamètre déterminées ci-après :

PIÈCES	TITRE		POIDS		DIAMÈTRE
	Titre droit.	Tolérance du titre tant en dehors qu'en dedans.	Poids droit.	Tolérance du poids tant en dehors qu'en dedans.	
fr. c.	millièmes.	millièmes.	grammes.	millièmes.	millimètres.
2 »	835	3	10 »	5	27
1 »			5 »		23
0 50			2 50	7	18
0 20			1 »	10	16

Ces pièces devront être refondues par les gouvernements qui les auront émises, lorsqu'elles seront réduites par le frai de 5 p. 100 au-dessous des tolérances indiquées plus haut, ou lorsque leurs empreintes auront disparu.

Art. 5. — Les pièces d'argent fabriquées dans les conditions de l'article 4 auront cours légal entre les particuliers de l'État qui les a émises jusqu'à concurrence de 50 francs pour chaque paiement. L'État qui les a mises en circulation les recevra de ses nationaux sans limitation de quantité.

Art. 6. — Les caisses publiques de chacun des quatre États accepteront les monnaies d'argent fabriquées par un ou plusieurs des autres États contractants, conformément à l'article 4, jusqu'à concurrence de 100 francs pour chaque paiement fait auxdites caisses.

Art. 7. — Chacun des gouvernements contractants s'engage à reprendre des particuliers ou des caisses publiques des autres États les monnaies d'appoint en argent qu'il a émises et à les échanger contre une égale valeur de monnaie courante en pièces d'or ou d'argent fabriquées dans les conditions des articles 2 et 3, à condition que la somme présentée à l'échange ne sera pas inférieure à 100 francs. Cette obligation sera prolongée pendant une année à partir de l'expiration de la présente convention.

Art. 8. — Le monnayage des pièces d'or fabriquées dans les conditions de l'article 2, à l'exception de celui des pièces de 5 fr. d'or qui demeure provisoirement suspendu, est libre pour chacun des États contractants.

Le monnayage des pièces de 5 francs d'argent est provisoirement suspendu. Il ne pourra être repris que lorsqu'un accord unanime sera établi, à cet égard, entre tous les États contractants.

Toutefois, si l'un des États voulait reprendre la frappe libre des pièces de 5 francs d'argent, il en aurait la faculté, à la condition d'échanger ou de rembourser, pendant toute la durée de la présente convention, en or et à vue, aux autres pays contractants, sur leur demande, les pièces de 5 francs d'argent frappées à son effigie et circulant sur leur territoire. En outre, les autres États seraient libres de ne plus recevoir les écus de l'État qui reprendrait la frappe desdites pièces.

L'État qui voudra reprendre ce monnayage devra, au préalable, provoquer la réunion d'une conférence avec ses coassociés, pour régler les conditions de cette reprise, sans cependant que la faculté mentionnée au paragraphe précédent soit subordonnée à l'établissement d'un accord et sans que les conditions d'échange et de remboursement stipulées au même paragraphe puissent être modifiées.

A défaut d'entente et tout en conservant le bénéfice des stipulations qui précèdent vis-à-vis de l'État qui reprendrait la frappe libre des pièces de 5 francs d'argent, la Suisse se réserve la faculté de sortir de l'union avant l'expiration de la présente convention. Cette faculté est toutefois subordonnée à la double condition : 1° que, pendant quatre ans à partir de l'entrée en vigueur de la présente convention, l'article 14 et l'arrangement annexe ne seront pas applicables vis-à-vis des États qui n'auraient pas repris la frappe libre des pièces de 5 francs d'argent ; et 2° que les monnaies d'argent desdits États continueront, pendant la même période, à circuler en Suisse conformément aux stipulations de la présente convention. De son côté, la Suisse s'engage à ne pas reprendre, pendant la même période de quatre ans, la frappe libre des pièces de 5 francs d'argent.

Le gouvernement fédéral suisse est autorisé à faire procéder à la refonte des anciennes émissions de pièces suisses de 5 francs d'argent, jusqu'à concurrence de 10 millions de francs, mais à charge par lui d'opérer à ses frais le retrait des anciennes pièces.

Art. 9. — Les hautes parties contractantes ne pourront émettre des pièces d'argent de 2 francs, de 1 franc, de 50 centimes et de 20 centimes, frappées dans les conditions indiquées par l'article 4, que pour une valeur correspondante à 6 francs par habitant.

Ce chiffre, en tenant compte des derniers recensements effectués dans chaque État et de l'accroissement normal de la population, est fixé :

Pour la France, l'Algérie et les colonies, à....	256.000.000
Pour la Grèce, à..	15.000.000
Pour l'Italie, à..	182.400.000
Pour la Suisse, à...	19.000.000

Seront imputées sur les sommes ci-dessus les quantités déjà émises jusqu'à ce jour par les États contractants.

Le gouvernement italien est exceptionnellement autorisé à faire fabriquer une somme de 20 millions en pièces divisionnaires d'argent, cette somme étant destinée à assurer le remplacement des anciennes monnaies par des pièces frappées dans les conditions de l'article 4 de la présente convention.

Le gouvernement fédéral suisse est autorisé, à titre exceptionnel, eu égard aux besoins de la population, à faire fabriquer une somme de 6 millions en pièces divisionnaires d'argent.

Le gouvernement français est également autorisé, à titre exceptionnel, à procéder, jusqu'à concurrence de 8 millions de francs, à la refonte, en pièces divisionnaires d'argent, des monnaies pontificales précédemment retirées de la circulation.

Art. 10. — Le millésime de fabrication sera inscrit, en conformité rigoureuse avec la date du monnayage, sur les pièces d'or et d'argent frappées dans les quatre États.

Art. 11. — Le gouvernement de la République française accepte la mission de centraliser tous les documents administratifs et statistiques relatifs aux émissions de monnaies, à la production et à la consommation des métaux précieux, à la circulation monétaire, à la contrefaçon et à l'altération des monnaies. Il les communiquera aux autres gouvernements, et les pays contractants aviseront de concert, s'il y a lieu, aux mesures propres à donner à ces renseignements toute l'exactitude désirable, comme à prévenir les contrefaçons et altérations de monnaies et à en assurer la répression.

Art. 12. — Toute demande d'accession à la présente convention faite par un État qui en accepterait les obligations et qui adopterait le système monétaire de l'union, ne peut être accueillie que du consentement unanime des hautes parties contractantes.

Celles-ci s'engagent à retirer ou à refuser le cours légal aux pièces d'argent de 5 francs des États ne faisant pas partie de l'union. Ces pièces ne pourront être acceptées ni dans les caisses publiques, ni dans les banques d'émission.

Art. 13. — La présente convention, exécutoire à partir du 1er janvier 1886, restera en vigueur jusqu'au 1er janvier 1891.

Si, un an avant ce terme, elle n'a pas été dénoncée, elle sera prorogée de plein droit, d'année en année, par voie de tacite reconduction, et continuera d'être obligatoire pendant une année à partir du 1er janvier qui suivra la dénonciation.

Art. 14. — En cas de dénonciation de la présente convention, chacun des États contractants sera tenu de reprendre les pièces de 5 francs en argent qu'il aurait émises et qui se trouveraient dans la circulation ou dans les caisses publiques des autres États, à charge de payer à ces États une somme égale à la valeur nominale des espèces reprises, le tout dans des conditions déterminées par arrangement spécial qui demeurera annexé à la présente convention.

Art. 15. — La présente convention sera ratifiée ; les ratifications en seront échangées à Paris le plus tôt que faire se pourra et, au plus tard, le 30 décembre 1885.

En foi de quoi, les plénipotentiaires respectifs ont signé la présente convention et y ont apposé le cachet de leurs armes.

Fait en quadruple expédition, à Paris, le 6 novembre 1885.

(L. S.) *Signé :* C. de Freycinet.
(L. S.) — Sadi Carnot.
(L. S.) — E. Duclerc.
(L. S.) — J. Magnin.
(L. S.) — C.-A. Criésis.
(L. S.) — A. Vlasto.
(L. S.) — Luigi Luzzatti.
(L. S.) — Ranieri Simonelli.
(L. S.) — V. Ellena.
(L. S.) — Lardy.
(L. S.) — C. Cramer-Frey.

ARRANGEMENT

RELATIF A L'EXÉCUTION DE L'ARTICLE 14 DE LA CONVENTION DU 6 NOVEMBRE 1885.

Les gouvernements de France, de Grèce, d'Italie et de Suisse, voulant régler par un arrangement spécial l'exécution de la clause de liquidation insérée à l'article 14 de la convention monétaire conclue entre eux à la date de ce jour, les soussignés, dûment autorisés à cet effet, sont convenus des dispositions suivantes :

ARTICLE PREMIER. — Pendant l'année qui suivra l'expiration de la convention, il sera procédé à l'échange respectif et au rapatriement des pièces de 5 francs d'argent pouvant exister en quantités équivalentes dans les divers États.

ART. 2. — Les livraisons de numéraire ou de valeurs nécessitées par l'exécution du présent arrangement seront opérées :

En France, à Paris, Lyon ou Marseille ;

En Grèce, à Athènes ;

En Italie, à Rome, Gênes, Milan ou Turin ;

En Suisse, à Berne, Bâle, Genève ou Zurich.

ART. 3. — Chacun des États contractants retirera de la circulation les pièces d'argent de 5 francs portant l'empreinte des autres États de l'union. Ce retrait devra être achevé le 1er octobre de l'année qui suivra l'expiration de la présente convention.

A partir de cette date, toutes les monnaies d'argent susmentionnées pourront être refusées par les caisses publiques ailleurs que dans leur pays d'origine. L'Etat qui continuerait à les admettre ne pourrait les recevoir que pour son propre compte, et non pour celui de l'État qui les aurait émises.

Le 15 janvier de l'année suivante, après la compensation opérée, le compte des pièces retirées de la circulation sera arrêté par nationalité dans chacun des États et réciproquement notifié. Le solde, s'il en existe un à cette date, sera tenu par l'Etat détenteur à la disposition de l'Etat qui aura frappé les pièces. Celui-ci retirera ces pièces, en les remboursant à leur valeur nominale.

ART. 4. — Le remboursement stipulé dans l'article précédent se fera en or ou en pièces d'argent de 5 fr., frappées à l'empreinte de l'Etat créancier, ou en traites payables, dans cet État, soit avec les mêmes monnaies, soit avec des billets de banque y ayant cours légal.

Ce remboursement pourra être fractionné en paiements échelonnés de trois mois en trois mois, de telle sorte que le compte soit soldé dans un délai maximum de cinq ans à partir du jour de l'expiration de la convention. Ces échéances pourront toujours être anticipées en totalité ou en partie.

Il sera bonifié, sur le montant des sommes à rembourser, 1 p. 100 par an pendant les deuxième, troisième et quatrième années et 1 1/2 p. 100 pendant la cinquième année. Ces intérêts seront calculés à partir du 15 janvier, jour de l'arrêté fixant le solde à retirer, et, en cas d'anticipation des échéances, ils subiront une diminution proportionnelle.

ART. 5. — Tous les frais de transport, tant du solde des monnaies d'argent à rapatrier que des valeurs ou espèces destinées à en acquitter le prix, seront supportés par chaque État jusqu'à sa frontière.

ART. 6. — En dérogation partielle aux dispositions qui précèdent et en vue de tenir compte de la situation exceptionnelle de la Suisse, il est convenu :

1° Que les pièces de 5 francs émises par la France, et retirées de la circulation en Suisse, seront remises par le gouvernement fédéral au gouvernement français, qui en effectuera le remboursement à la Suisse dans les conditions déterminées ci-après :

Le gouvernement français remboursera successivement à vue, en pièces suisses de 5 francs en argent ou en pièces d'or de 10 francs et au-dessus, frappées dans les conditions de la convention, et cela dès le commencement de l'année qui suivra l'expiration de ladite convention, tous les envois de pièces de 5 francs en argent émises par la France et retirées de la circulation en Suisse, sous la réserve que le montant de chacun de ces envois ne sera pas inférieur à 1 million, ni supérieur à 10 millions de francs. Le solde final pourra seul être inférieur à un million de francs.

Toutefois les remboursements à effectuer en or par le gouvernement français au gouvernement fédéral pour le retrait des pièces françaises de 5 francs en argent ne pourront excéder la somme de 60 millions de francs ;

2° Que les pièces d'argent de 5 francs émises par l'Italie et retirées de la circulation en Suisse seront remises par le gouvernement fédéral au gouvernement italien, qui, dès le commencement de l'année qui suivra l'expiration de la convention, les remboursera successivement à vue, en pièces suisses de 5 francs en argent et en pièces d'or de 10 francs et au-dessus frappées dans les conditions de ladite convention, ou en traites à vue sur Berne, Bâle, Genève ou Zurich, payables dans les conditions prévues au paragraphe 1er de l'article 4 du présent arrangement. Le montant de chacun de ces envois de pièces italiennes de 5 francs en argent ne sera ni inférieur à 500,000 francs sauf le règlement du solde final, ni supérieur à 2 millions de francs.

Les remboursements successifs à faire par le gouvernement italien au gouvernement fédéral devront, en règle générale, se composer, pour deux tiers au moins, de pièces d'or et de pièces suisses de 5 francs en argent, et, pour le reste, de traites, dans les conditions déterminées au paragraphe précédent. S'il est fait exception à cette règle, la proportion sera rétablie à l'occasion du remboursement suivant.

Toutefois, le gouvernement italien ne pourra pas être tenu de rembourser en or ou en pièces suisses de 5 francs en argent au gouvernement fédéral une somme totale supérieure à 20 millions, et le total des remboursements à effectuer en numéraire et en traites par le gouvernement italien au gouvernement fédéral, pour l'ensemble de l'opération du retrait et de l'échange des pièces italiennes de 5 francs en argent circulant en Suisse, ne devra pas excéder la somme de 30 millions de francs.

Art. 7. — Le présent arrangement sera ratifié, et les ratifications en seront échangées à Paris, en même temps que celles de la convention monétaire conclue à la date de ce jour entre les quatre États.

En foi de quoi, les soussignés ont signé le présent arrangement et y ont apposé le cachet de leurs armes.

Fait en quadruple expédition, à Paris, le 6 novembre 1885.

Signé : C. de Freycinet.
Sadi Carnot.
E. Duclerc.
J. Magnin.
C.-A. Criésis.
A. Vlasto.
Luigi Luzzatti.
Ranieri Simonelli.
V. Ellena.
Lardy.
C. Cramer-Frey.

DÉCLARATION

1° Le gouvernement hellénique, se référant aux différentes stipulations de l'article 8 de la convention monétaire en date de ce jour et désireux de donner, de son côté, à la durée de l'union toutes les garanties en son pouvoir, prend l'engagement suivant :

Tant que le cours forcé sera maintenu en Grèce, le gouvernement hellénique ne reprendra pas le libre monnayage de l'argent. Après la suppression du cours forcé, il ne reprendra pas le libre monnayage sans un accord préalable avec la France et l'Italie ;

2° Le gouvernement fédéral suisse déclare que l'obligation stipulée au second paragraphe de l'article 12 de la convention monétaire conclue à la date de ce jour, ne pourra être mise à exécution en Suisse que dans les limites de la législation fédérale sur les banques d'émission.

Il est donné acte de cette réserve au gouvernement fédéral suisse.

En foi de quoi, les plénipotentiaires soussignés, dûment autorisés à cet effet, ont signé la présente déclaration, qui sera considérée comme approuvée et sanctionnée par les gouvernements respectifs, sans autre ratification spéciale, par le seul fait de l'échange des ratifications sur la convention monétaire à laquelle elle se rapporte.

Fait en quadruple expédition, à Paris, le 6 novembre 1885.

Signé : C. DE FREYCINET.
SADI CARNOT.
E. DUCLERC.
L. MAGNIN.
C.-A. CRIÉSIS.
A. VLASTO.
LUIGI LUZZATTI.
RANIERI SIMONELLI.
V. ELLENA.
LARDY.
C. CRAMER-FREY.

ANNEXE A

A LA CONVENTION MONÉTAIRE DU 6 NOVEMBRE 1885.

Paris, le 31 octobre 1885.

Monsieur le Gouverneur,

Les négociations qui se poursuivent en ce moment en vue du renouvellement de l'union latine m'imposent le devoir de réclamer, comme par le passé, le concours de la Banque de France pour assurer la circulation en France des monnaies de l'union, et j'ai l'honneur de vous indiquer quelle serait, dans les vues du gouvernement, la situation que la Banque devrait faire à ces monnaies.

La Banque s'engagerait à recevoir, conjointement avec les caisses publiques, les pièces de 5 francs de l'union latine, dans des conditions identiques à celles où elle reçoit les pièces d'argent françaises. Cet engagement serait pris pour la durée de la convention qui se négocie en ce moment, durée déterminée par le premier paragraphe de l'article 13 du projet de convention. A l'expiration de la convention, la liquidation des pièces de 5 francs étrangères qui se trouveraient dans ses caisses s'effectuerait pour le compte de l'État.

Je vous prie de vouloir bien soumettre cette proposition au conseil général de la Banque et me faire connaître la suite qu'elle vous paraît comporter.

Agréez, Monsieur le Gouverneur, l'assurance de ma haute considération.

Le ministre des finances,
Signé : SADI CARNOT.

ANNEXE B

A LA CONVENTION MONÉTAIRE DU 6 NOVEMBRE 1885.

Paris, le 2 novembre 1885.

Monsieur le Ministre,

J'ai reçu la lettre que vous m'avez fait l'honneur de m'adresser à la date du 31 octobre dernier, et par laquelle vous m'informez que les négociations qui se poursuivent en ce moment, en vue du renouvellement de l'union latine, vous imposent le devoir de réclamer, comme par le passé, le concours de la Banque de France pour assurer la circulation en France des monnaies de l'union; vous m'indiquez quelle serait, dans les vues du Gouvernement, la situation que la Banque devrait faire à ces monnaies, et vous dites :

« La Banque s'engagerait à recevoir, conjointement avec les caisses publiques, les pièces de 5 francs de l'union latine dans des conditions identiques à celles où elle reçoit les pièces d'argent françaises. Cet engagement serait pris pour la durée de la convention qui se négocie en ce moment, durée déterminée par le premier paragraphe de l'article 13 du projet de convention. A l'expiration de la convention, la liquidation des pièces de 5 francs étrangères qui se trouveraient dans ses caisses s'effectuerait pour le compte de l'État. »

J'ai l'honneur de vous informer que je me suis empressé, selon votre désir, de soumettre vos propositions au conseil général de la Banque, qui les a acceptées sans aucune modification et m'a autorisé à porter cette décision à votre connaissance.

Veuillez agréer, etc.

Le vice-président du Sénat, gouverneur de la Banque de France,

Signé : J. MAGNIN.

ACTE ADDITIONNEL

A LA CONVENTION MONETAIRE SIGNÉE, LE 6 NOVEMBRE 1885, ENTRE LA FRANCE, LA GRÈCE, L'ITALIE ET LA SUISSE.

Les gouvernements signataires de la convention monétaire conclue à Paris, le 6 novembre 1885, ayant entendu laisser à la Belgique la faculté d'entrer de nouveau comme partie contractante dans l'union reconstituée, par cette convention, et le gouvernement belge désirant profiter de cette faculté,

Les soussignés, dûment autorisés à cet effet, sont convenus des dispositions suivantes :

ARTICLE PREMIER. — Le gouvernement belge adhère à la convention monétaire signée à Paris, le 6 novembre 1885, entre la France, la Grèce, l'Italie et la Suisse, ainsi qu'à la déclaration et à l'arrangement qui y sont annexés.

De leur côté, les gouvernements de la France, de la Grèce, de l'Italie et de la Suisse prennent acte de l'adhésion du gouvernement belge et y donnent leur assentiment.

ART. 2. — La banque nationale de Belgique recevra les pièces d'argent de 5 francs des pays de l'union dans des conditions identiques à celles où elle reçoit les pièces belges de 5 francs d'argent, pendant la durée de la convention, telle qu'elle est déterminée, pour la Banque de France, par l'article 3 de la convention.

ART. 3. — Le contingent des pièces d'argent de 2 francs, de 1 franc, de 50 centimes et de 20 centimes qui peuvent être frappées et émises par la Belgique dans les conditions des articles 4 et 9 de la convention, est fixé à 35,800,000 francs. Seront imputées sur cette somme les quantités déjà émises jusqu'à ce jour par le gouvernement belge. Exceptionnellement, la Belgique est autorisée à fabriquer des monnaies de ces catégories, jusqu'à concurrence de 5 millions de francs, au moyen de pièces de 5 francs d'argent qu'elle refondrait.

ART. 4. — Par dérogation partielle aux stipulations des articles 3 et 4 de l'arrangement annexé à la convention du 6 novembre, sont arrêtées les dispositions transactionnelles suivantes :

Si, à la date du 15 janvier indiquée au paragraphe 3 de l'article 3 dudit arrangement, le Gouvernement français se trouve, après la compensation opérée, détenteur d'un solde de pièces belges de 5 francs d'argent, ce solde sera divisé en deux parties égales.

Le gouvernement belge sera tenu au remboursement de la moitié de ce solde, conformément à l'article 4 de l'arrangement.

Il s'engage à n'apporter à son régime monétaire aucun changement qui pourrait entraver le rapatriement de l'autre moitié par la voie du commerce et des échanges. Cet engagement aura une durée de cinq ans à partir de l'expiration de l'union. La Belgique pourra y mettre fin en acceptant l'obligation de rembourser cette seconde moitié dans les conditions prévues par l'article 4 de l'arrangement. Dans tous les cas, le gouvernement belge se réserve la faculté d'apporter à sa législation monétaire les changements qui seraient introduits dans la législation monétaire française.

Le gouvernement belge garantit que le solde ne dépassera pas 200 millions de francs. S'il y avait un excédent, il serait remboursé dans les conditions prévues par l'article 4 de l'arrangement.

Dans le cas où le gouvernement belge se trouverait, au contraire, lors de la dissolution de l'union, détenteur d'un solde de pièces françaises de 5 francs en argent, le gouvernement français se réserve la faculté de réclamer de la Belgique l'application des dispositions stipulées au présent article.

ART. 5. — Les gouvernements français et italien se réservent la faculté de réclamer l'application des dispositions stipulées à l'article précédent pour le règlement de leurs comptes réciproques, au moment de la dissolution de l'union, le maximum du solde étant fixé entre eux au même chiffre de 200 millions de francs.

ART. 6. — La Belgique s'engage à rembourser à la Suisse successivement, à vue, en pièces suisses de 5 francs en argent ou en pièces d'or de 10 francs et au-dessus, frappées dans les conditions de la convention, et cela dès le commencement de l'année qui suivra l'expiration de ladite convention, tous les envois de pièces de 5 francs en argent émises par la Belgique et retirées de la circulation en Suisse. Le montant de chacun de ces envois ne sera pas inférieur à 1 million, ni supérieur à 2 millions de francs; le solde final pourra seul être inférieur à 1 million de francs. Toutefois, les remboursements à effectuer en or ou en pièces suisses de 5 francs en argent par le gouvernement belge au gouvernement fédéral suisse, pour le retrait des pièces belges de 5 francs en argent, ne pourront excéder la somme de 6 millions de francs.

Si le solde à liquider excédait la somme de 6 millions de francs, la Belgique s'engage à n'apporter à son régime monétaire aucun changement de nature à entraver le rapatriement dudit excédent par la voie du commerce ou des échanges, et cela pendant une période de cinq ans à partir de l'expiration de l'union, ou pendant telle période qui sera convenue entre la France et la Belgique dans le même but.

ART. 7. — En cas de dissolution de l'union, les livraisons de numéraire ou de valeurs à opérer, pour l'exécution de l'arrangement annexé à la convention du 6 novembre, s'effectueront en France, à Paris, Lille, Lyon ou Marseille; en Belgique, à Bruxelles ou à Anvers.

ART. 8. — Le présent acte additionnel à la convention monétaire du 6 novembre 1885 sera ratifié et les ratifications en seront échangées à Paris, en même temps que celles de ladite convention.

En foi de quoi, les soussignés ont dressé le présent acte et l'ont revêtu de leurs cachets.

Fait à Paris, en cinq exemplaires, le 12 décembre 1885.

(*L. S.*) Signé : C. DE FREYCINET.
(*L. S.*) — BEYENS.
(*L. S.*) — A. CRIÉSIS.
(*L. S.*) — MENABREA.
(*L. S.*) — LARDY.

Au moment de procéder, entre la Belgique, la France, la Grèce, l'Italie et la Suisse, à la signature de l'acte additionnel à la convention monétaire conclue le 6 novembre 1885, le plénipotentiaire soussigné de S. M. le roi des Hellènes déclare que son gouvernement se réserve de demander, en faveur de la Grèce, lorsque le cours forcé sera aboli dans ce pays, l'application proportionnelle des dispositions stipulées entre la France et la Belgique, dans l'acte additionnel pour le règlement de leurs comptes réciproques lors de la dissolution de l'union.

Il est donné acte de cette réserve par les plénipotentiaires soussignés de Belgique, de France, d'Italie et de Suisse.

Fait en cinq expéditions, à Paris, le 12 décembre 1885.

Signé : C. DE FREYCINET.
BEYENS.
C.-A. CRIÉSIS.
MENABREA.
LARDY.

ART. 2. — Le ministre des affaires étrangères est chargé de l'exécution du présent décret.

N° 16.

20 JUILLET 1886. — *Loi relative à la Caisse nationale des retraites pour la vieillesse.*

ARTICLE PREMIER. — A partir du 1er janvier 1887, la Caisse des retraites, créée par la loi du 18 juin 1850, prendra le nom de : Caisse nationale des retraites pour la vieillesse ; elle fonctionnera, sous la garantie de l'État, dans les conditions ci-après énoncées.

ART. 2. — La Caisse nationale des retraites pour la vieillesse est gérée par l'administration de la Caisse des dépôts et consignations, qui pourvoit aux frais de gestion.

ART. 3. — Il est formé, auprès du ministre du commerce, une commission supérieure chargée de l'examen de toutes les questions qui concernent la Caisse nationale des retraites pour la vieillesse. — Cette commission présente chaque année au Président de la République, sur la situation morale et matérielle de la Caisse, un rapport qui est distribué au Sénat et à la Chambre des députés. — Elle est composée de seize membres, ainsi qu'il suit : — 2 sénateurs nommés par le Sénat ; — 2 députés nommés par la Chambre ; — 2 conseillers d'État nommés par le Conseil d'État ; — 2 présidents de sociétés de secours mutuels désignés par le ministre de l'intérieur ; — 1 industriel désigné par le ministre du commerce. — Ces membres sont nommés pour trois ans. — Font partie de droit de la commission : — Le président de la Chambre de commerce de Paris ; — Le directeur général de la Caisse des dépôts et consignations ; — Le directeur du commerce intérieur au ministère du commerce ; — Le directeur général de la comptabilité publique au ministère des finances ; — Le directeur du mouvement général des fonds au ministère des finances ; — Le directeur de la Dette inscrite au ministère des finances ; — Le directeur du secrétariat et de la comptabilité au ministère de l'intérieur. — La commission élit son président.

ART. 4. — Le capital des rentes viagères est formé par les versements volontaires des déposants.

ART. 5. — Les versements sont reçus et liquidés à partir de 1 franc et sans fraction de franc. — Ils peuvent être faits, soit à capital aliéné, soit à capital réservé.

ART. 6. — Le maximum de la rente viagère que la Caisse nationale des retraites est autorisée à inscrire sur la même tête est fixé à 1,200 francs.

ART. 7. — Les sommes versées dans une année, au compte de la même personne, ne peuvent dépasser 1,000 francs. — Ne sont pas astreints à cette limite : 1° Les versements effectués en vertu d'une décision judiciaire ; — 2° Les versements effectués par les administrations publiques avec les fonds provenant des cotisations annuelles des agents non admis au bénéfice de la loi du 9 juin 1853 sur les pensions civiles ; — 3° Les versements effectués par les sociétés de secours mutuels avec les fonds de retraite inaliénables déposés par elles à la Caisse des dépôts et consignations. — En aucun cas, ces versements ne pourront donner lieu à l'ouverture d'une pension supérieure à 1,200 francs.

ART. 8. — Les rentes viagères constituées par la Caisse nationale des retraites sont incessibles et insaisissables jusqu'à concurrence de 360 francs.

ART. 9. — Le montant de la rente viagère à servir est calculé conformément à des tarifs tenant compte pour chaque versement : — 1° De l'intérêt composé du capital, fixé conformément à l'article 12 de la présente loi ; — 2° Des chances de mortalité, en raison de l'âge des déposants et de l'âge auquel commence la retraite, calculées d'après les tables dites de Deparcieux. — Ces tables seront ultérieurement rectifiées d'après les résultats dûment constatés des opérations de la Caisse ; — 3° Du remboursement, au décès, du capital versé, si le déposant en a fait la demande au moment du versement.

ART. 10. — L'entrée en jouissance de la pension est fixée, au choix du déposant, à partir de chaque année d'âge accomplie de cinquante à soixante-cinq ans. — Les tarifs sont calculés jusqu'à ce dernier âge. — Les rentes viagères au profit des personnes âgées de plus de soixante-cinq ans sont liquidées suivant les tarifs déterminés pour l'âge de soixante-cinq ans.

ART. 11. — Dans le cas de blessures graves ou d'infirmités prématurées régulièrement constatées, conformément au décret du 27 juillet 1861, et entraînant incapacité absolue de travail, la pension peut être liquidée même avant cinquante ans et en proportion des versements faits avant cette époque. — Les pensions ainsi liquidées pourront être bonifiées à l'aide d'un crédit ouvert chaque année au budget du ministère de l'intérieur. — Dans aucun cas, le montant des pensions bonifiées ne pourra être supérieur au triple du produit de la liquidation, ni dépasser un maximum de trois cent soixante francs (360 fr.), bonification comprise. — La commission supérieure statuera sur toutes les demandes de bonification et devra en maintenir les concessions dans la limite des crédits disponibles.

ART. 12. — Les tarifs établis en conformité de l'article 9 sont calculés sur un taux d'intérêt gradué par quart de franc. — Un décret du Président de la République fixe au mois de décembre de chaque année, en tenant compte du taux moyen des placements de fonds en rentes sur l'État effectués par la Caisse pendant l'année, celui de ces tarifs qui doit être appliqué l'année suivante. — Ce décret est rendu sur la proposition du ministre des finances, après avis de la commission supérieure.

ART. 13. — Les versements peuvent être faits au profit de toute personne âgée de plus de trois ans. — Les versements opérés par les mineurs âgés de moins de seize ans doivent être autorisés par leur père, mère ou tuteur. — Le versement opéré antérieurement au mariage reste propre à celui qui l'a fait. — Les femmes mariées, quel que soit le régime de leur contrat de mariage, sont admises à faire des versements sans l'assistance de leur mari. — Le versement fait pendant le mariage, par l'un des deux conjoints, profite séparément à chacun d'eux par moitié. — Peut, néanmoins, profiter à celui des conjoints qui l'effectue, le versement opéré après que l'autre conjoint a atteint le maximum de rente ou après que les versements faits dans l'année au profit exclusif de celui-ci, soit antérieurement au mariage, soit par donation, ont atteint le maximum des versements annuels. — Le déposant marié qui justifiera, soit de sa séparation de corps, soit de sa séparation de biens contractuelle ou judiciaire, sera admis à effectuer des versements à son profit exclusif. — En cas d'absence ou d'éloignement d'un des deux conjoints depuis plus d'une année, le juge de paix peut accorder l'autorisation de faire des versements au profit exclusif du déposant. — Sa décision peut être frappée d'appel devant la Chambre du conseil du tribunal de première instance.

ART. 14. — Les étrangers résidant en France sont autorisés à faire des versements à la Caisse des retraites pour la vieillesse aux mêmes conditions que les nationaux. — Toutefois ces étrangers ne pourront jouir, en aucun cas, des bonifications dont il est parlé au deuxième paragraphe de l'article 11.

ART. 15. — Le déposant qui a stipulé le remboursement à son décès du capital versé peut, à toute époque, faire abandon de tout ou partie de ce capital, à l'effet d'obtenir une augmentation de rente, sans qu'en aucun cas le montant total puisse excéder 1,200 francs. — Le donateur qui a stipulé le retour du capital, soit à son profit, soit au profit des ayants-droit du donataire, peut également, à toute époque, faire l'abandon du capital, soit pour augmenter la rente du donataire, soit pour se constituer à lui-même une rente, si la réserve avait été stipulée à son profit.

Art. 16. — L'ayant-droit à une rente viagère qui a fixé son entrée en jouissance à un âge inférieur à soixante-cinq ans peut, dans le trimestre qui précède l'ouverture de la rente, reporter sa jouissance à une autre année d'âge accomplie, sans que, en aucun cas, la rente, augmentée d'après les tarifs en vigueur, puisse excéder 1,200 francs, ni qu'il y ait lieu au remboursement d'une partie du capital déposé.

Art. 17. — Au décès du titulaire de la rente, avant ou après l'époque d'entrée en jouissance, le capital déposé est remboursé sans intérêts aux ayants-droit si la réserve a été faite au moment du dépôt et s'il n'a pas été fait usage de la faculté accordée par l'article 15 ci-dessus. — Les certificats de propriété destinés aux retraits de fonds versés à la Caisse des retraites de la vieillesse doivent être délivrés dans les formes et suivant les règles prescrites par la loi du 28 floréal an VII.

Art. 18. — Le capital réservé reste acquis à la Caisse des retraites en cas de déshérence ou par l'effet de la prescription, s'il n'a pas été réclamé dans les trente années qui auront suivi le décès du titulaire de la rente.

Art. 19. — Sont remboursées sans intérêts les sommes qui, lors de la liquidation définitive, seraient insuffisantes pour produire une rente viagère de 2 francs ou qui dépasseraient soit la somme de mille francs (1,000 fr.) par année, soit le capital nécessaire pour produire une rente de douze cents francs (1,200 fr.). — Est également remboursée sans intérêts par la Caisse, toute somme versée irrégulièrement par suite de fausse déclaration sur les qualités civiles, noms et âge des déposants ; ces irrégularités ne peuvent être invoquées par le titulaire du livret ou ses représentants pour exiger le remboursement du capital.

Art. 20. — Il est tenu à la Caisse des dépôts et consignations un grand-livre sur lequel les rentes viagères pour la vieillesse sont enregistrées. Un double de ce grand-livre est conservé au ministère des finances. — L'extrait d'inscription à délivrer à la partie doit, pour former titre valable contre l'État, être revêtu du *visa* du contrôle institué près la Caisse des dépôts et consignations par la loi du 24 juin 1833.

Art. 21. — Il est remis à chaque déposant un livret sur lequel sont inscrits les versements par lui effectués et les rentes viagères correspondantes.

Art. 22. — Les fonds de la Caisse nationale des retraites sont employés en rentes sur l'État, en valeurs du Trésor ou, sur la proposition de la commission supérieure et avec l'autorisation du ministre des finances, soit en valeurs garanties par le Trésor, soit en obligations départementales et communales. — Les sommes nécessaires pour assurer le service des arrérages sont déposées en compte courant au Trésor. — Le taux de l'intérêt dudit compte est fixé par le ministre des finances et ne peut être inférieur au taux d'après lequel est calculé, pour l'année, le montant des rentes viagères à servir aux déposants.

Art. 23. — La Caisse nationale des retraites établit chaque année le bilan de ses opérations.

Art. 24. — Les certificats, actes de notoriété et autres pièces exclusivement relatives à l'exécution de la présente loi, seront délivrés gratuitement et dispensés des droits de timbre et d'enregistrement.

Art. 25. — Un règlement d'administration publique déterminera les mesures propres à assurer l'exécution de la présente loi et notamment : — 1° Les attributions et le mode de fonctionnement de la commission supérieure ; — 2° La forme des livrets et des extraits d'inscriptions ; — 3° Le mode d'après lequel les versements seront faits, soit directement par les déposants, soit pour leur compte par les caisses d'épargne et les asssociations de prévoyance mutuelle.

Art. 26. — Dans un délai qui ne pourra excéder une année après la promulgation de la présente loi, l'administration de la Caisse des retraites devra s'être entendue avec les ministres des finances et des postes et télégraphes pour permettre les versements chez les comptables directs du Trésor et chez les receveurs des postes, soit en espèces, soit en timbres-poste.

ART. 27. — Dans le délai de six mois après la promulgation de la présente loi, une instruction pratique résumant les avantages et le fonctionnement de la Caisse nationale des retraites sera rédigé, après avis de la commission supérieure, par l'administration de la Caisse ; cette instruction sera affichée : — 1° Dans toutes les mairies ; — 2° Dans tous les bureaux des comptables directs du Trésor ; — 3° Dans tous les bureaux de poste ; — 4° Dans toutes les écoles publiques.

ART. 28. — A partir du 1er janvier 1887, seront abrogées les lois des 18 juin 1850, 28 mai 1853, 7 juillet 1856, 12 juin 1861, 4 mai 1864, 20 décembre 1872, ainsi que toutes autres dispositions qui seraient contraires à la présente loi.

N° 17

30 MAI 1893. — *Instruction du Directeur général de l'Enregistrement relative à l'application de l'impôt sur les opérations de Bourse* (1).

La loi de finances du 28 avril 1893, promulguée le lendemain, renferme, sous les articles 28 à 35, diverses dispositions relatives à l'établissement d'un impôt sur les opérations de Bourse. Un règlement d'administration publique du 20 mai 1893, publié au *Journal Officiel* du 21, a été rendu pour assurer l'exécution de ces dispositions.

Déjà la loi du 2 juillet 1862 (art. 19) avait soumis à un droit de timbre les bordereaux des agents de change et des courtiers. Mais ce droit, fixé en principal à 50 centimes pour les sommes de 10,000 francs et au-dessous, et à 1 fr. 50 centimes pour les sommes supérieures à 10,000 francs, ne répondait pas suffisamment au principe de la proportionnalité de l'impôt. D'autre part, la délivrance du bordereau n'était pas obligatoire. C'est ainsi que le produit de la taxe n'a jamais été en rapport avec le nombre et l'importance des affaires qui se traitent journellement sur le marché des valeurs.

Les articles 28 à 35 de la loi de finances du 28 avril 1893, applicables à partir du 1er juin 1893, assujettissent, au contraire, à un droit proportionnel de 5 centimes par 1,000 francs ou fraction de 1,000 francs du montant de l'opération calculé d'après le taux de la négociation « toute opération de Bourse ayant pour objet l'achat ou la vente, au comptant ou à terme, de valeurs de toute nature ». Ce droit frappe, en principe, l'instrument officiel de la négociation, c'est-à-dire le bordereau d'agent de change.

Cette idée d'un droit de timbre proportionnel assis sur le bordereau d'agent de change est dominante dans le texte nouveau, et il faut s'en pénétrer pour retrouver l'économie de la loi à travers un ensemble de dispositions dictées par la double préoccupation de ne pas troubler le marché et de respecter une situation légale dont l'article 35 de la loi proclame d'ailleurs le maintien.

Les articles 28 et 29 envisagent toutes les personnes qui interviennent, par profession, dans les opérations d'achat ou de vente de valeurs de Bourse, parce que c'est chez elles qu'il est facile de saisir ce que l'on pourrait appeler les étapes de la circulation de la matière imposable.

La loi oblige, en principe, ces personnes à justifier de l'acquittement du droit de timbre par la représentation du bordereau de l'agent de change, qu'elle suppose être nécessairement intervenu pour consommer l'opération et qui doit effectuer ce paiement, non au moyen de l'apposition effective d'un timbre, mais au moyen de versements sur états. Cette production, à laquelle il peut, d'ailleurs, être suppléé par la simple indication de la date et du numéro du

(1) V. M., p. 650 à 653.

bordereau, prouve que le Trésor a été désintéressé, et elle affranchit, par conséquent, du paiement de l'impôt les diverses personnes qui ont préparé l'exécution de l'ordre d'achat ou de vente. Faute de représenter le bordereau d'agent de change ou d'y suppléer par les indications dont il vient d'être parlé, ces personnes sont tenues d'acquitter elles-mêmes le montant du droit, à l'exemple d'un débiteur ordinaire qui, faute de pouvoir justifier de sa libération, se trouverait obligé au paiement de la créance existant contre lui.

Mais un seul et même achat ou une seule et même vente ne sauraient autoriser plusieurs perceptions. Le règlement d'administration publique édicte donc un ensemble de dispositions qui permettent aux simples transmetteurs d'ordres de ne point acquitter eux-mêmes l'impôt, à la condition que le paiement en soit assuré au moment où l'opération définitive se consomme.

Telle est l'économie générale de la loi nouvelle et du décret rendu pour son exécution.

Les explications qui vont suivre permettront au service de saisir le sens exact de chacune de leurs dispositions.

Ces dispositions sont venues élargir le champ d'action, déjà si vaste, de l'Administration. Leur application imposera aux agents un surcroît d'obligations qu'ils auront à cœur de remplir avec le zèle intelligent qui leur est habituel. Appelés depuis longtemps à pénétrer les secrets des familles par le droit d'investigation qui leur est accordé dans les études de notaires et autres dépôts publics, ainsi qu'au siège et dans les agences des sociétés et compagnies, ils ont toujours su allier le sentiment de leurs devoirs envers le Trésor à la discrétion professionnelle la plus rigoureuse. Le Directeur général ne doute pas qu'ils n'observent particulièrement cette règle de conduite dans une matière aussi délicate que celle des opérations de Bourse, et il compte sur leur tact pour qu'ils s'acquittent de leur nouvelle et difficile mission avec la plus grande prudence et tous les ménagements nécessaires.

OPÉRATIONS PRÉVUES PAR LA LOI.

Observations générales. — Aux termes de l'article 28 de la loi, l'impôt frappe toute opération de Bourse ayant pour objet l'achat ou la vente de valeurs de toute nature.

Cette disposition atteint toutes les opérations relatives aux titres ou promesses de titres de la catégorie de ceux qui se négocient soit sur le marché officiel, soit sur le marché en banque. Ces opérations comprennent, notamment, la négociation à la Bourse ou en banque des fonds d'État français, rentes sur l'État, bons du Trésor, promesses d'inscriptions de rente; — des titres de rente, emprunts ou autres effets publics des gouvernements étrangers; — des actions et obligations des sociétés, compagnies ou entreprises quelconques, françaises ou étrangères; — des titres d'obligations ou d'emprunts émis, sous quelque dénomination que ce soit, par les départements, communes ou établissements publics français, et par les villes, provinces et corporations étrangères ou établissements publics étrangers.

Il importe peu, d'ailleurs, au point de vue de l'impôt, qu'il s'agisse de valeurs cotées ou non cotées, ou même de valeurs non susceptibles d'être admises à la cote officielle pour un motif quelconque, par exemple à raison de ce que le montant de chaque coupure serait inférieur au chiffre déterminé par les lois et règlements.

D'un autre côté, l'exigibilité de la taxe n'est nullement subordonnée à la validité de l'opération, et le droit serait acquis au Trésor encore bien que l'achat ou la vente effectuée fût entaché d'une nullité absolue et que toute action en justice tendant à obtenir l'exécution du contrat fût déniée aux parties ou à leurs intermédiaires.

Il convient de remarquer à cet égard que, quelle que soit l'époque à laquelle elles aient lieu, les cessions de promesses de titres sont passibles de l'impôt, qu'elles soient ou non licites.

En visant les ventes et achats de *valeurs*, l'article 28 donne à ce dernier mot la signification particulière qu'il revêt dans l'expression de *valeurs mobilières* employée comme terme de Bourse. Il en résulte que les négociations de marchandises *(art. 788 C. Com.)* échappent à la nouvelle taxe, de même que les négociations de lettres de change, billets ou autres papiers commerçables *(art. 76 C. Com.)* et les ventes et achats de matières d'or ou d'argent *(ibid.)*. Cette interprétation découle formellement des travaux préparatoires de la loi, de son économie même et du règlement d'administration publique rendu pour en assurer l'exécution.

Opérations au comptant. — Opérations à terme, fermes ou à prime. — La loi n'établit aucune distinction, quant au principe de l'impôt, entre les opérations au comptant et les opérations à terme.

Les unes et les autres sont expressément placées sur la même ligne par l'article 28.

Une opération est dite *au comptant* lorsque les parties ne stipulent aucun délai pour l'exécution de leurs engagements; elle est *à terme*, au contraire, toutes les fois que les parties conviennent d'en ajourner le règlement à une époque ultérieure fixée entre elles.

L'opération à terme est *ferme* ou *à prime*. Elle est ferme, lorsque ni le vendeur ni l'acheteur ne peuvent se départir du contrat et que, définitivement liés l'un envers l'autre dès l'origine, ils sont tenus de l'exécuter au jour dit, quelle que soit la hausse ou la baisse survenue dans l'intervalle.

L'opération est à prime lorsque soit l'acheteur, soit le vendeur (mais l'acheteur seul semble en user dans la pratique) se réserve la faculté de ne pas donner suite au marché moyennant l'abandon d'une indemnité convenue, qui porte le nom de *prime*. « Cette nature spéciale de » marchés, enseigne M. Buchère *(Des Opérations de Bourse*, n° 384), est indiquée dans le » langage de la Bourse au moyen d'une formule dont la singularité, plus apparente que réelle, » ne peut être comprise qu'en se rendant compte du mécanisme du contrat qui intervient entre » les parties. Pour désigner un marché à prime sur des rentes ou sur des actions de chemins » de fer, les boursiers s'expriment dans les termes suivants : *Acheté 2,500 francs de rente* » *5 °/₀ à 98 fr. 45, dont 50 centimes;* ou : *Acheté 250 actions Nord à 1085 francs,* » *dont 10.* Cette formule, qui est reproduite chaque jour par les journaux, est très compré- » hensible pour celui qui connaît la nature de l'opération. Par exemple, Pierre achète fin » courant, à prime, 250 actions du chemin de fer du Nord au cours de 1,085 francs. La prime » ou l'indemnité à verser au vendeur, en cas de dédit ou d'abandon volontaire du marché, est » fixée à 10 francs par action *(dont 10)*. L'acheteur verse à l'agent de change, le jour du » marché, le montant de cette prime ou 10 francs par action, soit dans notre hypothèse une » somme de 2,500 francs. Au jour de l'échéance, s'il exécute le marché, il devra verser » 1,085 francs par action, dont 10 francs ont été payés par avance pour garantie de la prime, » en sorte que, s'il lève les titres, il n'aura plus à payer que 1,075 francs par action », tandis que s'il déclare abandonner le marché, la prime de 10 francs par titre, payée d'avance, reste acquise au vendeur.

Le taux de la prime est toujours fixé par unité. L'acheteur à prime d'une certaine quantité de rente 3 °/₀ ou 4 1/2 °/₀, dont 50 centimes, doit donc, s'il résilie le marché, abandonner à son vendeur 50 centimes par 3 francs ou 4 fr. 50 de rente achetée. De même, l'acheteur à prime de 50 actions, dont 10, est tenu, en pareille circonstance, d'abandonner 10 francs par action.

A l'échéance du marché, l'acheteur à prime doit faire connaître à son vendeur s'il entend *lever* les titres, c'est-à-dire en prendre livraison contre paiement du prix convenu, ou abandonner la prime; si c'est le vendeur qui s'est réservé le droit de ne pas exécuter le contrat, c'est à lui naturellement qu'il incombe de notifier à l'acheteur le parti auquel il s'est arrêté. Cette déclaration d'option, de la part des acheteurs ou des vendeurs à prime, constitue ce qu'on appelle en terme de Bourse la *réponse des primes*.

Le marché à prime devient un marché ferme dès que celui qui avait la faculté de ne pas l'exécuter a déclaré qu'il entendait le consolider.

Sur le marché en banque, les parties sont maîtresses de traiter pour le terme qu'il leur plaît de choisir. Il n'en est pas de même sur le marché officiel où les négociations à terme ne peuvent se faire que pour les échéances déterminées par les règlements particuliers des Compagnies d'agents de change *(Décret du 7 octobre 1890, art. 60 et 82)*.

Le règlement particulier de la Compagnie des agents de change de Paris contient à cet égard les dispositions suivantes :

ART. 49. — Les négociations à terme ferme se liquident une ou deux fois par mois, suivant les valeurs, aux dates et de la manière fixée par le présent règlement.

ART. 50. — Les négociations à terme ferme ne peuvent avoir lieu pour un terme plus éloigné que la deuxième liquidation à partir du jour où le marché est conclu.

ART. 51. — Les négociations à primes peuvent se traiter pour la quinzaine ou la fin de chaque mois, sans pouvoir dépasser le terme de la troisième liquidation à partir du jour où le marché est conclu en ce qui concerne les valeurs soumises à la liquidation de quinzaine, et de la deuxième liquidation à partir du jour où le marché est conclu en ce qui concerne les valeurs soumises à la liquidation mensuelle.

ART. 52. — Le dernier jour de la Bourse qui précède chaque liquidation, les agents de change doivent se déclarer réciproquement si les opérations à primes deviennent des marchés fermes ou si la prime est simplement payée.

ART. 65. — La liquidation ou compensation des affaires engagées à terme se fait deux fois par mois.

Liquidation de fin de mois. — A la première Bourse du mois : liquidation de tous les fonds d'État français ; à la deuxième : liquidation de toutes les autres valeurs.

Liquidation de quinzaine. — A la première Bourse qui suit le 15 : liquidation de toutes les valeurs soumises à la double liquidation mensuelle.

Ce dernier article se trouve complété en ces termes par l'article 88 du règlement intérieur de la Compagnie des agents de change de Paris : « Les fonds d'État français, les fonds d'État » garantis par la France, les emprunts de la ville de Paris, les actions de la Banque de France, » les actions et obligations du Crédit Foncier de France, les actions et les obligations des » chemins de fer français dont les titres sont admis à la cote à terme se liquident une fois par » mois. Toutes les autres valeurs se liquident deux fois par mois. »

Reports. — « Le mot *report*, employé quelquefois pour désigner le résultat d'une situation de Bourse, c'est-à-dire la différence qui existe entre le prix des marchés au comptant et le prix des marchés à terme, s'applique plus ordinairement, dit M. Buchère *(op. cit., n° 409)*, à une opération spéciale, qui consiste en un achat et une revente *simultanés* de titres de même nature, à des termes différents. » C'est en ce dernier sens qu'il convient de le prendre pour l'application de la loi du 28 avril 1893.

Le report peut se faire du comptant à une liquidation, ou d'une liquidation à une autre. Dans le premier cas, le capitaliste achète au comptant un certain nombre de valeurs et les revend à terme, ou vend au comptant des titres qu'il rachète à terme. Dans le deuxième cas, il vend ou achète des titres en liquidation et les rachète ou les revend à une liquidation ultérieure (Buchère, *loc. cit.*).

Un exemple fera mieux ressortir le mécanisme de cette opération. Pierre, acheteur de 3,000 francs de rente 3 °/₀ fin courant, c'est-à-dire pour l'époque de la prochaine liquidation, n'est pas en mesure de remplir ses engagements à l'échéance et désire néanmoins conserver sa situation d'acheteur, qu'il croit bonne. Il y parvient au moyen d'un report. A cet effet, il vend à Paul fin courant, à tel cours déterminé, la quantité de rente qu'il a achetée et dont celui-ci prendra livraison à sa place, et il la lui rachète fin prochain, c'est-à-dire pour l'époque de la deuxième liquidation, à un cours plus élevé. Le report intervient, comme on le voit, entre deux personnes ayant chacune, l'une envers l'autre et à tour de rôle, la qualité de vendeur et celle d'acheteur d'une même quantité de rente ou d'une même quantité de titres. Dans l'exemple ci-dessus, en effet, il y a, pour 3,000 francs de rente 3 °/₀ :

1° Vente de Pierre à Paul ;

2° Achat de Paul à Pierre ;

3° Rachat de Pierre à Paul ;

3° Revente de Paul à Pierre.

A la faveur de cette combinaison, Pierre liquide son premier marché et maintient, à l'aide d'un sacrifice déterminé, sa situation d'acheteur. Quant à Paul, il profite de la différence entre le taux de l'achat qu'il a fait et celui de la revente qu'il a consentie, c'est-à-dire du prix du report, et retire ainsi un certain bénéfice de l'emploi de ses capitaux sans les rendre indisponibles pour une longue durée.

Les opérations de report ne sont point affranchies de la nouvelle taxe; elles y sont, au contraire, nommément assujetties par l'article 28 de la loi.

Ventes ou achats en compensation. — Il arrive fréquemment qu'un même client est, au moment de la liquidation, acheteur et vendeur de valeurs de même nature chez deux agents de change différents. Dans ce cas, le client donne à ces derniers l'ordre de compenser entre eux. Exemple : Pierre est acheteur chez X, agent de change, de cent actions du chemin de fer du Nord, et vendeur chez Y, autre agent de change, d'un certain nombre des mêmes actions, cinquante par exemple. L'opération de compensation se traduit ainsi : d'après les instructions de Pierre, X, chez qui celui-ci était acheteur, le porte vendeur, à un cours déterminé qui est le cours de compensation, de cinquante actions du Nord, tandis que Y, chez qui il était vendeur, le porte comme acheteur de cette même quantité. La position se trouve ainsi liquidée jusqu'à concurrence de cinquante titres par cette opération qui, étant de pur ordre, est affranchie de l'impôt.

Escompte. — Une autre opération d'ordre, et, par conséquent, exempte du droit, est connue à la Bourse sous le nom d'*escompte*. C'est celle par laquelle un acheteur à terme exige, moyennant paiement immédiat du prix, que son vendeur lui livre les titres avant l'époque convenue.

Cette opération se constate dans les écritures, en ce qui concerne l'acheteur, par la mention d'une vente à terme et d'un achat au comptant, et, en ce qui concerne le vendeur, par les mentions inverses.

TARIF ET BASE DE LA PERCEPTION.

L'article 28 fixe la quotité du droit de timbre qu'il établit à 5 centimes par 1,000 francs ou fraction de 1,000 francs du montant de l'opération calculé d'après le taux de la négociation. Ce droit n'est pas soumis aux décimes. Il est réduit de moitié pour les opérations de report.

Toute négociation de valeur de Bourse suppose un vendeur et un acheteur, une vente et un achat correspondant. Il est essentiel de remarquer, à ce sujet, que le tarif de 5 centimes par 1,000 francs n'est pas applicable à l'ensemble de la négociation, mais à chacune des opérations distinctes dont elle se compose. En d'autres termes, il est dû 5 centimes par 1,000 francs pour l'achat et 5 centimes par 1,000 francs pour la vente.

En conséquence, si le même jour un assujetti agissant pour son compte ou pour le compte d'autrui achète en une ou plusieurs fois 20,000 francs de rente, et en revend 10,000 de la même manière, la taxe n'est pas due seulement sur le reliquat de ces opérations; elle est exigible et doit être assise distinctement sur le montant total de chaque opération d'achat et de chaque opération de vente.

De même, en cas d'*arbitrage*, c'est-à-dire de vente et d'achat simultanés de valeurs diverses par la même personne, la taxe doit être perçue non sur le solde du marché, mais distinctement sur le montant des opérations d'achat et sur le montant des opérations de vente.

En ce qui concerne les opérations de report, le tarif réduit s'applique à chacun des quatre éléments dont elles se composent. En conséquence, il est dû 0 fr. 025 sur le montant : 1° de l'achat; 2° de la vente; 3° du rachat; 4° de la revente.

C'est ce qui ressort de ces expressions du rapport présenté au Sénat, dans la séance du 18 mars 1893, au nom de la commission des finances : « Les reports nous ont paru mériter une faveur particulière..... Comme le report se caractérise juridiquement par deux *négociations* (c'est-à-dire deux ventes et deux achats), l'impôt proposé serait perçu sur chaque négociation et deviendrait fort onéreux. Nous proposons de décider que la moitié seulement de la taxe sera exigible. »

En ce qui concerne les primes, il est permis de se demander si le droit serait dû en cas d'abandon du marché sur la valeur des titres faisant l'objet de la négociation ou seulement sur le montant de la prime abandonnée.

La question a été tranchée dans ce dernier sens par l'article 5, n° 5, du règlement d'administration publique.

Si l'opération porte sur des titres non libérés, il y a lieu de déduire, pour la liquidation de la taxe, le montant des versements restant à effectuer.

MESURES D'EXÉCUTION.

Déclaration. — Quiconque fait commerce habituel de recueillir des offres et des demandes de valeurs de Bourse est tenu de le déclarer à l'Administration. Cette formalité devra être remplie dans le délai d'un mois, à compter du 1er juin prochain, par ceux qui exerceront à cette époque, et préalablement à toute opération, par ceux qui entreprendront après la date indiquée le commerce prévu (art. 30 de la loi).

Aux termes de l'article 1er du décret, la déclaration dont il s'agit doit être passée tant au bureau de l'Enregistrement du siège de l'établissement principal de l'assujetti qu'au bureau du siège de chacune des agences ou succursales qu'il possède. Elle est signée, dans chaque bureau, soit par le chef de l'établissement principal ou son mandataire, soit, s'il s'agit d'une société, par le représentant légal de l'entreprise ou son fondé de pouvoirs. Le déclarant doit justifier de sa qualité.

La déclaration faite au siège de l'établissement principal contient la désignation de chacune des agences ou succursales, ou indique qu'il n'en existe pas. En outre, s'il s'agit d'une société, elle fait connaître, le cas échéant, les noms des associés solidairement responsables et rappelle le titre constitutif de la société.

La déclaration souscrite au siège des agences ou succursales contient la désignation de l'établissement principal.

Enfin, en cas de changement du siège, soit de l'établissement principal, soit d'une agence ou succursale, de même qu'en cas de création d'une agence ou succursale nouvelle, l'assujetti doit en passer déclaration dans la forme ci-dessus déterminée. Cette déclaration doit intervenir avant que le déplacement ou la création qui y donne lieu soit accomplie. Elle est souscrite, suivant les circonstances, au bureau du nouveau siège ou à celui du siège de la nouvelle agence ou succursale.

Il est bien entendu que les agents n'ont pas à provoquer les déclarations prescrites. Il appartient aux assujettis de les souscrire spontanément, sauf le droit pour l'Administration de constater les contraventions parvenues à sa connaissance par les voies légales.

Une disposition exceptionnelle de l'article 1er du règlement d'administration publique affranchit de la déclaration les agents de change qui, par cela seul qu'ils sont investis d'une mission officielle, ne sauraient être tenus de dénoncer leur existence. La déclaration est remplacée, en ce qui les concerne, par la mention, que le receveur doit inscrire lui-même sur son registre, de la date de leur nomination ; il appartiendra à ce comptable de rechercher, au lendemain de la mise en vigueur de la loi, la date de la nomination de chacun des agents de change actuellement en exercice et de se tenir ensuite au courant des mutations survenues au sein de la Compagnie.

Les trésoriers-payeurs généraux se chargent, pour le compte des particuliers, de l'achat et de la vente des fonds d'Etat français et de divers autres titres. Ils agissent, en cette matière, comme fonctionnaires en ce qui concerne les fonds d'Etat français, et en leur propre et privé nom pour les autres valeurs. De ce dernier chef, ils se trouvent soumis, ainsi que le ministre l'a reconnu, à la tenue du répertoire et au dépôt des extraits dont il sera ci-après parlé. Mais il est à peine besoin de faire remarquer qu'ils sont dispensés de souscrire la déclaration exigée par l'article 29 de la loi.

Répertoire. — Les personnes désignées à l'article 29 de la loi, c'est-à-dire toutes celles qui font commerce habituel de recueillir des offres et des demandes de valeurs de Bourse, sont astreintes par l'article 30 à la tenue d'un répertoire sur lequel elles doivent inscrire jour par jour, sans blanc ni interligne et par ordre de numéros, toute opération par elles faite, soit pour leur propre compte, soit pour le compte d'autrui en qualité de mandataire, d'intermédiaire ou à tout autre titre.

Ce répertoire, qui doit être visé et paraphé par le président ou par l'un des juges du tribunal de commerce, est établi sur papier non timbré. Le modèle en est annexé au règlement d'administration publique rendu pour l'exécution de la loi. Il doit, aux termes de l'article 2 de ce règlement, présenter pour chaque opération, dans des colonnes distinctes, les indications ci-après :

1° Numéro d'ordre;

2° Date de l'opération;

3° Nom du donneur d'ordre;

4° Catégorie à laquelle appartient l'opération, savoir :

Achat ou vente au comptant;

Achat ou vente à terme ferme;

Achat ou vente à prime;

Report;

Opération d'ordre ayant pour objet de compenser entre elles, au point de vue du règlement des comptes, deux ou plusieurs opérations antérieures;

5° Lorsqu'il s'agit d'une opération à terme, date de l'échéance;

6° Nature des titres;

7° Nombre ou montant des titres;

8° Taux de l'opération;

9° Valeur totale des titres sur lesquels a porté l'opération;

10° Valeur totale des titres, déduction faite des versements restant à effectuer sur les titres non entièrement libérés;

11° S'il y a lieu, soit le nom de l'agent de change qui a concouru à l'opération, soit le nom et le domicile du mandataire substitué par l'intermédiaire duquel l'opération a été faite, soit le nom et le domicile de la personne qui en a fait la contre-partie, lorsque ces deux derniers sont au nombre des personnes désignées dans l'article 29 de la loi du 28 avril 1893;

12° Montant du droit afférent à l'opération, sauf en ce qui concerne : *a*) les opérations à prime; *b*) les opérations d'ordre prévues au n° 4; *c*) les opérations qui donnent lieu à la désignation de l'agent de change qui a effectué l'opération ou du mandataire substitué.

L'attention des agents est particulièrement appelée sur les numéros 11 et 12 de l'article 2 du décret.

L'opération a-t-elle été faite *par ministère d'agent de change*, la onzième colonne du répertoire de l'agent vendeur doit mentionner le nom de l'agent acheteur, et réciproquement; en outre, si le donneur d'ordre fait lui-même commerce habituel de recueillir des offres et des demandes de valeurs de Bourse, il doit, de son côté, indiquer dans la onzième colonne de son propre répertoire, le nom de l'agent de change par l'entremise duquel il a fait effectuer l'opération; enfin, si ce donneur d'ordre a agi pour une autre personne également assujettie au service du répertoire, la onzième colonne du répertoire de cette dernière doit faire connaître le nom et le domicile de son mandataire, c'est-à-dire de celui qui a joué pour elle le rôle de donneur d'ordre auprès de l'agent de change; et ainsi de suite si la filière se continue.

L'opération a-t-elle été conclue *sur le marché en banque*, la onzième colonne doit mentionner le nom et le domicile de la personne qui en a fait la contre-partie ou qui a servi de mandataire substitué, si toutefois cette personne est elle-même soumise à la tenue du répertoire.

Exemple : A, sans profession, donne un ordre d'achat à B, banquier à Montargis; B passe cet ordre à C, banquier à Orléans; celui-ci le transmet à D, banquier à Paris, qui s'adresse à E, coulissier, qui lui vend les titres demandés. E, vendeur, fait la contre-partie de l'opération d'achat effectuée par D et réciproquement; E doit donc inscrire sur son répertoire la vente qu'il a faite, en indiquant dans la onzième colonne le nom et le domicile de D; celui-ci doit procéder de même pour l'achat qu'il a conclu et porter dans la onzième colonne de son répertoire le nom et le domicile de E; quant à C et à B, ils doivent mentionner respectivement dans cette colonne de leur propre répertoire le nom et le domicile du mandataire par l'entremise duquel ils ont agi ou qu'ils se sont substitué; en d'autres termes, C doit faire connaître le nom et le domicile de D, et B le nom et le domicile de C.

On voit par cet exemple que le décret désigne spécialement sous le nom de mandataire substitué toute personne n'ayant pas la qualité d'agent de change, mais assujettie néanmoins à la tenue du répertoire et qui fait une opération ou transmet un ordre aux lieu et place d'une autre personne soumise elle-même à la tenue de ce document.

La onzième colonne du répertoire reste en blanc lorsque celui qui le tient a conclu l'opération de vente ou d'achat directement avec un tiers ne rentrant pas dans la catégorie des personnes désignées dans l'article 29 de la loi. Le cas est susceptible de se présenter fréquemment en ce qui concerne les établissements de crédit qui vendent et achètent des titres à guichet ouvert.

Les indications de la colonne 11 des répertoires serviront de moyen de contrôle aux agents pour la surveillance du paiement de l'impôt. Dès qu'une contradiction se manifeste entre le répertoire de l'un des assujettis et le répertoire de l'autre, les écritures de tous les deux sont ouvertes aux investigations de l'Administration, comme il sera expliqué ci-après.

On a remarqué que la douzième colonne doit faire ressortir le montant du droit applicable à chaque opération inscrite, sauf en ce qui concerne :

1° Les opérations à prime, parce qu'elles demeurent en suspens jusqu'à la réponse des primes et que, dans ces conditions, la liquidation immédiate de l'impôt est impossible, faute de base;

2° Les opérations de compensation prévues au numéro 4, parce qu'elles ont un pur caractère d'ordre et ne sauraient, par suite, donner ouverture à la taxe;

3° Les opérations qui donnent lieu, dans la onzième colonne, à la désignation de l'agent de change ou du mandataire substitué. Ces opérations sont celles que la personne qui tient le répertoire a faites par l'entremise d'un agent de change ou d'un mandataire substitué, et pour lesquelles le droit doit être acquitté par cet agent ou ce mandataire, sur le propre répertoire duquel elles figurent déjà.

D'après l'article 3 du décret, le répertoire peut être divisé en deux volumes destinés l'un à l'inscription des opérations au comptant, l'autre à l'inscription des opérations à terme et des reports.

Enfin, aux termes de l'article 8, celles des personnes désignées à l'article 29 de la loi qui possèdent, indépendamment de leur établissement principal, une ou plusieurs agences ou succursales, doivent y faire tenir un répertoire semblable à celui dont la forme est déterminée par l'article 2 du décret, et dont il vient d'être parlé. Ce répertoire reçoit l'inscription des opérations effectuées par l'agence ou succursale, soit directement, soit par l'intermédiaire de l'établissement principal.

On ajoute, en terminant, que rien ne s'oppose à ce que les agents de change fusionnent avec le répertoire le livre dont la tenue leur est imposée par l'article 84 du Code de commerce, mais à la condition d'y faire figurer tous les renseignements exigés par le règlement d'administration publique.

Paiement des droits. — L'article 31 de la loi porte que « la perception des droits s'effectue au vu d'extraits du répertoire déposés périodiquement au bureau désigné par l'Administration ».

Ces extraits doivent être conformes au modèle annexé au règlement d'administration publique. Aux termes de l'article 4 de ce règlement, ils sont établis le 10 et le 25 de chaque mois et comprennent, dans l'ordre des inscriptions au répertoire, toutes les opérations, sans exception, portées sur ce document entre ces deux dates. N'y sont toutefois mentionnées que pour mémoire les opérations au comptant ayant moins de dix jours de date et les opérations à terme dont l'échéance ne serait pas survenue depuis dix jours au moins. Cette précaution de la loi était nécessaire pour laisser aux assujettis le temps de recevoir tous les renseignements à consigner sur les extraits.

Les opérations mentionnées pour mémoire sur un extrait sont reprises en tête du suivant.

Les extraits doivent obligatoirement présenter pour chaque opération, dans des colonnes distinctes, les indications ci-après :

1° Numéro d'ordre du répertoire;

2° Date de l'opération;

3° Catégorie à laquelle elle appartient, spécifiée conformément aux prescriptions de l'article 2, n° 4, du décret;

4° Lorsqu'il s'agit d'une opération à terme, date de l'échéance;

5° Valeur des titres sur lesquels a porté l'opération, déduction faite des versements restant à effectuer sur les titres non entièrement libérés, ou, lorsqu'il s'agit de marchés à prime et que les primes ont été abandonnées, valeur de ces primes.

Les extraits sont totalisés et certifiés par le débiteur (art. 4 et 5 du décret).

Lorsque le répertoire a été divisé en deux volumes, en vertu de la faculté accordée par l'article 3 du règlement, il doit être établi, comme conséquence de cette division, deux extraits présentant l'un les opérations au comptant, et l'autre les opérations à terme et les reports (art. 6 du règlement).

« Les extraits du répertoire, porte l'article 7 du décret, sont produits : 1° entre le 10 et le 15; 2° entre le 25 et le dernier jour de chaque mois. »

« Le dépôt des extraits, ajoute la même disposition, est accompagné de la consignation des droits calculés sur le pied de 1 franc par 10,000 francs du montant des opérations qui y sont portées, si le redevable ne préfère produire des extraits comportant la perception immédiate des droits, c'est-à-dire présentant, pour chaque opération, le décompte des droits accompagné, le cas échéant, de l'indication, soit du nom de l'agent de change qui a concouru à l'opération, ainsi que de la date et du numéro du bordereau qu'il en a délivré, soit du nom et du domicile du mandataire substitué par l'intermédiaire duquel l'opération a été faite, ainsi que de la date et du numéro sous lesquels l'opération figure au répertoire de ce dernier, soit du nom et du domicile de la personne qui a fait la contre-partie de l'opération, ainsi que de la date et du numéro sous lesquels l'opération figure à son répertoire, soit, en ce qui concerne les opérations d'ordre prévues au numéro 4 de l'article 2, des numéros sous lesquels figurent au répertoire les opérations qu'il s'agit de compenser. »

Il est essentiel de noter que l'article 11 du décret accorde transitoirement aux assujettis un délai d'un mois, à compter du 21 mai courant, pour opérer le premier dépôt des extraits. Quant au second dépôt, il devra être effectué à l'époque normale, c'est-à-dire du 25 au 30 juin prochain.

Les dispositions de l'article 7 ci-dessus transcrites sont faciles à expliquer. Si l'extrait n'avait contenu que les mentions prévues à l'article 31 de la loi et à l'article 5 du règlement d'administration publique, le receveur se fût trouvé dans l'impossibilité d'apprécier, même approximativement, au moment du dépôt de l'extrait, le montant des droits exigibles. Aussi, l'article 7 du décret porte-t-il que, dans ce cas, l'assujetti aurait à consigner une somme égale au montant des droits calculés à raison de 1 franc par 10,000 francs sur le chiffre total des opérations mentionnées à l'extrait. C'est pour épargner cette consignation au débiteur que l'article 8 a prévu les mentions facultatives dont la portée se conçoit aisément si l'on combine l'article 8 du décret avec le deuxième alinéa de l'article 31 de la loi ainsi conçu : « Si l'une des deux » parties concourant à l'opération est seule assujettie à la déclaration prévue par l'article 30 » (et, par suite, à la tenue du répertoire), le total des droits applicables à l'opération sera payé » par elle, sauf un recours contre l'autre partie ». D'après cette dernière disposition, en effet, toute personne faisant commerce habituel de recueillir des offres et des demandes de valeurs de Bourse est tenue du paiement du droit exigible à raison tant de l'opération qu'elle a faite que de la contre-partie de cette opération, à moins qu'elle ne déclare avoir traité avec un tiers également soumis au répertoire, et ne fournisse les renseignements nécessaires au contrôle de cette assertion. Il en résulte qu'en principe chaque opération de vente ou d'achat figurant sur un extrait doit être taxée sur le pied de 10 centimes par 1,000 francs applicables : 5 centimes à l'opération mentionnée et 5 centimes à l'opération corrélative. Toutefois, cette conséquence est évitée si l'assujetti fait connaître le nom et le domicile de la personne qui a fai la contre-partie de son opération, ainsi que la date et le numéro sous lesquels elle a inscrit son propre marché sur son répertoire. Dans ce cas, le droit est liquidé au taux de 5 centimes, ou, s'il s'agit d'un report, au taux de 0 fr. 025 par 1,000 francs.

D'un autre côté, la même opération d'achat ou de vente ne donne, en principe, ouverture qu'à un seul droit, quel que soit le nombre des intermédiaires qui y ont concouru. L'impôt est dû par l'intermédiaire qui l'a réalisé; les autres en sont affranchis, de même que celui pour le compte duquel elle a eu lieu, à la condition, toutefois, que ceux-ci indiquent sur l'extrait par eux déposé, et suivant les circonstances, soit le nom de l'agent de change dont le ministère a été requis ainsi que la date et le numéro du bordereau qu'il a délivré, soit le nom et le domicile du mandataire substitué ainsi que la date et le numéro sous lesquels il a inscrit l'opération à son répertoire.

Ainsi, en supposant que l'opération ait été faite par un agent de change au nom d'un banquier A, agissant lui-même pour un autre banquier B, A, pour s'exonérer du paiement de la taxe, doit indiquer le nom de l'agent de change auquel il a eu recours ainsi que la date et le numéro du bordereau que celui-ci lui a remis, et B, pour jouir du même bénéfice, doit faire connaître le nom et le domicile de A, ainsi que la date et le numéro sous lesquels celui-ci a inscrit l'opération sur son répertoire. Ou encore, pour reprendre l'exemple relatif au marché en banque, E n'aura que 5 centimes pour 1000 francs au lieu de 10 centimes à verser pour la vente par lui consentie, s'il désigne, en se conformant aux prescriptions de l'article 7 du décret, la personne (D) qui a fait la contre-partie de son opération. De même pour D, relativement à l'achat par lui effectué. Quant à C et à B, ils pourront l'un et l'autre s'affranchir de tout paiement en fournissant chacun de la même manière les renseignements voulus, le premier en ce qui concerne D, son mandataire substitué, et le second en ce qui concerne C, qui a vis-à-vis de lui la même qualité.

Les agents ne perdront pas de vue, d'ailleurs, que, lors du dépôt des extraits, l'impôt doit être exigé, sur les opérations d'ordre, toutes les fois que les numéros sous lesquels figurent au répertoire les opérations qu'il s'agit de compenser ne sont pas mentionnés.

Les opérations d'achat ou de vente sur une place de l'étranger faites par un assujetti donneront lieu, en toute hypothèse, à l'application du tarif de 0 fr. 10 par 1,000 francs. D'une part, en effet, elles ne sont point dispensées de l'inscription au répertoire, puisque aux termes de la loi toute opération faite par un assujetti doit y figurer, et, d'autre part, elles rentrent nécessairement dans la catégorie de celles qui sont visées par le dernier alinéa de l'article 31 de la loi, puisqu'en ce qui les concerne, la contre-partie est toujours faite par une personne non soumise à la tenue du répertoire.

D'après le dernier alinéa de l'article 7 du décret, « les versements afférents aux opérations fermes qui porteraient, sur des valeurs cotées à terme à la Bourse de la place sur laquelle l'assujetti exerce son industrie et qui figureraient à l'extrait pour une échéance plus éloignée que celle qui est prévue pour ces valeurs par les règlements des agents de change de ladite place, doivent, à moins que ces opérations ne soient appuyées d'un bordereau d'agent de change certifiant la date de l'échéance, être effectués sur le pied d'un bordereau pour chacune des échéances prévues par les règlements ci-dessus indiqués. » Cette disposition s'inspire de l'idée qui a présidé à la loi et au règlement d'administration publique, et qui est de considérer toujours l'opération comme si elle avait été faite par ministère d'agent de change,

Enfin, s'il dépend d'un établissement principal une ou plusieurs agences ou succursales, chaque agence ou succusale doit effectuer aux dates, dans la forme et les conditions déterminées à l'article 7, la production des extraits de son répertoire particulier, accompagnée, s'il y a lieu, du versement des droits exigibles. D'après l'économie du décret, les agences ou succursales sont à considérer, au point de vue de l'impôt, comme indépendantes de l'établissement principal, ou comme autant d'établissements principaux. Elles ne peuvent, en conséquence, se dispenser du paiement des droits applicables aux opérations figurant sur leur répertoire, qu'en ayant soin de revêtir leurs extraits des mentions prescrites à cet effet par le deuxième alinéa de l'article 7 du décret, et de faire connaître, en ce qui concerne les opérations qu'elles ont accomplies par l'intermédiaire de l'établissement principal, la date et le numéro sous lesquels ces opérations ont été portées sur le répertoire de cet établissement.

BORDEREAUX DES AGENTS DE CHANGE.

Aux termes des articles 9 et 10 du décret, les bordereaux des agents de change sont extraits de registres à souche portant une série unique de numéros. Ils indiquent à la souche le montant des opérations qu'ils constatent et les numéros sous lesquels ces opérations figurent au répertoire. Ils doivent être délivrés dans les dix jours de la négociation en ce qui concerne les opérations au comptant, et dans les dix jours de l'échéance en ce qui concerne les opérations à terme. Si le répertoire est divisé en deux volumes, il peut être également établi pour les bordereaux deux registres correspondants, c'est-à-dire destinés l'un aux opérations au comptant et l'autre aux opérations à terme et aux reports. Rien ne s'oppose même, en ce qui concerne le comptant, à ce que le registre des bordereaux soit subdivisé pour les achats et pour les ventes.

COMMUNICATION.

Le répertoire doit être communiqué aux agents de l'Administration, à toute réquisition de ces derniers, tant au siège de l'établissement principal qu'à celui des agences ou succursales (art. 30 de la loi et 8 du décret). Toutefois, aux termes de l'article 11 du décret, cette communication ne pourra pas être exigée avant le 21 juin prochain, mais il demeure bien entendu que toutes les opérations faites à partir du 1er juin 1893 devront être mentionnées jour par jour au répertoire.

Les registres à souche établis pour la délivrance des bordereaux d'agent de change par l'article 9 du décret doivent également, aux termes de la même disposition, être représentés aux agents, à toute réquisition.

Tout refus de communication sera constaté par un procès-verbal.

En outre, lorsqu'un procès-verbal aura été dressé contre un assujetti, soit pour refus de communication, soit pour toute autre contravention à la loi ou au décret, ou encore lorsque le répertoire de l'un des assujettis ne mentionnera pas la contre-partie d'une opération constatée par le répertoire de l'autre, les agents auront le droit de se faire représenter les écritures des deux assujettis, à la condition de limiter leur examen à une période de deux jours au plus (art. 30 de la loi). Les agents détermineront eux-mêmes, en s'inspirant des intérêts du Trésor, la période sur laquelle ils croiront plus particulièrement utile de faire porter leurs investigations. Il suffit, en effet, pour satisfaire à cet égard aux prescriptions de la loi, que cette période n'excède pas deux jours.

PÉNALITÉS.

Toute inexactitude ou omission soit au répertoire, soit à l'extrait déposé au bureau pour la perception de la taxe, est punie d'une amende égale au vingtième du montant des valeurs sur lesquelles a porté l'inexactitude ou l'omission, sans que cette amende puisse être inférieure à 3,000 francs (art. 32 de la loi).

Le refus de communication du répertoire ou des écritures que les agents sont autorisés à se faire représenter dans le cas prévu par l'article 30 de la loi est puni, par cette disposition même, de l'amende de 100 à 1,000 francs prononcée par l'article 22 de la loi du 23 août 1871.

Toute autre infraction, tant aux dispositions de la loi qu'à celles du règlement d'administration publique rendu pour son exécution, est passible d'une amende de 100 à 5,000 francs (art. 32 de la loi).

Les contraventions, ajoute l'article 32, pourront être constatées par tous agents ayant qualité pour verbaliser en matière de timbre.

PRESCRIPTION.

L'action de l'Administration pour le recouvrement des droits et amendes exigibles en vertu de la loi ou du décret dont elle est accompagnée est prescrite par un délai de deux ans (art. 33 de la loi).

MESURES ADMINISTRATIVES.

Réceptions des déclarations d'existence; constatation et recettes des droits. — La réception des déclarations et la recette de l'impôt seront confiées aux receveurs qui ont dans leurs attributions l'enregistrement des actes extrajudiciaires. Ces agents tiendront un registre spécial pour les déclarations; ce registre sera arrêté le dernier jour de chaque mois.

Les receveurs ouvriront au nom de chaque assujetti un dossier constitué à l'aide d'une des formules aujourd'hui en usage pour les dossiers de vérifications extérieures. Ils mentionneront sur chaque formule en caractères très apparents le nom de l'assujetti, sa qualité, son domicile, la date et le numéro de la déclaration souscrite, enfin tous les renseignements généraux et pour ainsi dire permanents concernant les débiteurs des droits. Ils classeront dans ces dossiers les extraits du répertoire déposés périodiquement au bureau après les avoir émargés de la date et du numéro de la recette, ou de l'enregistrement pour ordre dans les cas où il n'y aura pas eu lieu à paiement.

Ils effectueront la recette des droits sur un registre à souche spécial et délivreront quittance des droits versés. Si l'extrait déposé ne donne pas lieu à versement, ils délivreront néanmoins la formule après y avoir constaté la remise de l'extrait et le fait de l'absence de perception. La quittance des droits sera timbrée lorsqu'elle sera supérieure à 10 francs.

Jusqu'à ce que l'Administration ait pu approvisionner de registres et d'imprimés spéciaux les bureaux où cet approvisionnement sera jugé nécessaire, les receveurs emploieront :

1° *Pour la réception des déclarations*, un registre de recette du modèle en usage pour l'enregistrement des actes sous signature privée et du visa pour timbre;

2° *Pour la confection des dossiers*, des formules actuellement en usage pour les établissements et dépôts soumis aux investigations des agents de l'Administration (*Instr. n° 2721, annexe C);*

3° *Pour la recette*, un registre à souche du modèle de celui qui est affecté à la recette de l'impôt direct sur le revenu des valeurs mobilières. Les modifications nécessaires seront faites à la main. Ce registre sera arrêté le 15 et le dernier jour de chaque mois.

Les assujettis à l'impôt des opérations de Bourse seront rangés sans exception parmi les redevables qui doivent être obligatoirement visités chaque année. Pour faciliter le contrôle, les dossiers seront classés dans la première catégorie des vérifications extérieures par ordre de numéros des déclarations; les agents supérieurs auront à veiller à ce qu'aucune interruption n'existe dans le numérotage des dossiers. Enfin, en vue de rendre les recherches plus rapides, le registre des déclarations sera terminé par une table alphabétique rappelant le numéro de chaque déclaration.

Des dispositions spéciales seront arrêtées pour les villes de Paris, Lyon, Marseille, Bordeaux, Lille et Toulouse, notamment en ce qui concerne la désignation des bureaux compétents pour la réception des déclarations et l'encaissement des produits du nouvel impôt.

Classement de la recette. — Les receveurs feront figurer le produit du nouvel impôt dans leurs écritures parmi les droits de timbre non sujets aux décimes, à la suite des produits du timbre extraordinaire porportionnel et sous le titre manuscrit : « Impôt sur les opérations de Bourse. »

N° 18.

23 NOVEMBRE 1893. — *Deuxième Instruction du Directeur général de l'Enregistrement, relative à l'application de l'impôt sur les opérations de Bourse* (1).

L'exécution des dispositions de la loi du 28 avril 1893 et de celles du décret du 20 mai suivant, concernant la taxe établie sur les opérations de Bourse, a soulevé un certain nombre de questions ou de difficultés d'application qui ont été résolues par voie de décisions ministérielles et de solutions rendues par l'Administration.

Celles de ces décisions ou solutions qui présentent un intérêt général sont indiquées ci-après.

DÉSIGNATION DES PERSONNES ASSUJETTIES A LA LOI.

1. Des doutes se sont élevés sur la portée des articles 29 et 30 de la loi du 28 avril 1893 qui soumettent au régime inauguré par cette loi quiconque fait commerce habituel de recueillir des offres et des demandes de valeurs de Bourse. On s'est demandé, notamment, si les établissements qui se bornent à faire exécuter, par les représentants du marché officiel ou du marché en banque, les ordres qu'ils reçoivent de leur clientèle, sont assujettis à la formalité de la déclaration préalable et à la tenue du répertoire, alors même que leur concours n'est que rarement réclamé et qu'ils le prêtent, dans tous les cas, gratuitement.

L'Administration a eu plusieurs fois l'occasion de se prononcer dans le sens de l'affirmative.

Pour tomber sous l'application de la nouvelle loi, il n'est pas nécessaire, en effet, qu'une personne fasse de la réception des ordres de Bourse l'objet exclusif ou même principal de ses opérations ; il suffit qu'elle se livre habituellement à ce commerce. L'importance de ses affaires autant que la pensée à laquelle elle obéit en déférant au désir de ceux qui recourent à son entremise sont indifférentes. Elle rentre dans la catégorie des assujettis dès l'instant où, par profession, elle accomplit d'une manière habituelle, comme intermédiaire, sur une échelle plus ou moins grande, les opérations prévues et tarifées par la loi.

2. *Établissements étrangers. Succursales ou agences françaises.* — La loi du 28 avril 1893 atteint toute personne, sans distinction de nationalité, faisant en France commerce habituel de recueillir des offres et des demandes de valeurs de Bourse. Par conséquent, il est hors de doute que les établissements étrangers qui possèdent en France des agences ou succursales destinées à recevoir des ordres de Bourse sont tenus de ce chef, et sous les peines de droit, de se conformer à toutes les obligations prévues par la loi et le règlement d'administration publique rendu pour son exécution.

(1) V. M., p. 650 à 655.

3. *Notaires.* — Les fonctions dont les notaires sont investis leur interdisent de se livrer au commerce de recueillir des offres et des demandes de valeurs de Bourse. Lorsque ces officiers publics s'entremettent accidentellement entre leurs clients et un agent de change ou tout autre assujetti, ils ne font que rendre un service qui se rattache accessoirement à la gestion et à l'administration des intérêts qui leur sont confiés. Il en résulte qu'en principe les dispositions de la loi précitée ne leur sont point applicables. Il est d'ailleurs évident que les notaires qui feraient commerce habituel de recueillir des ordres de Bourse, au mépris des règlements de leur profession, devraient se soumettre à ces dispositions.

4. *Receveurs particuliers des finances.* — Les receveurs particuliers des finances autorisés à recevoir des ordres de Bourse ne peuvent en accepter que pour le compte du trésorier-payeur général de leur département auquel ils sont tenus de les transmettre, sans pouvoir correspondre directement avec les agents de change. En présence de cette situation exceptionnelle, il a semblé conforme aux intentions du législateur de reconnaître que ces fonctionnaires ne figurent pas au nombre des personnes désignées à l'article 29 de la loi.

OPÉRATIONS PRÉVUES PAR LA LOI.

5. *Caisses d'épargne. Caisse des retraites pour la vieillesse. Caisses d'assurances en cas de décès et en cas d'accidents.* — Les lois des 22 juin 1845, article 6, et 9 avril 1881, articles 20 et 21, ont dispensé du timbre les bordereaux d'agents de change intéressant les caisses d'épargne et les caisses des retraites, ces dernières actuellement représentées par la Caisse nationale des retraites pour la vieillesse. La même faveur a été accordée par l'article 19 de la loi du 11 juillet 1868 aux bordereaux concernant les caisses d'assurances en cas de décès et en cas d'accidents, dont la gestion est confiée à la Caisse des dépôts et consignations.

Ces exceptions ont cessé d'être applicables. En effet, la loi du 28 avril 1893, conçue en termes généraux et absolus, ne comporte aucune exception et, par suite, abroge d'une manière implicite les dispositions antérieures qui avaient, dans certains cas, exonéré les bordereaux d'agents de change de l'impôt du timbre.

En conséquence, la taxe établie par l'article 28 de la loi nouvelle a été reconnue exigible sur toute opération de Bourse effectuée : 1° pour le compte des déposants aux caisses d'épargne, sur l'ordre, soit de la Caisse des dépôts et consignations (*Déc. min. fin. du 9 juin 1893*), soit de la Caisse nationale d'épargne (*Déc. min. fin. du 10 juillet 1893*), soit des caisses d'épargne privées (*Déc. min. fin. du 17 juillet 1893*) ; 2° pour le compte de la Caisse nationale des retraites pour la vieillesse et des caisses d'assurances en cas de décès et en cas d'accidents, par la Caisse des dépôts et consignations (*Déc. min. fin. du 9 juin 1893*).

6. *Changeurs. — Achats et ventes conclus directement.* — D'après l'article 31 de la loi du 28 avril 1893, lorsqu'une opération intervient entre deux personnes dont l'une seulement fait commerce habituel de recueillir des offres et des demandes de valeurs de Bourse, celle-ci doit acquitter l'intégralité de l'impôt applicable à l'ensemble de l'opération, soit 0,05 p. 1,000 fr. pour l'achat, et 0,05 p. 1,000 francs pour la vente.

La question s'est posée de savoir à ce sujet si les changeurs (ou autres assujettis) qui achètent directement des titres à des particuliers et les revendent ensuite de même, font ainsi deux opérations donnant chacune ouverture à deux droits de 0,05 p. 1,000 francs.

L'affirmative est certaine. Dans la circonstance indiquée, les changeurs ne font pas office d'intermédiaires entre un acheteur et un vendeur. Ils achètent pour leur propre compte, sans être assurés d'une contre-partie. Lorsqu'ils trouvent acquéreur, une nouvelle opération se produit, absolument distincte de la première. Or, dès l'instant qu'il y a deux négociations indépendantes, c'est-à-dire deux ventes et deux achats, il est nécessairement dû quatre droits de 0,05 p. 1,000 francs.

La situation des changeurs ne diffère point à cet égard de celle des établissements de crédit qui vendent ou achètent à guichet ouvert des valeurs de Bourse.

7. *Ventes à crédit ou à tempérament.* — Certains établissements ont pour objet la vente à crédit ou à tempérament de valeurs à lots au porteur. Le prix des valeurs vendues, ordinairement payable par fractions mensuelles, est naturellement supérieur au cours de la Bourse, à raison du crédit plus ou moins long accordé à l'acheteur. Ce dernier est investi de la propriété des titres (dont les numéros lui sont donnés), dès le jour de l'opération, mais les titres mêmes ne lui sont livrés qu'après complet paiement. Enfin, s'il ne satisfait pas à toutes ses obligations dans les délais fixés, le marché est résolu et l'établissement vendeur conserve à titre d'indemnité les acomptes qu'il a pu recevoir.

Ce genre de transactions est incontestablement soumis à la nouvelle taxe. L'opération, telle qu'elle vient d'être analysée, présente d'ailleurs le caractère d'un marché *au comptant*, avec facilité de paiement, puisque, à la différence d'un marché *à terme*, elle transfère immédiatement à l'acheteur la propriété de titres déterminés et individualisés.

Le prix de la vente consentie dans les conditions sus-indiquées comprenant les intérêts des sommes dues par l'acheteur, les frais de courtage, etc., on peut admettre qu'il y a lieu de liquider l'impôt seulement sur le prix principal à déterminer par une ventilation qui le dégage de ses accessoires. Enfin, il convient de remarquer que si la résolution du marché pour défaut de paiement du prix se réalise, cette résolution ne donne pas ouverture à un nouveau droit, attendu qu'elle ne constitue juridiquement ni un achat ni une vente.

8. *Émission de titres par l'entremise d'agents de change ou autres intermédiaires.*— Les opérations visées par la loi du 28 avril 1893 sont uniquement celles qui ont pour objet l'achat ou la vente de valeurs de Bourse. Il en résulte que l'émission d'un titre d'action ou d'obligation ne saurait être considérée comme donnant ouverture à l'impôt. En effet, une Compagnie de chemin de fer, par exemple, qui reçoit le montant d'une obligation qu'elle émet n'accomplit pas une opération de vente : elle contracte un emprunt. De même, le souscripteur d'une obligation, à l'émission, ne se livre pas à une opération d'achat : il consent un prêt, car la vente ou l'achat d'un titre implique la préexistence de l'obligation constatée par ce titre, circonstance qui ne se rencontre pas dans le cas d'émission.

A ce point de vue, il importe peu que les titres soient placés directement par la société qui les émet, ou qu'ils le soient par l'entremise d'un mandataire salarié, agent de change, banquier, établissement de crédit, etc.

La règle a toutefois besoin d'être sainement interprétée, et il est essentiel de ne pas perdre de vue qu'elle concerne exclusivement le cas d'émission. Par conséquent, si, lors d'une émission, un assujetti prend à forfait un certain nombre des titres offerts au public, dans le but de les placer ensuite, non comme mandataire de l'établissement émetteur, mais pour son propre compte, il a bien, à l'égard de cet établissement, la qualité de souscripteur des titres dont il se rend propriétaire, et cette souscription originaire est exempte d'impôt, mais le placement ultérieur qu'il effectue au mieux de ses intérêts, à ses risques et périls, ayant pour objet des valeurs émises déjà, constitue incontestablement de sa part l'opération de vente tarifée par l'article 28 de la loi du 28 avril 1893. En d'autres termes, ce placement est passible de la taxe dans les conditions ordinaires.

9. *Titres rachetés, puis vendus à guichet ouvert par l'établissement débiteur.* — Il arrive que certaines sociétés faisant commerce habituel de recueillir des offres et des demandes de valeurs de Bourse rachètent sur le marché, pour un motif quelconque, des titres qu'elles ont précédemment émis, puis, après les avoir conservés plus ou moins longtemps en portefeuille, les mettent de nouveau à la disposition du public et les vendent à guichet ouvert. Cette vente de titres non amortis ne saurait être confondue avec une émission proprement dite et rentre dans la catégorie des opérations de Bourse prévues et taxées par la loi du 28 avril 1893.

10. *Opérations faites à l'étranger.* — Il a été reconnu que les opérations d'achat ou de vente sur une place étrangère, faites par un assujetti, ne sont passibles de l'impôt qu'autant qu'elles sont effectuées pour le compte d'autrui. Celles qui sont effectuées pour son propre compte par l'assujetti sont affranchies de l'inscription au répertoire et du paiement de la taxe.

Il reste bien entendu que toutes les opérations faites en France, à quelque titre que ce soit, c'est-à-dire soit comme intermédiaire, soit pour son compte personnel, par un assujetti, tombent, sans distinction, sous l'empire de la loi nouvelle.

11. *Transmissions par acte notarié.* — Il est à peine utile de faire observer que la loi du 28 avril 1893 est étrangère aux transmissions de titres négociables qui s'effectuent par acte notarié, soit à l'amiable, soit par voie d'adjudication publique.

TARIF ET BASE DE LA PERCEPTION.

12. *Reports.* — Le report consistant en un achat et une revente simultanés de titres de même nature à des termes différents, il avait paru tout d'abord que le tarif réduit établi pour les opérations de cette nature était applicable à chacun des quatre éléments dont elles se composent et qu'il était dû, par suite, 0,025 p. 1,000 francs sur le montant : 1° de l'achat, 2° de la vente, 3° du rachat, 4° de la revente (*Instr. n° 2840*).

Cette règle de perception, conforme à la définition du report donnée par les auteurs spéciaux, se déduisait également des termes du rapport présenté au Sénat, dans la séance du 18 mars 1893, au nom de la commission des finances de la haute Assemblée, rapport dont les conclusions toutefois n'ont pas été mises en délibération par suite de la disjonction du projet, votée dans la séance du 28 mars 1893 (*J. Off., déb. parl., Sénat,* 29 mars 1893).

Le résultat de cette interprétation était de frapper l'ensemble du report comme l'ensemble des négociations ordinaires d'un droit total de 0,10 p. 1,000 francs.

Une semblable conséquence a paru contraire à l'intention bien marquée du législateur de favoriser les reports dont le fonctionnement intéresse non seulement les spéculateurs, mais le crédit public et le Trésor lui-même.

Le report constituant, en définitive, une opération unique qui tend à différer l'exécution d'un marché à terme, le ministre a décidé, le 19 juin 1893, sur la proposition de l'Administration, par une interprétation libérale de la loi, que le report ne donnerait lieu qu'à un seul droit à la charge de chaque partie contractante, et comme, en vertu de la loi du 28 avril 1893, il n'est imposable qu'à demi-tarif, le droit exigible sur l'ensemble de l'opération se trouve réduit à 0,05 p. 1,000 francs (0,025 pour la vente et le rachat, d'une part, et 0,025 pour l'achat et la revente, d'autre part). Le droit de 0,025 p. 1,000 francs à la charge de chacune des parties n'est donc exigible que sur l'une des deux opérations qu'elle a faites (vente et rachat, ou achat et revente).

13. *Opération portant sur plusieurs titres, réalisée le même jour, en exécution d'un ordre unique.* — En principe, toute opération d'achat ou de vente de valeurs de Bourse est assujettie au droit de 0,05 p. 1,000 francs ou fraction de 1,000 francs. Toutefois, si l'achat ou la vente de titres divers ou de même nature, à des cours différents ou non, a lieu le même jour, pour le compte d'une seule et même personne, et en exécution d'un ordre unique, l'impôt peut être liquidé sur le montant total de l'opération, alors même que la contre-partie en aurait été faite par plusieurs personnes.

Par identité de raison, les achats ou les ventes réalisés dans ces conditions peuvent figurer au répertoire de l'intermédiaire qui les a effectués, soit sur une seule ligne, soit sur plusieurs lignes réunies par une accolade, sauf indication, dans tous les cas, des diverses personnes qui ont fait la contre-partie.

14. *Opérations faites à l'étranger.* — En ce qui concerne les marchés conclus à l'étranger, la valeur imposable est représentée, suivant la règle générale, par le montant de chaque opération, calculé d'après le taux exact de la négociation. Par suite, cette valeur doit être établie d'après le cours du change au jour du règlement de l'opération, et c'est elle qui doit figurer sur le répertoire pour servir de base à la perception.

On ne saurait donc légalement substituer au cours réel du change, soit le change fixé le

31 décembre de chaque année, en exécution des lois des 13 mai 1863 et 25 mai 1872, spéciales aux matières qu'elles visent *(Instr. nos 2250 et 2446)*, soit un change conventionnel uniformément calculé, par exemple, sur le pied de 25 fr. 20 la livre sterling anglaise et de 1 fr. 25 le mark allemand.

D'un autre côté, il n'appartient pas à l'Administration de proroger le délai accordé pour le paiement de l'impôt, qui doit être acquitté dans les conditions et aux époques prévues par l'article 4 du décret du 20 mai 1893.

Il importe donc que les assujettis se mettent en mesure de déterminer exactement la valeur imposable de leurs opérations avec l'étranger, au plus tard lors du dépôt de l'extrait qui doit être accompagné du versement des droits, sauf à laisser en blanc jusque-là les colonnes *ad hoc* du répertoire.

Au surplus, en disposant que les opérations au comptant ayant moins de dix jours de date et les opérations à terme dont l'échéance ne serait pas survenue depuis plus de dix jours au moins figureront seulement pour mémoire sur les extraits, l'article 4 précité du règlement d'administration publique laisse aux redevables un temps suffisant pour leur permettre de recevoir tous les reseignements à porter sur les extraits et de connaître notamment le cours du change.

Quoi qu'il en soit, si, dans quelques cas nécessairement isolés, l'indication du montant exact de l'opération soumise à l'impôt ne pouvait être donnée en temps utile, les parties seraient admises à y suppléer au moyen d'une évaluation aussi approximative que possible du cours probable du change au jour du règlement de l'opération, sous réserve du redressement, lors de la remise du prochain extrait, des perceptions reconnues insuffisantes.

EXTRAITS DU RÉPERTOIRE.

15. *Assujettis autres que les agents de change.* — Le ministre a décidé, le 15 octobre 1893, sur la proposition de l'Administration, que les assujettis autres que les agents de change constitués en chambres syndicales et pour lesquels des dispositions spéciales ont été notifiées antérieurement aux intéressés pourront désormais, sauf certaines références au répertoire, s'abstenir de détailler sur les extraits fournis pour la perception : 1° les opérations exemptes de droit; 2° celles au comptant ou à terme pour lesquelles la taxe a été payée ou doit l'être par un autre assujetti, agent de change ou mandataire substitué, ce qui suppose que l'auteur de l'extrait n'a fait que jouer le rôle de simple transmetteur d'ordre; 3° celles, traitées à ferme, pour lesquelles l'impôt n'est point encore exigible.

Rien ne s'oppose donc actuellement à ce que les opérations de compensation et d'escompte, affranchies de tout droit comme étant de pur ordre, figurent en bloc sur les extraits, ainsi que celles qui, réalisées par ministère d'agent de change ou par l'entremise d'un mandataire substitué, ne donnent lieu à aucun paiement de la part de l'auteur de l'extrait.

Les références à établir sur les extraits consistent, en ce qui concerne ces opérations :

1° Dans l'indication des numéros sous lesquels elles figurent au répertoire, de telle manière que les extraits présentent toujours, sans lacune ni interruption, la série des numéros de ce registre ;

2° En une mention faisant connaître qu'il s'agit, soit de compensations, soit d'escomptes, soit d'affaires conclues par l'intermédiaire d'agents de change ou de mandataires substitués.

Les opérations à terme peuvent être également portées en bloc sur les extraits tant que la taxe y afférente n'est pas devenue exigible, et encore bien qu'elle doive être acquittée à l'échéance, non par un agent de change ou un mandataire substitué, mais par l'auteur de l'extrait.

Les opérations de cette dernière catégorie mentionnées en bloc et pour mémoire sur un premier extrait devront, d'ailleurs, selon le vœu de l'article 4 du décret du 20 mai 1893, être reprises, aussi en bloc, sur les extraits suivants, jusqu'à ce que l'impôt soit devenu exigible.

En ce qui les concerne, les références au répertoire doivent consister dans le rappel des numéros de ce registre comme pour les opérations de compensation ou d'escompte et celles exécutées par agents de change ou mandataires substitués, et, en outre, dans cette mention : affaires non liquidées.

En résumé, à l'égard des marchés à terme autres que ceux conclus par l'entremise d'un agent de change ou d'un mandataire substitué, et dont il a été précédemment question, le détail des opérations avec l'indication des renseignements spécifiés au modèle B annexé au règlement d'administration publique *(Instr. n° 2840)*, n'est plus obligatoire que sur l'extrait déposé pour la perception de l'impôt, qu'il conviendra de calculer, le cas échéant, en tenant compte du nombre des liquidations officielles intervenues entre la date du marché et celle de son échéance *(art. 7, dernier alinéa, du décret; Instr. n° 2840)*.

Les opérations à terme qui auront fait l'objet de mentions en bloc sur les extraits fournis par le débiteur de l'impôt seront émargées, sur le répertoire de cet assujetti, de la date de l'extrait au vu duquel la taxe aura été perçue.

Les extraits, abrégés ou non, devront toujours être totalisés en exécution du dernier alinéa de l'article 5 du décret du 20 mai 1893.

Les tempéraments ainsi admis pour la rédaction des extraits restent naturellement sans influence sur la tenue du répertoire telle qu'elle a été réglée par la loi et le décret.

Toutefois, les assujettis ne pourront profiter de ces tempéraments, en ce qui concerne les opérations accomplies par l'intermédiaire d'un agent de change ou d'un mandataire substitué, qu'à la condition, sans laquelle le contrôle serait entravé, d'indiquer sur leur répertoire, soit le numéro du bordereau délivré par l'agent de change qui a concouru à l'opération, soit les date et numéro sous lesquels l'opération figure au répertoire du mandataire substitué.

16. *Extraits. — Dépôt. — Délai expirant un dimanche ou un jour férié.* — Aux termes de l'article 7 du décret du 20 mai 1893, les extraits du répertoire établis pour la perception doivent être produits : 1° entre le 10 et le 15 ; 2° entre le 25 et le dernier jour du mois.

Lorsque le dernier jour du délai tombe un dimanche ou un jour férié, le dépôt dont il s'agit doit avoir lieu la veille au plus tard, conformément aux principes du droit commun *(V. Chauveau et Carré, t. II, p. 82; Instr. n° 2308; § 3)*. La disposition spéciale du décret précité ne contient, en effet, aucune référence à la loi du 22 frimaire an VII, dont l'article 25 ne peut, dès lors, recevoir application dans l'hypothèse susindiquée.

N° 19.

15 Novembre 1902. — *Convention additionnelle à la convention monetaire du 6 novembre 1885.*

Le Président de la République française, S. M. le roi des Belges, S. M. le roi des Hellènes, S. M. le roi d'Italie et le Conseil fédéral suisse, ayant constaté l'insuffisance persistante des monnaies divisionnaires d'argent dans la circulation intérieure en Suisse et désirant remédier aux nombreux et graves inconvénients qui en résultent pour la population et le Gouvernement de ce pays,

Ont résolu de conclure à cet effet une convention additionnelle à la convention monétaire du 6 novembre 1885 et ont désigné pour leurs plénipotentiaires, savoir :

Le Président de la République française :

Son Excellence M. Théophile Delcassé, député, ministre des affaires étrangères;

Sa Majesté le roi des Belges :

M. le baron d'Anethan, son envoyé extraordinaire et ministre plénipotentiaire près le Président de la République française;

Sa Majesté le roi des Hellènes :

M. N. Delyanni, son envoyé extraordinaire et ministre plénipotentiaire près le Président de la République française;

Sa Majesté le roi d'Italie :

Son Excellence M. le comte Tornielli Brusati di Vergano, son ambassadeur extraordinaire et plénipotentiaire près le Président de la République française,

Et, le Conseil fédéral suisse :

M. Charles Lardy, envoyé extraordinaire et ministre plénipotentiaire de la Confédération suisse près le Président de la République française.

Lesquels, après s'être communiqué leurs pleins pouvoirs, trouvés en bonne et due forme, sont convenus des articles suivants :

ARTICLE PREMIER. — Le Gouvernement fédéral suisse est autorisé à faire procéder, à l'aide de lingots, à une frappe exceptionnelle de pièces divisionnaires d'argent s'élevant au maximum à douze millions de francs.

ART. 2. — Les frappes seront échelonnées de façon à ne pas dépasser quatre millions de francs au cours de l'année qui suivra l'entrée en vigueur de la présente convention additionnelle et deux millions au cours de l'une quelconque des années subséquentes. Le Gouvernement fédéral ne pourra pas reporter d'une année à l'autre les sommes non frappées. D'autre part, il sera libre, dans les limites ci-dessus fixées, de faire frapper annuellement des sommes inférieures à deux millions ou de ne faire procéder à aucune frappe, et ne sera tenu à aucune limite de durée pour l'épuisement du contingent exceptionnel prévu à l'article premier.

ART. 3. — Le Gouvernement fédéral suisse s'engage à ajouter le bénéfice pouvant résulter de ces frappes au fonds de réserve qu'il a constitué pour l'entretien de sa circulation monétaire d'or et d'argent.

ART. 4. — La présente convention additionnelle aura la même durée que la convention du 6 novembre 1885, dont elle sera réputée faire partie intégrante.

Elle entrera en vigueur le 1er janvier 1903.

ART. 5. — La présente convention additionnelle sera ratifiée et les ratifications en seront échangées à Paris avant le 31 décembre prochain.

En foi de quoi, les plénipotentiaires respectifs ont signé la présente convention et y ont apposé leurs cachets.

Fait à Paris, en cinq exemplaires, le 15 novembre 1902.

(L. S.) *Signé :* DELCASSÉ.
(L. S.) *Signé :* Baron d'ANETHAN.
(L. S.) *Signé :* DELYANNI.
(L. S.) *Signé :* G. TORNIELLI.
(L. S.) *Signé :* LARDY.

TABLE
ALPHABÉTIQUE ET ANALYTIQUE
DES MATIÈRES

IMPOT.

INTÉRÊT LÉGAL DE L'ARGENT.

LETTRES DE CHANGE.

LIQUIDATIONS CENTRALES.

MARCHÉS AU COMPTANT.

MARCHÉS A TERME.

MARCHÉS A PRIMES.

MONNAIES.

NÉGOCIATIONS ET LIVRAISONS.

IMPRIMERIE

du

SYNDICAT DES AGENTS DE CHANGE

Rue Ménars, 6

PARIS

[illegible]

[illegible]

[illegible]

[illegible]

www.ingramcontent.com/pod-product-compliance
Ingram Content Group UK Ltd.
Pitfield, Milton Keynes, MK11 3LW, UK
UKHW020320230726
13925UKWH00002B/529

9 782013 703994